ひとつ上の喜びとゆるぎない安心を
MUFG CARD Platinum American Express® Card

「海外赴任ガイド」をご覧のみなさまに新規ご入会特典のご案内

初年度年会費半額
（通常年会費 22,000円（税込）→ 11,000円（税込））

対象ご入会期間：2020年11月1日(日)～2021年10月31日(日)

| プラチナならではの上質なサービス | プラチナ・コンシェルジュサービス | 海外空港ラウンジ プライオリティ・パス | 家族会員1名さま 年会費無料 |

※本特典は上記ページを経由してご入会いただいた方が対象です。上記ページを起点としないオンライン入会（三菱UFJニコスWEBサイトからオンライン入会）をされた場合は本特典の対象外となりますので、あらかじめご了承ください。※サービスの詳細やカード情報は、上記二次元コードより三菱UFJニコスWEBサイトでご確認ください。MUFGカード・プラチナ・アメリカン・エキスプレス・カードは、アメリカン・エキスプレスのライセンスに基づき三菱UFJニコス株式会社が発行・運営しております。「アメリカン・エキスプレス」はアメリカン・エキスプレスの登録商標です。※本特典は2020年11月1日時点のものであり、予告なく特典内容を変更または終了する場合があります。

カードショッピングのご案内（お取引条件）

ご利用可能枠について▶ 50万～500万円（内リボ払い・分割払い：50万～100万円）
上記ご利用可能枠とは別に、割賦販売法にもとづく「リボ払い・分割払い・ボーナス払いご利用によるご利用可能枠」（以下、割賦取引利用可能枠）を設定させていただく場合があります。割賦取引利用可能枠またはカードのご利用状況により、上記ご利用可能枠もしくは三菱UFJニコスが発行する他のカードのご利用可能枠を制限する場合があります。

締切日・支払日について▶ 締切日：毎月15日締切　支払日：翌月10日から口座振替

1回払い・ボーナス一括払い・分割払いについて▶
1) 1回払い、ボーナス一括払い、分割払いの支払い回数、支払期間、手数料率（実質年率）、分割手数料は右記のとおりです。※一部の分割払い取扱加盟店では、指定できない支払回数があります。
2) ご利用代金（現金価格）と分割払手数料の合計金額がお支払総額となります。分割支払金は、ご利用代金と分割手数料をそれぞれ支払回数で除した金額の合計とし、それぞれの金額に端数が生じた場合は初回に加算するものとします。

支払回数（回）	1	3	5	6	10	12	15	18	20	24	ボーナス一括
支払期間（カ月）	1	3	5	6	10	12	15	18	20	24	1～6
手数料率（実質年率）（％）	0	12.25	13.50	13.75	14.50	14.75	15.00				0
利用代金（現金価格）100円あたりの分割払手数料の額（円）	0	2.04	3.40	4.08	6.80	8.16	10.20	12.24	13.60	16.32	0

支払総額の具体的算定例（お支払例） 現金価格12万円を12回払いでご利用の場合
分割手数料：120,000円×(8.16円/100円)=9,792円　・支払総額：120,000円+9,792円=129,792円　・分割支払金：120,000円÷12回+9,792円÷12回=10,816円

リボ払いについて[手数料率（実質年率）15.00％]▶
入会時のリボ払い設定コースは元金定額リボルビング払いの定額方式Aコースとなり、毎月のお支払元金は右記のとおりです。毎月のお支払元金は、お支払コースにより異なります。元金定額リボルビング払いのご利用残高がお支払コースの最低額に満たない場合は、ご利用残高全額および手数料をお支払いいただきます。手数料は、毎月16日から翌月15日までの日々のリボ払い残高累計額に対し、上記の手数料率を乗じ、年365日で日割計算され、毎月のお支払元金に加算してお支払いいただきます。

締切日時点のご利用残高	毎月のお支払元金 定額方式Aコース
50万円以下	1万円
50万円超100万円以下	2万円
100万円超	3万円

弁済金の額の具体的算定例（元金定額リボルビング払いのお支払例） お支払コースが定額方式Aコースで4月16日から5月15日までに10万円ご利用した場合

	締切日	締切日ご利用残高	お支払日	弁済金	元金充当額	手数料充当額
初回	5月15日	100,000円	6月10日	10,000円	10,000円	0円
2回目	6月15日	90,000円	7月10日	11,249円	10,000円	1,249円

(注)手数料計算方法
(100,000円×25日〈5/16～6/9〉+90,000円×6日〈6/10～6/15〉)×15.00％÷365日=1,249円

| 三菱UFJ銀行が契約している指定紛争解決機関 | 一般社団法人 全国銀行協会 全国銀行協会相談室 0570-017109、03-5252-3772 月～金曜日 9:00～17:00（祝日・12/31～1/3等を除く） |

MUFGカードの入会特典・ご入会などに関するお問い合わせは
三菱UFJニコス株式会社 MUFGカード・プラチナ・アメリカン・エキスプレス・カード 入会専用ダイヤル
0120-665811　受付時間：9:00～17:00（無休・年末年始は休み）

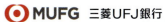

2020年11月1日現在

赴任辞令を出してから こんな**課題**ありませんか？

- 世界情勢上、いつ赴任者に辞令を出すべきか分からない
- 赴任手続きに膨大な時間がかかり本来の人事業務が手につかない
- 業務が属人化していて担当者交代が不安
- 海外赴任に関する他社情報が知りたい
- ビザに関する最新情報が知りたい
- 赴任サポートを更に充実させたい

▼

日通海外赴任まるごとサポート で**解決!**

『世界日通』グローバルネットワーク

48カ国321都市744拠点のグローバルネットワークを強みとし、豊富な経験、生きた情報の提供が可能です。

高品質ワンストップ対応

海外赴任手続きや専門的課題を弊社提携のアライアンスメンバーとワンストップでサポート致します。

オーダーメイドサポート

ご要望に沿ったサポートを自由に組み合わせ頂けます。お客様専用デスクの設置によりきめ細かいサポートの実現が可能です。

日通海外赴任まるごとサポートの **導入効果**

1. 手続きにかかる時間を大幅削減

2. 海外人事業務体制の強化

3. 赴任者へのサポートを充実化

日通海外赴任まるごとサポートの **導入事例**

Case1：人事担当者様のお声
日常的に負担であった海外赴任に関する『雑多な質問』にご対応いただき、人事側の手間と時間が大幅に削減されました。

Case2：海外赴任者様のお声
赴任前に海外の現地情報を収集できたことにより家族ともに海外生活の不安が軽減されました。

お問い合わせ

サービスに関するご質問、
トライアルのご相談等、
お気軽にお問い合わせください。

0120-834-822

日本通運株式会社　海外引越事業支店
hikkoshi-web1@nittsu.co.jp
受付時間：9時～17時※土日祝除く

美しい時代へ──東急グループ

留守宅管理を決めた「鍵」は、東急住宅リースの頼れる実績でした。

頼れる実績

賃貸管理戸数
約100,000戸
(2020年7月現在)

年間賃貸借契約実績
約21,000件
(2019年度実績)

法人社宅代行管理件数
約87,000戸※
(2020年7月現在)

※東急社宅マネジメント(東急住宅リースグループ企業)取扱

おすすめ
国内外の転勤等、期間限定でお貸出しをしたい方におすすめのプラン。賃料滞納保証、明細保証など保証内容が充実しているので安心です。

リロケーションプラン
[転貸型 定期借家契約]

物件の返還が遅れても明渡保証料をお支払いする
明渡保証

賃料等の受領が遅れても当社がお立替えする
滞納保証

入居者様とのトラブルには当社が貸主として対応する
転貸型プラン

より確かな安心を実現する
オプションサービス
(定期巡回・設備フリーメンテナンスサービス)

お問い合わせ先

東急住宅リース

フリーコール **0800-1001-109** 9:30～18:00 (水曜・祝日定休)

※物件によってはサービスをご提供できない場合がございます。詳細はお問い合わせください。

国土交通大臣(2)第8740号 (一社)不動産流通経営協会会員 (公社)首都圏不動産公正取引協議会加盟
〒163-0913 東京都新宿区西新宿2-3-1 新宿モノリス13階

東急住宅リース 検索

詳しくはこちらから

海外赴任を支える人生の伴侶を、ご紹介します。

海外勤務中、赴任予定の男性へ
納得できる出会いの情報を提供する
「インターナショナルシステム」をご用意。

現地で仕事を続けながらも、
真剣に結婚に向き合える女性をご紹介いたします。
海外での生活にも前向きな、魅力的な方々です。

長年の経験から得た数多くの実績が信頼性の証。
キューピッドは "新家族提案業"、
堅実な家庭を築く女性との出会いです。

キューピッドの結婚

インターナショナルシステムのお問い合わせ
0120-0333-82

海外在住の方には
オンラインでのご入会案内もあります。

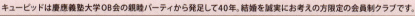

キューピッドは慶應義塾大学OB会の親睦パーティから発足して40年。結婚を誠実にお考えの方限定の会員制クラブです。

入会資格
- 現在海外勤務中の方、及び3か月以内に海外勤務予定の方 ●結婚を誠実にお考えの独身の方
- 「キューピッドポリシー」に賛同いただける方
- 25～45歳の方 ●定職におつきの方
- 喫煙しない方、入会を機にやめる方

※都内でご歓談が可能な男性が対象となります。
※ご紹介する女性は、20歳～39歳、結婚を誠実にお考えの首都圏在住の方です。
※入会に際して審査があります。

〒104-0061 東京都中央区銀座 4-2-11
ヒューリック銀座数寄屋橋ビル7F
電話 03-5524-3555
www.cupid.co.jp

結婚を誠実に考える人の会員制クラブ

Cupid Club

東京2020 ゴールドパートナー（損害保険）

東京海上日動の
海外旅行保険

確かな安心とともに、海外へ旅立とう。

東京海ジョー

海外におけるケガや病気の治療費用はもちろん、
ご家族が駆けつける際の渡航費用等も補償します。

海外旅行中の「困った」を解決する
東京海上日動 海外総合サポートデスク

日本語で対応
**24時間
年中無休**

海外での安心のパートナーには、ぜひ東京海上日動をご指名ください。

（注）戦争等の理由により、安全性が確保できない地域においてはサービスをご提供できない場合があります。
また、海外におけるサービスは、現地の各種提携会社を通じてご提供させていただきます。
医師または看護師等は原則として、日本語を話すことができませんのであらかじめご了承ください。
（注）サービス内容は予告なく変更される場合があります。

※この広告は海外旅行保険の概要をご紹介したものです。ご契約にあたっては必ず「重要事項説明書」をよくお読みください。
また詳しくは弊社ホームページをご覧いただくか、「パンフレット」「海外旅行保険あんしんガイドブック」および「海外旅行保険普通保険約款および特約」をご用意しておりますので必要に応じて代理店または東京海上日動までご請求ください。
ご不明な点等がある場合には、代理店または東京海上日動までお問い合わせください。

0703-EK04-B07224-201601

東京海上日動

東京都千代田区丸の内1-2-1 〒100-8050
カスタマーセンター 0120-868-100
http://www.tokiomarine-nichido.co.jp

To Be a Good Company

海外に行っても、選挙に行こう！

海外転勤や留学をされる皆様へ 渡航前の申請をお忘れなく！

海外で国政選挙に**投票**するための申請が**国内**でできます。

国外転出する際に、市区町村の窓口で申請しましょう。

STEP 1　国外への転出届を出す際に、在外選挙人名簿への登録を申請する！

国内
（市区町村
選挙管理委員会）

〈申請の際に必要なもの〉

【本人の申請】・本人確認書類（旅券、マイナンバーカード、運転免許証、官公庁の身分証など）

【申請者から委任を受けた方の申請の場合】
・申請者の本人確認書類
・申請者の申出書
・申請に来ている方の本人確認書類

在外公館での申請も引き続き受け付けています！

※在外選挙人名簿への登録を申請できるのは、国内の最終住所地の市町村の選挙人名簿に登録されている方です。
※申請できる期間は、転出届を提出した日から転出届に記載された転出予定日までの間です。
※申請は、申請者本人か、申請者から委任を受けた方ができます。

STEP 2　外国に居住後、在留届を提出する！

出国
在留届を提出

● 在留届で国外の住所を確認して名簿に登録しますので、忘れずに提出してください。
● 在留届は、最寄りの在外公館やインターネットで提出できます。

STEP 3　在外選挙人名簿へ登録完了！「在外選挙人証」が発行される！

在外公館

● 国外の住所が確認されると、名簿に登録されます。
● 名簿に登録されると、「在外選挙人証」が交付されます。
● 在外公館から連絡があるので、最寄りの在外公館で、又は郵送で、在外選挙人証を受け取ることになります。

STEP 4　在外選挙人証を持って投票する！

● 投票の際は、在外選挙人証が必要です。
● 国政選挙の際は、外国で、在外公館での投票、又は郵便での投票ができます
（一時帰国している場合は、国内でも投票できます。）。

※在外公館で投票する場合は、在外選挙人証と身分証明書（旅券など）を持参してください。
※郵便で投票する場合は、投票用紙等の請求を行う際に同封してください。
※国内で投票する際も、在外選挙人証を持参してください。

※詳しくは市区町村の選挙管理委員会にお問い合わせください。

総務省

2020年10月

SOMPO ホールディングス
保険の先へ、挑む。

https://funinguide.jp/c/

新・海外旅行保険 off! オフ

- 世界中どこからでも24時間日本語サービス
- 旅行スタイルにあわせたオーダーメイド・自由設計
- クレジットカードの上乗せ補償に最適
- 旅行出発当日でもスピード加入OK！

2016 TRAVELERS' CHOICE tripadvisor
2016年トリップアドバイザー 旅行者のお気に入り
海外旅行保険 第1位
※損害保険ジャパンの店頭販売商品（海外旅行保険等）を含む海外旅行保険全体でのランキングです。

**インターネット契約＆
行き先別リスク細分型で、
保険料割引例
55%OFF!**

※アジア旅行（PAタイプ・4日間）の一例
損害保険ジャパン店頭販売商品（海外旅行総合保険）との比較

新・海外旅行保険【off!】の概要

インターネット契約
24時間いつでも気軽に加入手続き
お支払いはクレジットカードで

行き先別 リスク細分型
行き先にあわせて保険料が変わる

1日刻み保険料
保険料は旅行日数ぴったりで
（保険期間は最長92日）

保険料割引例55%OFF！

たとえば、台湾3泊4日の旅行へおひとりで行かれる場合
- 傷害死亡・後遺障害：1,000万円
- 疾病死亡：1,000万円
- 携行品損害：30万円
- 航空機寄託手荷物遅延等費用：10万円
- 治療費用（※）：1,000万円
- 賠償責任：1億円
- 救援者費用：1,000万円

（※）損害保険ジャパン店頭販売商品（海外旅行総合保険）は傷害治療費用と疾病治療費用で設計しています。

損害保険ジャパン店頭販売商品 **3,510円** ➡ インターネット加入 off! **1,590円**
2018年1月現在

👉 **さらに、旅行スタイルにあわせた自由設計で合理的な加入が可能** (個人プランの場合)

基本補償
ケガや病気で治療を受けた **治療費用**

＋

オプション (着脱自由)

| ケガで死亡・後遺障害がある
傷害死亡・後遺障害 | 病気で死亡
疾病死亡 | ケガや病気で入院し、家族が駆けつけた
救援者費用 |
| 誤って他人のものを壊した
賠償責任 | 身の回り品が盗難にあった
携行品損害 | 手荷物の到着が遅れて、身の回り品を購入した
航空機寄託手荷物遅延等費用 |

もちろん！ 充実の海外サポート
＜海外メディカルヘルプライン＞
＜海外ホットライン＞
＜海外とらべるサポート＞

世界各地から電話一本。日本語で24時間対応。
**医療アシスタンス
事故相談サービス
海外とらべるサポート**

手続き簡単。現金不要！
キャッシュレス治療サービス

<保険料割引例（55%）のご説明>インターネット加入保険料割引例「55% OFF!」は、アジア旅行（PAタイプ・4日間）において、損害保険ジャパン店頭販売商品（海外旅行総合保険）と比較した割引率です。お申込みなどの条件により割引率は異なる場合があります。海外旅行総合保険の詳しい補償内容につきましては、パンフレット等をご確認ください。
※このチラシは、新・海外旅行保険[off!]の概要を説明したものです。ご契約手続・支払条件その他、この保険の詳しい内容については取扱代理店ホームページをご覧ください。

損害保険ジャパン株式会社
〒160-8338　東京都新宿区西新宿1-26-1
（連絡先）https://www.sompo-japan.co.jp/

取扱代理店
株式会社JCM
東京都千代田区神田錦町3-13
URL：https://funinguide.jp/c/
(SJ20-06753 2020/09/08)

今すぐアクセス

クルマはどうする?

出国当日まで愛車を使える
「海外赴任専門」のクルマ買取
サービスにお任せください。

海外赴任ガイドを
発行しているJCMが
海外赴任者の立場に立った
サービスを提供します。

年間 **50,000人** の海外赴任者をサポート。

海外赴任ガイドの
クルマ買取サービス
5つの
アドバンテージ

① あなた専任の
海外赴任サポートスタッフが
アドバイス!

② ご自宅・ホテル・空港など、
引き渡し場所・時間が
自由!

③ 手続きはご家族が
代行しても
スムーズ

④ 買取契約後でも
出国当日まで
クルマが使える!

⑤ 全国どこでも出張査定。
満足・納得の
高価買取!

「車をどうしよう?」 まずはお気軽にご相談ください!

0120-322-755
【海外からは】+81-3-3219-0055
受付時間(日祝休み) 9:30～17:30(月～土)

http://www.jcmcar.com
海外赴任専門

スマホからも
申し込み可能!

★ 海外赴任専門で検索ください。

海外赴任 Carサポート **JCM**

車売却で
マイルを
プレゼント!

ANA MILEAGE CLUB

JAL マイルがたまる

株式会社JCM 〒101-0054 東京都千代田区神田錦町3-13 竹橋安田ビル
札幌支店/仙台支店/さいたま支店/名古屋支店/大阪支店/広島支店/福岡支店/四国エリアオフィス
※当社は皆様の愛車をオークション・業販等を通じて業界に供給する会社です。

自動車公正取引協議会
会員店

中古自動車
査定業務実施店

JPUC適正買取店
日本自動車購入協会
認定第1号

お客様からお預かりした個人情報は、各サービスを円滑・的確に提供するために利用し、ご本人の了承を得ずに第三者への開示・提供や目的外での利用はいたしません。
詳しくはhttp://www.jcmcar.com/privacy_k.htmlをご覧ください。

～クルマをつなぐ。クルマでつなぐ。～
【JCMの社会貢献プロジェクト】
社会貢献活動の一環として、中央共同募金会(赤い羽根共同募金)を通じて、福祉車両を必要とする方々の支援をはじめ、地域の福祉活動を支える取り組みを支援しています。
詳細はHPよりご確認頂けます。http://www.jcmnet.co.jp/csr/

RJ1712-2025

「海外赴任ガイドWEB」なら、もっと探せる、もっと使える!!

さぁ、Webへ。

スマホ・タブレットでQRを読み取り、「海外赴任ガイドWEB」へアクセス！
もっともっと役に立つ、詳しい情報をお届けします。ぜひ、ご利用ください。

※QRコードは株式会社デンソーウェーブの登録商標です。

カラーページから

会社紹介ページから

記事ページから

「海外赴任WEB」は、海外赴任情報量最大級！

→ 「海外赴任ブログ」で、各国の生活情報は読み放題。
→ チェックリスト機能はWEB版に実装。チェック状況の保存も可能です。

株式会社JCM「海外赴任ガイド」編集局

🖱 最新の情報は、Web「海外赴任ガイド」で検索！

| 1週間前 | 出発 | 到着後 |

1週間前

- 国内引越しの搬送
- トランクルームへ搬送
- 更
- 手荷物の梱包

住宅の引き払い

ホテル・マンスリーマンション・実家などへ移動

転校手続

どんな友達が待っているかな

- □ ガス
- □ 電気
- □ 水道
- □ 挨拶まわり

は完璧？
回じっくり
直そう！

出発

到着後

荷物の受け取り

船便、航空便などで到着のタイミングが異なる。受け取ったら、破損などを十分確認しよう。現地業者との精算方法も出発前の確認をもとに進めよう。

- □ 航空便の到着・受け取り
- □ 船便の到着・受け取り
- □ 荷物の破損確認と保険申請

契約・入居

出発前の確認事項を踏まえ契約へ。実際に物件へ行き、確認しよう。

どんなお家だろう？ワクワクするね！

現地学校へ入学

入学手続きの方法は場所それぞれ。事前に確認し、スムーズに手続きできるようにしよう。

現地滞在の届け出
情報収集 p165

現地のくらしをスタートしよう (p166-173)
- □ 在留届
- □ 日本人会入会
- □ 治安情報の収集
- □ メンタルヘルス・ケア対策

便利なサービス (P174)
- □ 日本食宅配サービス
- □ 日本のテレビ番組配信サービス

出発までのチェックリスト ✈

やること		備考	チェック
渡航関係			
パスポート			☐
ビザ			☐
航空券			☐
ホテルの予約			☐
スケジュール作成			☐
生命保険			☐
海外旅行保険			☐
公的機関手続き			
国外転出届			☐
マイナンバーカード			☐
社会保険	健保／国民健康保険		☐
	厚生年金／国民年金		☐
	失業保険受給延長		☐
納税	納税管理人の選定		☐
	固定資産税		☐
	住民税の有無		☐
	国内所得と所得税		☐
運転免許更新			☐
国外運転免許取得			☐
安全対策			
緊急連絡先リスト作成			☐
治安情報の収集			☐

やること
生活の諸手
電気
ガス
水道
固定電話
新聞
テレビ
郵便物転送届け
プロバイダー
携帯電話
国内住所録の作成
お金の手続
国内口座の確認／
ネットバンキング
国際デビットカー
国際クレジットカー
現地通貨両替
住宅
持ち家 貸す
空ける／留守
売る
借家 退去の連絡
退去日

🖱 最新の情報は、Web「海外赴任ガイド」で検索！

備考	チェック
	☐
	☐
	☐
	☐
	☐
	☐
	☐
	☐
	☐
	☐
	☐
	☐
	☐
	☐
	☐

やること	備考	チェック
教育		
転校手続き		☐
現地学校の決定		☐
入学手続き書類		☐
教科書		☐
学用品の購入		☐
学習塾／通信教育		☐
家庭学習の準備		☐
引越し		
引越し業者打ち合わせ		☐
船便		☐
航空便		☐
携帯手荷物		☐
取扱禁止品の確認		☐
通関書類準備		☐
ペットの輸送手続き		☐
トランクルーム		☐
不用品の処分		☐
親戚・知人等への預託		☐
自動車		
売却／業者相談		☐
名義変更手続き		☐
自動車保険の中断証明		☐

やること	備考	チェック
医療／健康		
健康診断		☐
英文診断書		☐
予防接種		☐
歯科治療		☐
家庭常備薬		☐
現地病院の情報		☐
母子手帳		☐
その他準備		
赴任前セミナー		☐
語学学習		☐
お土産の購入		☐
あいさつ状		☐
		☐
		☐
		☐
		☐
		☐
		☐
		☐

海外赴任準備チャート ✈

| 3ヶ月前 | 2ヶ月前 | 1ヶ月前 | 2週間前 |

引越し

引越し業者選定と計画 p60
まずは業者に問い合わせを。また渡航が年度末になる場合は混み合う可能性が高いので要注意。
- ☐ 見積もり
- ☐ 荷物の仕分け計画
- ☐ 下見
- ☐ 発送予定など

引越し荷物の仕分け p64
長期に渡たる作業。こつこつ進めよう。
- ☐ 国内においていくもの
- ☐ 航空便で送るもの
- ☐ 処分するもの
- ☐ 船便で送るもの
- ☐ 携帯手荷物にするもの
- ☐ その他

さあ、準備をはじめよう！

船便発送
目的地によっては2ヶ月もかかる場合も。打ち合わせ時に引き取るタイミングと合わせて相談しよう。

- ☐ ガレージセール
- ☐ 粗大ゴミ処分など業者依頼

船便発送後は日用品がない中での生活になる。事前に計画を。

パスポート・査証の取得 p30
書類手続きが多く、時間がかかることも。
- ☐ 大使館に確認
- ☐ 書類作成
- ☐ 申請・受領

出発の航空券購入
日付が確定したら早めに購入を。

車の処分 p32
まずは業者に問い合わせを。出発直前まで車を使えるサービスもある。
- ☐ 名義変更
- ☐ 保険の中断証明
- ☐ 国際免許

ここがポイント 業者を利用して効率よく！

住宅

住宅の手続き・方針の決定 p76
まずは退去予定の連絡を。住宅については家族で相談の上、方針を決める。
- ☐ 売る → 不動産業者へ相談
- ☐ 貸す → リロケーションサービスを探す
- ☐ 空ける → 留守宅メンテナンスサービスを探す

現地の住宅探し p78
ネットなどで情報を収集し、渡航後に契約する。あるいは赴任者が先に渡航し、帯同家族到着までに家探しと契約まで進める。どのように探すか方針を決めよう。住宅情報は現地日系不動産や先輩社員などに相談を。
- ☐ 主な居住区はどこか
- ☐ 契約の仕方
- ☐ 賃貸住宅の条件（家具の有無など）を確認しよう

子ども・学校

現地の学校・教育機関をさがす p96
現地で通う学校を探そう。日本人学校、現地校、インター校などから考える。日本の学校へも転校の連絡をしておく。幼児の場合、国によって制度が異なるので、赴任地の事情を知ることから始めよう。いずれもまずは専門の相談機関に問い合わせを。
- ☐ 専門機関へ相談 p96
- ☐ 学校の選び方 p100
- ☐ 母たちの体験談 p108

学校決定・転校準備 p104
現地の学校に確認し、日本の学校に入学必要書類の発行を依頼する。
- ☐ 在学証明書
- ☐ 成績証明書
- ☐ 図書給与証明書

ここがポイント 各種セミナーも活用しよう！

なにごとも体が資本だね

家族への連絡
赴任中も連絡がとれるよう、確認と相談を。
- ☐ 住所録の作成
- ☐ 国内連絡先の決定
- ☐ 国内の家族の介護・見守りの計画

学用品の購入・教科書の入手 p104
日本人学校の場合、書道道具、縦笛など現地では手に入りにくい学用品が必要。出発前に購入を。

その他

健康診断・予防接種 p127
渡航後のケアも合わせて相談を。予防接種は査証に必要であったり、渡航前の一定期間内に接種が必要なもの。タイミングを外すことができないので、まずは確認。
- ☐ 健康診断
- ☐ 歯科検診
- ☐ トラベルクリニック
- ☐ 予防接種
- ☐ トラベルカルテ作成や現地医療機関の情報収集

赴任の準備と諸手続き
公的手続きをはじめ、こまごまとした手続きは漏れなく済ませられるように、まずは何をすべきなのか確認を。
- ☐ 公的手続き p26-29 ・年末調整、赴任中の所得税の確認 ・厚生年金など社会保険の確認 ・転出届、マイナンバーカード等
- ☐ 金融機関手続き p38 ・国内銀行口座の継続確認 ・国際デビットカード、クレジットカード加入 ・海外送金やネットバンキングの確認
- ☐ その他の手続き ・携帯電話の解約 p25 ・海外旅行保険加入 p34 ・運転免許の更新 p32

現地情報の収集や買い物、語学研修など
ネットや各情報機関などで現地情報を収集しよう。また日本から持っていくと便利な常備薬や食べ物なども購入しておこう。現地で使える言語のレッスンも様々なサービスがあるので利用しよう（P36）。

海外赴任ガイド

海外赴任ガイド 2021 CONTENTS

| 巻頭付録 | 海外赴任準備チャート |
| | 海外赴任準備チャート チェックリスト |

巻頭特集

P8 日本人、世界に住む

P10 私の海外赴任

P16 海外安全基礎知識

CHAPTER 1　赴任の準備

P24 01 生活関連手続き

P26 02 公的手続きの確認

P28 03 海外赴任中の納税

P30 04 パスポートとビザ

P32 05 運転免許と自家用車の処分

P34 06 保険加入と危機管理サービス

P36 07 出発前の語学学習

P38 08 お金の手続き

●サービスを探す

P33 P40-57	車買取、総合サービス、WiFi・SIM・海外携帯、海外旅行保険、 危機管理・アシスタンスサービス、介護・見守りサービス、結婚相手紹介サービス、 レンタルスーツケース、転送サービス、業務渡航手配

CHAPTER 2 　引越し

P60	01	引越しの計画
P62	02	荷物の送り方
P64	03	荷物の仕分け
P66	04	荷造りをする
P68	05	残置荷物と不用品
P70	06	家電製品の持ち込み

P73	●サービスを探す 不用品買取・回収

CHAPTER 3 　住宅

P76	01	日本の留守宅管理
P78	02	海外の住宅探し
P80	03	各地の不動産事情

P89-94	●サービスを探す 海外不動産、留守宅管理

海外赴任ガイド 2021 CONTENTS

CHAPTER 4 子どもの教育

- P96　01　海外で子どもを育てる
- P98　02　幼児の教育
- P100　03　学校を選ぶ
- P102　04　障害のある子どもの帯同
- P104　05　転校手続き
- P106　06　家庭学習と帰国後の進路
- P108　07　母たちの海外体験談

> P113-126　●サービスを探す
> 教育相談、海外生・帰国生向け塾、通信教育、ドミトリー

CHAPTER 5 医療と健康

- P128　01　海外赴任前の医療対策
- P131　02　海外医療制度の基礎知識
- P134　03　感染症の対策
- P139　COLUMN　中国へ渡航するに際して

P140	04	子ども帯同する時の準備
P142	05	歯とお口の健康管理
P164	COLUMN	海外に持っていきたい市販薬

| P145-163 | ●サービスを探す
トラベルクリニック、海外現地病院、医療アプリ |

CHAPTER 6　現地のくらし

P166	01	到着後の手続き
P168	02	在外選挙
P170	03	海外生活メンタルヘルス心得
P174	04	海外生活で便利なサービス
P176	05	一時帰国

| P178-185 | ●サービスを探す
国際郵便、テレビ視聴、レンタカー、通販・宅配サービス、カウンセリング |

CHAPTER 7　巻末付録

P188	01	在外公館連絡先
P192	02	キーワード索引
P196	03	掲載企業・団体・サービス索引

5

はじめに

突然の海外赴任

ある日、突然の人事異動を告げられて、
海外赴任となった皆さま。
「転勤が決まった」
「どこ?」「海外・・・」「ええーっ!」・・・
海外赴任経験者の皆さまも
そのときのことを思い浮かべて、おっしゃいます。
「最初に瞬間的に思ったのは、
家どうしよう、子どもどうしよう、安全は・・・」
「気持ち的には、少し複雑で、
嫌でもないけど、
それよりも、驚きって感じ・・・」

新型コロナウイルス感染症の感染拡大で、世界が大きく揺れた2020年。「海外赴任」のあり方も、大きく変わりつつあります。

今、このガイドを手に取られた皆さまも、数ヶ月後に始まる海外生活について、これまでと変わらないこと、これから変わること、多岐にわたる情報に接しながら、準備を始められたことと思います。

海外生活のスタートは、まさに毎日が新しいこととの出会い。その急激な変化に向き合いながら、生活を立ち上げて行くためには、やはり事前の準備が要となります。加えて、刻々と変化する状況にフォローし続けるためにも、できる限りの準備を整え、出発したいところです。

そのためには、まず赴任地の情報収集が重要ですが、例えば一方で、住民票や納税、社会保険などの公的手続きをきちんと完了すること、日本の住まいや日本で暮らす家族のケアについて対策を十分に考えておくこと。また、お子様を帯同される場合には、帰国後までを見据えた教育方針を決めておくことも、基本であり、重要な準備です。

そこで、このガイドブックでは、赴任地や感染症関連の情報はネットや他の情報源に譲り、一方で日本を出発するまでの限られた時間にやっておくべきこと、やっておきたいことに注目し、ご案内いたします。また、巻末付録にキーワード索引と広告支援企業一覧を追加し、より使いやすくしました。

来るべき海外生活をよりよくスタートさせるために。だからこそ、日本で済ませておくべき準備は完璧に。まずは出発までの数ヶ月間、準備のお共として、ぜひ、ご活用ください。

海外在留邦人139万人。
企業拠点は7万以上。

**2018年、統計以来最多となった海外在留邦人。
あなたも、この中の1人として、生活が始まります。**

外務省の統計によれば、2018年10月1日時点での海外在留邦人は、全部で139万370人。これは2017年よりも3万8,400人の増加で統計開始以来、最多の人数となりました。そのうち、永住者は513,750人、滞在が3ヶ月以上となる長期滞在者が876,620人で、海外赴任者と帯同家族は後者に含まれます。2020年に新型コロナウイルス感

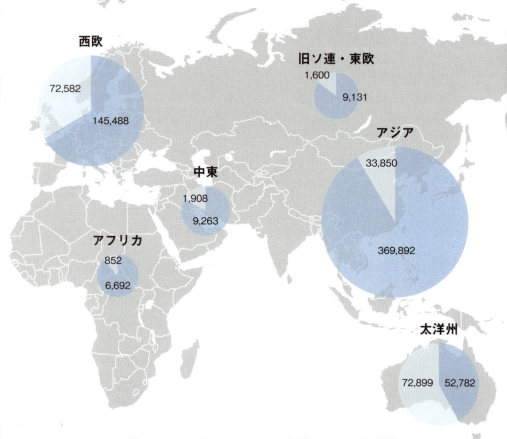

日本人、世界に

染症が拡大するその直前まで、実に多くの日本人が海外に渡航・滞在していたことが伺えます。

また国別の統計では、アメリカに約44万人が滞在し、全体の約32％と最多。次に中国が続き、約12万人が滞在しています。一方、海外に進出している日系企業の拠点数では、中国がトップで3万3,050拠点。続いてアメリカ8,929拠点、インド5,102拠点、タイ4,198拠点となっています。

■ 海外在留邦人の人口推移（2008～18年）

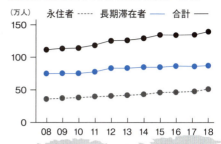

北米
256,065　264,436

中米
3,780
11,120

南米
7,784
70,214

図表の見方

数値は、2018年の地域別在留邦人人口。

永住者　長期滞在者

出典：外務省領事局政策課
海外在留邦人数調査統計令和元年版

住む。

今回のバンコク赴任が初めての海外赴任だった中村さんの、思い出の写真たち。
長期滞在だからこそ、楽しいことも、大変なこともあったという。

ただ「楽しい」だけじゃなかった。子どもと自分と向き合った海外生活。
3人の海外赴任経験者にお聞きしました。

苦労も楽しむ、海外赴任!

① 苦労したからこそ、楽しさ2倍。

中村さん（仮名） 帯同家族
赴任地（1カ国）／タイ：バンコク（2014年〜2018年）
ご家族3人（長女12歳（着任時））

環境を変えてみたい。
小6の娘、インターに入る。

　日本人学校なら、私も仕事を辞めてまで帯同しなくてもいいかな、と。それでインターを選びました。私自身、辞令が出る前から、子どもの学校にしても、生活する場所にしても、不満はないんですけれども、何か変化があってもいいかな…と思い始めていて。
　それに、姉一家がインドやアメリカに赴任

日本人、世界に住む。

私の 海外赴任

していたり、義理の兄も帰国子女。感覚としては海外赴任って身近だったんです。じゃあ、行ってみよう、って。

それに小6なら英語を勉強するのも良い時期かなぁと。その時は軽く考えていましたね。とは言え、さすがに渡航前にちょっと英語の塾とかに通って慣れておこうとはしたんです。でも、やっぱりそう甘くはなくて。

通い始めて半年、学校から呼び出しが。

どうやら、娘が先生をカンカンに怒らせてしまって、挙句、もう落第だ、って言われているようで…。スクールカウンセラーの先生から連絡をもらって、すぐ学校に行きました。そうしたら、娘が担任の先生からのメールをずっと無視していると。「あなた提出物が出ていないけど、どうなっていますか？」っていうメール。

ただ、無視したと言っても、英語がわからないから、それが何かわからないんです。「何かメールがきてる」って私に言ってくれたら良かったけど、娘自身、毎日の授業だけで、いっぱいいっぱい。もう、わかんないや、って放っておいたんです。

それで、私から「申し訳ございません」って、先生に謝まりました。そんなつもりじゃなくて、できない、わからなかったんです、これからやらせます、って。娘には、「メールは受け取りました、明日、相談させてください」っていう定型文を作って渡して、毎回これを必ず送りなさい、って教えました。

でも…それがきっかけになったんですね。1年半後、娘は試験に合格して、ELLからレ

Columun1　英語で学ぶ学校を選ぶ

インターナショナルスクール（通称：インター）に入学した中村さんの娘さん。最初に入ったELLとは「別途言語習得クラス」のことで、英語を母語としない生徒を対象とし、言語習得に重きをおいたクラスだ。アメリカ現地校などにもあり、ESL、EALなど呼称は様々。一方、英語の学校に通う場合、日本語の維持にも注意。並行して日本語補習授業校に通うのが一般的だ。参照P100「学校を選ぶ」

ギュラークラスに上がったんです。先生からの推薦も必要だから、結構難しいけど…。

それは、たまたま学校に行った時に、カウンセラーの先生が教えてくれたんです、娘が担当の先生方と直接、交渉をしていたって。

「今、私は何点ですか？」って先生に直接聞く。で、教えてくれるんです、「今の状態では何点足りません」って。「どうしたら、この点数を埋めることができますか？」「こういう課題をエキストラで出したらできますよ」「わかりました、そうします」と。それで、提出物で点数をとって、みごと合格。

結構、感動しました。自分で交渉して、それを勝ち得ることができた。ちょっと英語ができる、ちょっと数学ができるっていうよりも、将来、彼女の助けになると思いました。

日本に帰国してから、見えてきたこと。

でも帰国して、ちょっと落ち着いた頃かな。「本当はバンコクに行って、すごい辛いことがあった」って教えてくれたんです。そ

11

れに、「途中から、あんまり言わなくなったよね、ママ」とも言われて。インターに入ってすぐは、ふてくされて、家でネットばっかり見ていたので、「もうちょっと、勉強したほうがいいんじゃない」って言っていたんですね、私。でも、あの事件があってから、娘はどうみても頑張っていて、それなのに「頑張れ」とは言えなくなって。

その点、日本にいるときは欲張りでしたね。でも最後は、自分が持っているコマでやれること、それが自分にできることなんだな、と。私ももっと準備して上手に立ち回れたら、娘も苦労せずだったんでしょうけれども、全部が全部、できるわけではない。でも、今となってみればそれが、あんなことあったよね、っていうひとつになりました。海外赴任って、旅行も行って、いろんな経験もして、楽しいんです。でも何の苦労もないというのも、本当の楽しさではない、というか。苦労したからこそ楽しさ２倍、ですね。

② 家族全員「行ってよかった」。

菊池さん（仮名） 帯同家族
赴任地（2カ国）／ポーランド：ワルシャワ（1999年〜2003年）、イラン：テヘラン（2017年〜2019年）
ご家族4人（長男17歳、次男15歳（テヘラン着任時））

無理やり連れてきた私のせいなんじゃないか。

最初の1年がとにかくボロボロだったんです。子どもたちはインターに入ったんですが、なかなか馴染めないし、授業も追いつけない…それで、私自身、思い悩んでしまって。

というのも、子どもたちはもう、帯同に大反対だったんです。「意味がわからない」って。高校生活を満喫していたので、その気持ちもわかるんです。中高一貫校で、ずっと同じ仲間で、環境はとてもいい。ただ私としては、一度、日本から引き剥がしたかったんです。そこから離れてみないと、その良さも悪さもわからないまま、過ぎてしまいそうで。

なので、夏休みに下見に行ったり、私だけが話すのはよくないと思って、学校の先生方に面談いただいたり、彼ら自身が考える機会を作ったんです。でも最後まで抵抗、というか彼らも悩んでいて。結局、時間切れで、私が押し切る形で帯同を決めましたね。

出たとこ勝負、というか。いったらなんとかなる、なんとかするんだよって。

でも、やっぱり…数学の単語を調べるだけでくたくた。

本当にそう。高校の授業を英語で理解するって大変で。授業を聞いて帰ってくるだけで、1日終わっちゃう。もちろん、インターに行ったからと言って、みるみる英語が上達する、なんて思ってはいませんでした。でも、期待しながら、なんとかしよう、って励まして、サポートしていたんです。

それで数ヶ月その調子でいたら、もう私自

日本人、世界に住む。
私の海外赴任

身が疲れ切ってしまって、家から一歩も出られなくなったんです。この先、どうなるんだろうっていう不安感があって、さらに持病が悪化して起き上がれないくらいの痛みになって…。どんどん疲弊していく感じでしたね。

「もう日本に帰った方がいい」って夫は言い続けていました。ありがたかったです。でも、そのときは、それは解決にならないと思っていて。この状況をどう打ち破るか。今、ここで変えなければって、考え続けていたんです。

でも、転機が来たのは、その年の年末。アパートの屋上から初日の出を見たんです。新年の新しい感じを家族で味わおうって。

そうしたら…あの時、太陽が昇ってきた時。本当に、違う気持ちになれたんですね。動き出してみようって。以前の自分に戻る以上に、新しい気持ちになれたんです。

じゃあ、何が変わったかっていうと…街歩きを始めました。安全の問題で、赴任者は自分で車を運転できない。どこにいくにもドライバーさんに頼むんです。でも、それも辛か

Column2 まずは「安全第一」。

菊池さんは街歩き中、詐欺や連れ去りが目的であろう声かけも経験したという。常に警戒心をもつことは、海外赴任の必須事項。赴任前には必ず現地の事情を把握しておこう。渡航後にも常に情報更新を。慣れることで警戒心が薄れることもある。もちろん、現地の方にイランの季節行事に招いていただくなど、楽しい思い出も。バランス感覚を持って、安全に、楽しく過ごしたい。

った。なのでその日から、歩いて行ける範囲の目抜き通りやらバスターミナルやらまで、毎日少しづつ、歩き始めたんです。

まず自分を、大切にしよう。

帰国する頃には家族全員、海外赴任してよかった、って帰ってきたんです。私自身も、街歩きを始めてから元気を取り戻せた。でも、今思うと、思い悩んでいた時間も合わせて、改めて自分と向き合うことができたこと、それが大きかったんです。

赴任する前は、とにかく家族、子どもたちが幸せであってくれれば、っていう気持ちでいたんです。自分は蔑ろにしたまま、周りの人はよくなってもらいたい、というか。でも、街に出ると、地元の人々は真摯に自分の1日をなんとか生きようとしている。ああ、自分も自分が幸せでいられるように、自分で動こう。誰かに幸せにしてもらうとかじゃなくて、自分で自分をまず大切にしよう、そう考えるようになったんです。

子どもたちも、彼ら自身で努力して、イン

街歩きの様子。バスの看板も徐々に読めるように。

ターを修了しました。やっぱり俺たち、この
ままじゃダメだ、って頑張っていたんです。
でも、もっと良かったのは、学校でいろんな
国籍の友人が出来たことですね。また会おう、

って約束した心の友です。

帰国のときは、「俺たち、行ってよかった。」
って言っていました。それを聞いたときは、
本当、ありがたかったですね。

③ 流れに、任せて。我が家流に。

橋本さん（仮名） 帯同家族
赴任地（3カ国）/アメリカ：ロサンゼルス（2000年〜2005年）、
アメリカ：シンシナティ（2011年〜2014年）、ベルギー：ブリュッセル（2014年〜2017年）
ご家族4人（長女15歳、次女12歳（シンシナティ着任時））

前回の赴任から6年。
再びのアメリカ赴任辞令。

　もう赴任はないと思っていたので、驚きま
した。娘たちは充実した学校生活を送ってい
たし、長女はもうすぐ高2で、大学受験を考
えると大切な時期。帯同は難しいかな、と。

　ただ、ここで夫が単身赴任したら、再び、
家族4人で暮らすことがあるのだろうか。進
学や就職で一緒に生活できるのは最後なんじ
ゃないか。だったら全員一緒に行きたい…。
それが夫と私の一致した考えだったんです。

　それで長女と一緒に、大学受験までのプラ
ンを立ててみたんです。現地校のG11（高2）
に編入、2年後にG12（高3）で卒業。それか
ら帰国して帰国生枠で大学受験。そのために
どんな準備が必要か。そうしたら『TOEFL』
に加えて、アメリカの大学入試に必要な適性
試験『SAT』の点数も必要だとわかって。し
かも長女の志望大学の場合、かなり高得点が
必要で。

　でも幸い、長女は英語が維持できていたの

で、現地での学習に問題はない。G11とG12
の2年間で、必要な点数を取って帰ってこよう。
そう目標を立てて、帯同を決めました。

家族そろって、久々のアメリカへ。

　アメリカ生活の勝手は前回と同じで、娘た
ちもすぐに慣れました。それに、今回は娘た
ちが英語を話せる。学校での活動も、友達を
作るのも、自分でどんどん広げられたので、
私の手助けが必要だった前回のような苦労は
なかったですね。長女の受験計画は、現地の
友人たちの存在も大きかったです。クラスや
クラブ活動で友人ができたんですが、みんな、
早めに大学への出願準備を進めていて。

　というのも、アメリカの大学入試ってG12
の前半にはSATの点数や、課題エッセイ、成
績や推薦状を志望校に提出して結果を待つ仕
組みなんです。なので、例えばSATであれば、
早い人だとG11修了までには自分が納得でき
る点数を用意したい。そのために、G11の間
に何度か受けて、しっかり準備をしておくん
です。これって、私たちのプランより、1年

14　海外赴任ガイド 2021

日本人、世界に住む。
私の海外赴任

Column3 日本の学校選び

赴任前、橋本さんの長女は帰国生受け入れ校に通学。英語の授業レベルが高く、また海外への転校生が多いので手続き書類の準備も慣れており、とても助かったという。赴任地で現地校やインターに通っていた場合、帰国後の外国語維持は、重要なポイント。橋本さんは学校見学ほか、授業見学、先生との面談などで、具体的な教育方針などを聞き、学校を選んだ。外国語維持教室などに通うという方法もある。

早くて。

それで、長女も周りと一緒のペースで取り組み始めたんです。点数が伸びない苦手分野もあったんですが、友人に塾を紹介してもらって克服して、どんどん進めました。

そのおかげですね。渡米して1年で目標点数を準備できたんです。それで…これは予定外だったんですが、早く準備ができたので、アメリカの大学にもいくつか出願したんです。結果、複数の大学から入学許可をいただくことができました。ただ、学費や滞在の問題で進学は諦めましたが、長女にとって良い経験になりました。そして、現地校卒業後は長女だけ帰国して大学受験。私も一時帰国して見守りましたが、無事、志望大学に合格。ホッとしましたね。

とてもスムーズな様だけど…秘訣は、「流れに任せる」こと。

こう振り返ると、すんなり進んでいるようですけれども…夫の辞令には逆らえないので、我が家では、無理に何かを変えようとはしなかったんです。流れに任せつつ、その中で見通せるところまで見通していこうっていうスタンスです。

オハイオ赴任の辞令が出た時も、母子だけで日本に残ったかもしれない。でも、それは希望ではなかったので、見通せる限り調べて、選択肢を見つけて。その結果、家族が一緒に生活できて、子どもたちの成長を見届けることができた。それが一番、よかったですね。日本にいたらできなかった経験を、たくさんさせてあげることができたかな、と。

それこそ、長女の大学受験の後、当時中3だった次女は高校入試の前に帰国かなと思っていたんです。でも、びっくり。帰任ではなくてベルギー赴任の辞令がでたんです。

それで…やっぱり流れに任せて、3人でベルギーに赴任しました。次女はというと、ベルギーのインターに編入して、IB（国際バカロレア）を取得。卒業後は帰国生枠で大学受験をして、今は日本で大学生活を満喫しています。流れに任せた、結果ですね。

オハイオの寒い朝。愛犬との散歩は、橋本さんの日課で、ご近所とのお付き合いのきっかけにも。

海外安全基礎知識

被害者、年間4,668人※。
「私は大丈夫」に用心を。

日本の何気ない生活習慣も、海外ではトラブルのもとになりかねない。
海外安全対策の第一歩は情報収集。知ることが自分の身を守ることにつながる。

　海外在留邦人数が統計以来最大となった2018年、年間4,000人を超える邦人が滞在先で事故・犯罪等の被害を受けている。一方、新型コロナウイルス感染拡大により、世界中で生活のありようが変わりつつある。
　安全対策の第一歩は情報収集、と言っても、集めるべき情報は多種多様。どんな情報が必要か、整理しながら準備を進めよう。海外赴任者の場合はなんと言っても、赴任国について知ることから。ここではその第一歩として、一般でも手に入りやすい外務省が公開する情報を中心に紹介する。

外務省領事局海外邦人安全課「2018年海外邦人援護統計」および提供資料より作成
※2018年の「事故・災害」と「犯罪被害」における援護人数の合計

日本人、世界に住む。

■ 主なテロ事件 (2013-2019年)

① イナメナス襲撃事件／アルジェリア（2013年1月16日）
② 邦人殺害事件／シリア（2015年1月24日、2月1日）
③ チュニス・バルドー博物館襲撃事件／チュニジア（2015年3月18日）
④ バンコクにおける爆発事案／タイ（2015年8月17日）
⑤ ジャカルタにおける爆発・銃撃事件／インドネシア（2016年1月14日）
⑥ ブリュッセルでの爆発事件／ベルギー（2016年3月22日）
⑦ クアラルンプール市郊外における爆弾テロ事件／マレーシア（2016年6月28日）
⑧ ダッカ襲撃テロ事件／バングラデシュ（2016年7月1日）
⑨ タイ中部・南部の複数箇所での爆発事件／タイ（2016年8月11日～12日）
⑩ イスタンブール：ナイトクラブでの襲撃事件／トルコ（2017年1月1日）
⑪ サンクトペテルブルグでの地下鉄爆発事件／ロシア（2017年4月3日）
⑫ ミンダナオにおける厳戒令発出／フィリピン（2017年5月23日）

⑬ ストラスブール・クリスマスマーケット銃撃事件／フランス（2018年12月11日）
⑭ ナイロビ複合商業施設襲撃事件／ケニア（2019年1月15日）
⑮ クライストチャーチにおける銃撃事件／ニュージーランド（2019年3月15日）
⑯ 同時爆破テロ事件／スリランカ（2019年4月21日）
⑰ カリフォルニア州・イベント会場での銃撃事件／アメリカ（2019年7月28日）
⑱ テキサス州・商業施設での銃乱射事件／アメリカ（2019年8月3日）
⑲ カイロ車両自爆テロ事件／エジプト（2019年8月4日）
⑳ ジェラシュ遺跡観光客襲撃事件／ヨルダン（2019年11月6日）
㉑ ロンドン橋での刃物襲撃事件／英国（2019年11月29日）
㉒ 邦人襲撃事件／アフガニスタン（2019年12月4日）
㉓ パリ・公園での刃物襲撃事件／フランス（2020年1月3日）

■ 邦人事故事例 (2017年～2018年)

㉔ 交通事故：自転車乗車中の交通事故により、邦人1名が死亡（アメリカ/マイアミ）
㉕ 作業事故：鋼材資材荷下ろしの際の事故により、邦人1名が死亡（パラオ）
㉖ 水難事故：遊泳中の事故により、邦人1名が死亡（タイ/プーケット）

17

① ここは日本ではない。まずは海外モードに。
日本人の被害例と対策を知り、日常生活をきりかえよう。

外務省の「海外邦人援護統計」によると、2018年に犯罪被害によって在外公館で援護された邦人は4,321人。その内訳は、窃盗被害が3,549人、ついで詐欺被害が279人、強盗・強奪被害が215人と続く。また、犯罪被害で援護された人のうち825人は在留邦人で、長期滞在者の中でも被害は出ている。

海外でのスリや置き引きへの注意は聞き飽きたかもしれないが、今一度、気を引き締めよう。海外赴任者ももちろん油断は禁物だ。さらに、赴任者の場合は数年間にわたって緊張感を保つという精神的なスタミナも必要だし、長期滞在だからこそ気をつけるべきこともある。まずは、どんな事例があるか把握しよう。

こんな事例がでている

統計における窃盗被害では、スリと置き引きが約7割を占めている。事例としては、混みあったバス車内で集団に囲まれ財布をすられた。空港にて到着時にスーツケースを引き取っている間に、カートに置いたカバンが置き引きされた。レストランで食事中に、椅子にかけたジャケットのポケットに入っていた財布が抜かれた、など。いずれも長期滞在の海外赴任者でも十分に想定される被害だ。

また現地で車を運転する予定であれば、車上荒らしの被害も出ているので注意しよう。路上駐車をして買い物に出た少しの間に鍵が壊され、車内の荷物が盗まれていたケースや、ドアロックをかけずに運転していたところ、信号待ちで停車している間に後ろからオートバイで近づいてきた男にドアを開けられ、助手席の荷物を強奪された事例も過去に発生している。また、2018年の事故・災害被害による援護者は347人で、うち127人は交通機関による事故で、20人が死亡、70人が負傷している。一方で、スピード違反などの道路交通法違反で拘束され援護されているケースも発生している。

その他、法律や習慣の違いによるトラブルも発生している。旅行先の港の夜景が美しく、記念撮影をしたところ、警察官に止められカメラを没収された。あるいは、なんとなく撮影した市場の風景写真に、写り込

調べる①　安全対策の基本

海外安全対策の基本をコンパクトにまとめた「海外安全　虎の巻」。手のひらサイズの冊子で、渡航前に確認しておきたいポイントや、ケーススタディとして、さまざまなトラブル例が幅広く掲載されている。
外務省の海外安全HPや海外安全アプリからもダウンロードが可能。巻末には在外公館リストも掲載。

「海外安全　虎の巻」表紙
外務省海外安全HPより

海 外 安 全 基 礎 知 識
日本人、世界に住む。

んだ人々が集まってきて無断で撮影したことに抗議し、最終的には撮影料を支払ったなど、写真撮影ひとつにしても、トラブル

の可能性はある。多くの国で、軍事施設や港湾、空港、大統領施設などは保安上の理由から撮影禁止となっている。

② 赴任地を知る。自分が生活する姿もイメージして。
地域の特徴、住居を選ぶポイント、運転ルール。文化の違いについても確認を。

自分の身は自分で守る、は海外安全の鉄則。いずれの被害も、ちょっとした油断や、情報の不足などが原因の場合が多く、日頃から緊張を保って行動することと、適切な判断ができるよう十分な情報を得ておくことが、海外安全の基礎になる。

多岐にわたる情報源。
まずは「海外安全ホームページ」を確認。

何より知っておくべきなのは、赴任地の治安状況だ。最近の犯罪の傾向や手口、法律や習慣を事前に熟知しておくことで多くの被害を防ぐことができる。また、感染症拡大の影響については、その国の対策・仕組みについてよく理解し、いざと言うときに動けるようにすることが肝要だ。

とはいえ、多岐に及ぶ情報源がある中で、どのように情報を集めていけば良いか。一般的に手に入りやすい情報源は外務省の「海外安全ホームページ」。各国の基本的な安全情報と、今現在注意したい内容の両方が手に入る。ここで赴任国の事情を把握しておくと、別の情報源へ広がっていく上でも便利だろう（「調べる②　海外安全ホームページ」を参照）。

海外赴任者の場合、すべてに目を通して欲しいが、基本的な情報を把握するにあたっては、「安全対策基礎データ」と「安全の手引き」を熟読しよう。これらは世界各地の在外公館が編集して作成したもので、治安情勢の基礎知識のほか、主な病院リスト、現地警察連絡先、知っておくべき現地の習慣・法律がまとめられている。同時に、今現在の安全状況を確認するために「危険・スポット・広域情報」も見ておこう。地図上で各地域の危険レベルが表示されており、発出中の最新情報も見ることができる。

また、各地の在外公館Webサイトも確認を。管轄地域内の邦人被害の報告や、在留邦人向けに実施される滞在国における安全対策セミナーなどの案内があるので、到着後、すぐに活用できるようにしたい。

最新の情報は、
「たびレジ」の活用を。

基本的な情報が把握できたら、最新の情報で常に更新を。ここでは「たびレジ」が便利だ。

「たびレジ」は外務省の安全情報配信サ

ービス。メールアドレスと、情報を希望する国・地域等を登録すれば、在外公館が発出する治安情報（「調べる③　領事メール」参照）を受け取ることができる。細かいところでは、発生中の事件事故についての速報なども含まれる。

登録は渡航前からいつでも可能。複数の国を選択することもできるし、日本国内の家族と情報を共有したい場合には、一緒に簡易登録しておくと、同時にメールを受信することができる。赴任国のほか、出張先、旅行先なども登録しておこう。

なお海外赴任者の場合、企業側で民間の危機管理サービスを利用して、治安情報の収集にあたっている場合もある。その点は必ず、渡航前に人事担当者と確認して情報を共有しておこう。

海外生活スタート。最新情報をチェックしよう。
悲観的に準備し、楽観的に行動する。気を引き締めつつ、楽しい海外赴任生活を。

いよいよ海外赴任がスタート。準備してきた情報や知識を生活に取り入れ実践していこう。夜間の外出は控える、人通りの少ない路地は避けるなど、基本的な対策を実行することが重要だ。

さらに到着後は在外公館をはじめ、日本人会、企業連絡会、学校の友達や近隣に住む現地の人など、周囲のネットワークの中で情報を得る機会が増える。現地メディアからの情報も得ることができるだろう。これらは日頃の情報源として非常に大切だが、噂や偏った情報が混ざっている場合もあるので、どこから発せられたのか、どのような経緯で入手したのかを確かめ、見聞きしたものに対し冷静に判断するよう心がけよう。また、人々との交流やつながりを持つことは、いざという時に助け合うにも大切だ。日頃からお互いの安全を守るため、協力する姿勢をぜひ大切に。

また、ここまで読んできただけでも、注意すべきことや、知るべき情報がとても多くて、疲れしてしまうかもしれない。実際、海外で生活する数年の間、継続して緊張を保つのはかなりの負担になる。なので、現地でも趣味の活動を継続したり、定期的に運動をするなど気分転換ができるようにしよう。ストレスをうまくコントロールして健康を保つことも安全対策につながる。

領事メールを受信する。

2019年4月にはスリランカのコロンボで同時爆破テロ事件が発生した。図②はこの事件が発生した時に、在スリランカ日本国大使館が邦人向けに発出した安全情報（領事メール）だ。この領事メールは、このような緊急事態発生時に状況の詳細情報を提供するほか、安否確認などの事件発生後のケア、さらにデモや集会の予定などの

海外安全基礎知識
日本人、世界に住む。

調べる② 海外安全ホームページ　www.anzen.mofa.go.jp/

海外安全ホームページでは、各国の安全情報を閲覧できる。まずは赴任国のページを見てみよう。各国の情報は現在以下の6つのカテゴリーで発出されている。

●危険・スポット・広域情報

今現在の危険度について「危険情報」と「感染症危険情報」の2つに分けて発出される。「危険情報」は、内乱、テロ情勢、各国の政治・社会情勢などを総合的に判断し発出され、安全対策の目安をお知らせするもの。「感染症危険情報」は、新型コロナウイルス感染症を含む危険度の高い感染症に関し発出するもの。各国の地域別に発出されるので、勤務地・居住地・近隣の地域なども確認できる。

また「スポット情報・広域情報」「現地大使館・総領事館等からの安全情報」の欄では、外務省・在外公館等が現在発出している情報を掲示。

●安全対策基礎データ

各国の犯罪発生状況のほか、入国審査、風俗・習慣、現地の警察等、滞在中の緊急連絡先、在外公館連絡先などがまとめられている。

●テロ・誘拐情勢

各国のテロ・誘拐事件における特徴がまとめられている。手口の詳細、犯罪組織名、あるいは日本人・日本権益に対する脅威などに分類し説明。

●安全の手引

各在外公館が独自に作成している「安全の手引」。現地で注意すべき犯罪手口、交通ルール、また現地在留邦人の被害の情報など、現地滞在者目線の情報がまとめられている。

●医療事情

現地でかかりやすい病気、怪我に関する注意喚起ほか、一部医療機関連絡先の紹介、現地で推奨される小児予防接種の紹介など。

●緊急時の連絡先

現地警察他、在外公館の連絡先一覧。

図①上記はアメリカ合衆国の地域情報ページの例。各国の情報がカテゴリーごとに閲覧できる。目的別のページでは案内冊子のダウンロードも可能。

こちらも準備を　感染症に関する情報収集はポイントを抑えて。

新型コロナウイルス感染症はじめ流行中の感染症については、感染状況、ワクチン開発など、常に状況が変化する。必要な情報をフォローするためにも、抑えておきたいポイントの例は以下。

①**赴任国滞在中のリスク**：感染リスク、医療の対応や社会不安などの状況を確認する。
②**入国制限・制度**：PCR陰性証明の提出、到着後の隔離期間など入国制限・手続き。また感染拡大時の退避判断について派遣企業に確認する。
③**発病時の対応**：発病時に赴任国が定めている受診方法、医療保険の補償対応を確認する。
④**持病の治療**：持病薬の入手方法や、治療を継続できるクリニックなどを確認する。
⑤**滞在中の感染予防策**：手洗い、アルコール消毒、マスク、三密回避など、日常生活における対応を考え、必要衛生用品の購入も含め計画する。

調べる③　「領事メール」と在留届と「たびレジ」

右のメールは、2019年4月のスリランカ・コロンボにおけるテロ事件発生時の、在スリランカ日本国大使館からのメールだ。

現地の大使館および総領事館では、在留邦人向けにメールによって現地最新治安情報を発信している（領事メール）。現地到着後に在留届を提出してアドレスを登録すれば受け取ることができる。配信されるのは治安情報（事件の発生とその後の経過、交通ルールの変更、デモの予定、外出禁止令など生活に関わる法律の発布など）のほか、緊急事態発生時にはメール返信による安否確認や、大使館の行事や在外選挙のお知らせなども含まれる。また治安情報については「たびレジ」の登録者も、同じ情報を受信する事ができる。

海外赴任者の場合、渡航前は「たびレジ」に登録し、到着後は在留届を提出して引き続き領事メールを受信するのがよいだろう。

図②

【緊急】コロンボ市内ホテル等での爆発事件

●コロンボ市内複数ホテルや郊外教会等で爆発事件が発生し、複数の死傷者が発生。コロンボ市内複数ホテルや郊外教会等で爆発事件が発生し、複数の死傷者が発生しているとの情報が入っております。
・当地にいらっしゃる邦人の皆様におかれましては，不要不急の外出（特に人混み）を避けるとともに、ニュース等で関連情報の収集に努めてください。
・邦人の皆様で、本件に関する情報（特に邦人被害に関する情報）をお持ちの方は、大使館までご連絡ください。
電話：(国番号94)11-269-3831
メール：ryoujivisa@co.mofa.go.jp
【参考報道】
◎スリランカ首都などで複数の爆発
ロイター電によると、スリランカのコロンボなどの地域で複数の爆発が起きた。ロイターと提携するANIがスリランカメディアの報道として伝えた。警察筋によれば、スリランカの教会2カ所とコロンボのホテル2カ所が爆発の直撃を受けた。
コロンボ（スリランカ）発のAP電によると、スリランカの教会1カ所が21日、爆発の直撃を受け、礼拝者の中に死傷者が出た。

外務省海外旅行登録
たびレジ

「たびレジ」の登録はこのマークを目印に。

たびレジ

在留届

注意喚起といった情報も知らせてくれる。領事メールは「在留届」を現地大使館に提出した在留邦人と「たびレジ」に登録した旅行者宛に配信されている。

何か起きたら、どうする？

万が一、テロに遭遇したとき、事故にあったとき、また自分ではなく家族が巻き込まれたときはどうするか。緊急事態にそなえた準備をしておくことも必要だ。

まず緊急連絡先リストは自分で作成しておこう。在外公館のほか、現地勤務先、日本の本社、子どもの学校、医療機関、警察や消防署、そのほか加入している保険会社やアシスタントサービス、航空会社などの住所や連絡先をまとめ、手帳やメモなどに記録して持ち歩く。スマホなど電子機器に登録するだけでは、電源がなくなった時に対応できなくなるので注意。同時に国際電話の使い方も確認しておこう。

また緊急事態には大使館から連絡がくることもある。もし在留届の届出内容に変更があった場合は、なるべく早く変更を届け出よう。

CHAPTER

1

赴任の準備

海外赴任準備の第一歩は計画づくり。社会保険、納税に関する公的手続き、日本の家族との連絡方法の確認…出発前に何をするべきかを考えて、予定を立てよう。

CHAPTER 1　赴任の準備

01　生活関連手続き

確認と計画

　出発までに何をするべきか。時間は限られているので、やるべきことはしっかり整理し、効率的に準備を進めていくことがポイント。まずは巻頭「海外赴任準備チャート・出発までのチェックリスト」で赴任準備の全体を把握し、いつ・何をするか、自分の計画を立てよう。

　特に、住民票や納税、銀行、サブスクリプションサービスの解約など、細々とした手続き関係は、きちんと済ませておかないと何かと厄介。漏れのないようリストアップして、ひとつひとつ解決しよう。また、引越し・住宅・教育・医療の準備は、各章の基本情報を踏まえてから計画作りを。

海外で継続して利用できるか

　ネット経由のサービスは海外で利用できるか確認を。動画配信、電子書籍は日本国内からのアクセスに限定されているものが多い。SNSやチャットアプリは海外からでも気軽に連絡できる点で便利。アカウントの整理、知人への連絡をして、渡航後すぐ使えるようにしておこう。

　携帯電話は右頁を参考に検討を。持っているスマホがSIMフリーであれば赴任地でも継続して使える可能性がある。

留守中の連絡先を依頼する

　海外赴任中の国内連絡先は、各種手続きで確認されるので、早めに決めておこう。両親や兄弟に依頼すると良いだろう。

　また、渡航後に買い忘れた日用品や学用品、戸籍謄本など、日本でしか手に入らないものが必要になることも。連絡先を依頼すると同時に、買い物や手続きの代行もお願いしよう。費用の精算方法、国際郵便の選び方・利用方法、海外の住所の書き方、などを打ち合わせておく。

お役立ちコラム

国際電話と国際郵便

国際電話のかけ方
（①国際電話発信番号）ー（②国番号）ー（③市外局番ー市内局番）
①は国によって異なる。「＋」で良い場合もあるので、事前に確認を。
②国番号。日本は「81」。③現地電話番号。「0」から始まる場合「0」を除いて発信。
例：日本の番号「03-1234-5678」に海外からかける場合
　　+81-3-1234-5678

海外の住所の書き方
①建物名・部屋番号②番地・町村名・丁目③市区・都道府県名④郵便番号⑤国名、の順で書く。
例：「101-0054東京都千代田区神田錦町3丁目13番地 竹橋安田ビル4階」の場合
　　①Takebashi Yasuda-Bldg 4F,②13, Kandanishikicho, 3chome,
　　③Chiyodaku, Tokyo,④101-0054,⑤Japan

一方、国内に残す家族のケアについて　　　を対象にしたケアサービス（介護・見守り
も、出発前によく話し合いを。海外赴任者　　　等）の利用も検討しよう。

海外で携帯を使う

日本で契約か、現地で契約か

海外で携帯を使う場合、3つの選択肢がある。使用料金を比較すると、長期滞在の場合は①
が最も経済的（表①）。

①現地携帯会社と契約
現地の電話会社で契約し、現地の電話番号を使用する。※日本で使用している電話機器が
SIMフリーであれば機器は継続して使用出来る（下記参照）。

②日本の携帯で国際ローミングを利用する
日本で契約している携帯電話をそのまま海外に持ち込み使用する。日本で使っている電話
番号が使用出来る点は便利だが料金は高額。支払いは日本の携帯電話会社へ。

③日本で海外携帯をレンタル
空港等で受け取り返却ができるので便利。現地の電話番号を使用する。料金は国際ローミ
ングと同等程度。短期の出張等でよく利用される。

表①各使用料金の比較

	渡航先での通話料金	渡航先のデータ通信料金	日本語サポート（問い合わせ・相談）
①現地携帯契約	安価	安価	×
②国際ローミング	高額	高額	○
③海外携帯レンタル	高額	—	○
参考:海外WiFiレンタル	非対応	安価	○

現地で携帯電話契約をする際の注意

①契約＝SIMカードの購入
日本の契約方法と異なり、海外では携帯電話機器を家電量販店などで購入し、別途、携帯
電話会社で回線契約して「SIMカード」を購入するスタイルが一般的だ。SIMカードとは通
信事業者ネットワークに接続し、音声通話やデータ通信を行うICチップのこと。私たちが日
頃、携帯電話で電話をしたり、屋外でデータ通信ができるのはこのカードの働きによる。携帯
電話ショップでは、機器を売っている場合もあるが、基本的にはSIMカードを取り扱っている
ものと考えておこう。

②現在使用している携帯やスマホを使う＝SIMフリーを確認
現在、使用している携帯がSIMフリーであれば現地でも引き続き使用出来る。SIMフリーとは契
約以外の通信事業者発行のSIMカードにも対応出来る機器のことだ。日本でSIMフリーの機
器が知られるようになったのは最近で、まだ、SIMロックと呼ばれる特定の電話会社のSIMカー
ドにのみ対応する機器を使っている人が多いだろう。まずは契約した電話会社に問い合わせて
確認を。同時に、SIMロック機器であった場合はSIMロック解除をしてもらえるかも確認を。解
除できればSIMフリー機器として海外で使用出来る。　　　情報提供:兼松コミュニケーションズ

赴任の準備

引越し

住宅

子どもの教育

医療と健康

現地の暮らし

CHAPTER 1　赴任の準備

02 公的手続きの確認

海外居住の手続き

海外居住に伴い、住民登録、保険制度、その他公的制度における変更手続きが必要だ。ここでは住民登録と保険制度について確認しよう。納税（P28）、免許（P32）についても、並行して確認を。

国外転出届

1年以上日本を離れ、海外に居住する場合、市区町村に国外転出届を提出する。これにより転出証明書が発行され、住民登録が抹消される（住民票の除票）。受付は出発の2週間前から。手続きに必要な書類は居住する市区町村に必ず確認を。また住民票の除票に伴い、以下にも注意する。

①印鑑証明書

住民登録とともに印鑑登録が抹消され、印鑑証明書は取得できなくなる。車の名義変更など急に必要になる場合も考え、抹消前に取得することも考えておく（有効期限は取得日から3ヶ月）。また渡航後なら代替となる署名証明が在外公館で取得できる。

②選挙権

国外転出届を提出すると、4ヶ月後に国内の選挙人名簿から抹消される。海外から投票するには在外選挙人名簿に登録する必要があり、国外転出届と同時に登録申請ができる。出国前に申請しなかった場合は、渡航後に現地の在外公館にて登録申請を行う。詳細はP168。

③マイナンバーカード

マイナンバー自体は海外転出しても変更されないが、マイナンバーカードは返納する。国外転出届と一緒に提出し、返納の旨が記載された状態で返却してもらう。これは、本帰国して新たにマイナンバーカードの発給を受ける際に必要なので大切に保管しよう。

公的保険制度・社会保険

国外転出届を提出して海外居住となっ

お役立ちコラム

社会保障協定

海外で就労する場合、基本的にはその国の社会保障制度に加入しなければならない。しかしこの場合、2カ国分の保険料を負担することになる。ただし「社会保障協定」を結んだ国で企業に派遣されて就労する場合、5年以下であればどちらか一方の国の社会保障制度に加入することで、一方は免除される。

参考Webサイト

日本年金機構「社会保障協定」　https://www.nenkin.go.jp/service/kaigaikyoju/shaho-kyotei/kyotei-gaiyou/20141125.html

外務省「海外在住者と日本の医療保険、年金」　https://www.mofa.go.jp/mofaj/toko/kaigai/nenkin_hoken/

ても、企業で加入している社会保険の被保険者資格は、海外赴任中の雇用関係によって継続の可否が判断される。基準となるのは、給与の支払い元、金額、その割合など。人事担当者に確認しておこう。また、資格を喪失する場合には個人での手続きが必要。海外居住者となるため、限定される部分もあるので、詳細に確認を（表①）。

①健康保険

海外居住者は国民健康保険に加入できない。組合健保は企業との雇用関係継続により被保険者資格があれば継続可能。

②厚生年金／国民年金

厚生年金は被保険者資格が継続する限り、海外赴任中も継続できる。

国民年金は海外居住者の場合、強制加入被保険者ではなくなる。継続加入したい場合は市区町村で任意加入手続きをする。年金保険料は国内の親族が代理で支払う、または国内口座からの引き落としを選ぶ。なお海外赴任中に国民年金に加入しない場合、その期間は受給資格期間の合算対象になるが、受給額には反映されない。

③介護保険

海外居住者は適用除外。保険料の支払いについては「介護保険適用除外等該当・非該当届を提出することで、免除される。

帯同に伴う退職

配偶者が帯同に伴い退職する場合、雇用保険受給期間の延長を申請できる。制度上、離職後30日を過ぎてから4年以内に申請する。ただし、申請が遅くなると受給期間に影響する可能性があるので、赴任前に手続きしよう。必要書類は海外赴任命令書、海外渡航を証明できるものなど。申請する場所によって異なる場合があるので、事前に管轄ハローワークに確認を。

表①社会保険はどうなる？チェックリスト

	被保険者資格が継続している場合	被保険者資格を喪失した場合
例	在籍出向で国内企業から給与が一部又は全部支払われている場合	在籍出向で国内企業から給与が全く支払われない場合、移籍出向の場合
健康保険	継続（日本帰国時も国内勤務時同様、健康保険が利用できる。海外では「療養費」扱いとなり、海外でかかった療養費はいったん本人が全額立替えし、後日一部療養費として健康保険から支給される（ただし、支給される療養費は、実際に支払った金額ではなく、日本の医療機関で治療を受けた場合の保険診療料金を基準として計算される。）。	継続できない。対応策： ①任意継続被保険者手続を行う ただし、健康保険の被保険者資格喪失日から最長2年間しか加入できない。 ②国民健康保険に加入 市区町村に住居する者が対象のため、住民票を除票していると加入できない。
介護保険	海外では介護保険サービスは適用除外。ただし、住民票を除票していれば、一部例外を除き、介護保険料は支払う必要がない。	海外では介護保険サービスは適用除外。保険料も不要。（ただし、国民健康保険に加入している場合は、住民票の除票ができないため、国民健康保険料と併せて介護保険料も納付しなければならない。）
厚生年金	継続（国内払い給与に対応した保険料を支払う。）	継続できない。対応策：国民年金に任意加入。
雇用保険	継続するが、失業給付等は帰国時しか受給できない。	原則的には継続できない。
労災保険	適用対象外（労災保険は属地主義のため、海外勤務時は原則的に対象外）対応策：労災保険の海外派遣者特別加入制度を利用。	同左（移籍出向の場合は、労災保険の特別加入もできない。）

東京三菱UFJリサーチ＆コンサルティング(株)　藤井恵著「海外勤務者の税務と社会保険・給与Q&A　五訂版」より引用
海外での医療負担に対する健康保険の利用についてはP35を参照してください。

CHAPTER 1　赴任の準備

03 海外赴任中の納税

　所得税、住民税、固定資産税／都市計画税について確認を。海外居住でも課税対象の場合がある。必要事項は人事担当者や税務署に問い合わせよう。

所得税

　「日本国内の会社に勤めている給与所得者が、1年以上の予定で海外の支店などに転勤し又は海外の子会社に出向したりする場合があります。この転勤や出向をした給与所得者は原則として、所得税法上の非居住者になります。非居住者が国外勤務で得た給与には、原則として日本の所得税は課税されません」（国税庁タックスアンサー「No1920」海外出向と所得税額の精算より）

　このように1年以上の海外赴任で得た企業給与は基本的には所得税の対象にならない。ただし、不動産所得など国内で得た別の所得がある場合は別途手続きが必要だ。以下の例にそって確認を（図①）。

①所得が企業給与のみの人の場合
　海外赴任中は所得税の課税対象となる所得はない。出国前に年末調整と同じ方法で控除の申請などを行う。

②給与以外にも所得がある人の場合
　海外に居住していても日本国内で発生する所得（国内源泉所得）は課税対象。例えば、海外赴任中に賃貸している自宅の賃料による不動産所得などはこれに該当する。そのため「納税管理人」を出発前に税務署に届け出し、確定申告の代行を依頼しよう。

　なお、日本法人の役員が出向する際の役員報酬等については課税対象となるので、別途税務署に詳細の確認を。

住民税（地方税）

　住民税は、原則として毎年1月1日における住民登録に準じて課税される。仮に12

納税管理人の届け出

　「納税管理人」とは国内不在の非居住者に代わって、確定申告の手続きを行い、さらに納税の手続きなども代行するものだ。赴任者が不在の間、納税に関する書類は納税管理人に郵送される。法人、個人いずれに依頼しても問題ない。親族や企業に依頼する場合が多いようだ。
　納税管理人は代行する税によって届け出先が違う。所得税など国税の場合は所轄の税務署長に、住民税など地方税は市区町村に届け出る。手数料は無料。届け出書は、国税庁Webサイト、市区町村のWebサイトからダウンロードする。忘れずに手続きしよう。ちなみに、非居住者は住民登録がないためインターネットを通じた確定申告e-TAXは利用できない。
　参考Webサイト:国税庁「所得税・消費税の納税管理人の届出手続」
　https://www.nta.go.jp/taxes/tetsuzuki/shinsei/annai/shinkoku/annai/07.htm

月31日に出国した場合、翌年の住民税支払い義務はないが、年が明けて1月1日に出国した場合は支払い義務が生じる。

また、企業が給与から納税額を差し引いて住民税を収める特別徴収の場合、海外勤務中も特別徴収を継続するのであればよいが、継続されない場合には個人が納税手続きをする必要がある。このとき、赴任者は市区町村に納税管理人を届け出し、納税手続きを依頼する。

固定資産税・都市計画税（地方税）

国内に所有する固定資産(土地、家屋)には、非居住であっても固定資産税・都市計画税が課税される。市区町村に納税代理人を届け出し、納付を代行してもらう。

図① 海外赴任中の所得と納税

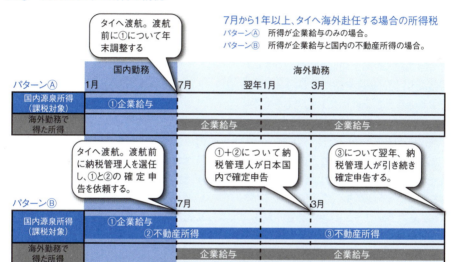

所得税に関する参考資料

国税庁Webサイトのタックスアンサー「海外勤務になったとき」を参考にしよう。以下ではその一部を紹介する。詳細な手続きは必ず管轄の税務署や市区町村に問い合わせを。

① 「No1920　海外出向と所得税額の精算」
海外勤務者の所得税について、特に給与所得のみの場合を説明。年末調整の詳細などを紹介している。図①パターンⒶの場合はこちらを参照しよう。

② 「No1926　海外転勤中の不動産所得などの納税手続」
こちらは海外居住の間に国内で発生する不動産所得の課税と手続きについて。図①のパターンⒷはこちらに該当する。同じく課税対象になる不動産の売却(No1932)、株式譲渡(No1936)についても該当する場合は確認しよう。

③ 「No.1929　海外で勤務する法人の役員などに対する給与の支払と税務」

CHAPTER 1　赴任の準備

04 パスポートとビザ

まずパスポートを

　海外で日本国民としての身分を証明する公文書がパスポート。出国に必要な大事な書類なので、まだ所持していない場合はすぐに取得手続きを進めよう。また海外旅行などで、すでにパスポートを持っている人も有効期間が十分にあるか、取得時から住所や姓名など戸籍上の変更がないかを再度確認し、切り替え申請や登録内容の変更手続きなどを済ませよう。幼児ももちろん取得する。サイン代筆などが必要なので、右頁コラムを参照しよう。

　また海外赴任者は必ずビザを取得する。観光など短期の滞在であれば、ビザがなくても入国できる国が多く、あまりイメージがない人もいるかもしれないが、居住や就労目的の長期滞在の場合、ビザは必要だ。パスポートがないとビザの申請ができないので、早い段階で確認しよう。

まだ有効なパスポートは

　パスポートは有効期間が1年未満になると切り替え申請ができる。ただし、有効期間が1年以上残っている場合でも、海外赴任で長期滞在する予定であれば、赴任命令書などを提出することで更新できる。そのため、帰国予定前に期限が切れてしまうようであれば、出発前に更新しておこう。

　なお、海外赴任中にパスポートを更新する際は注意が必要だ。一時帰国で更新の場合は、2週間程度の滞在を計画すること。また更新されたパスポートは番号が変わるので、すでに発給されたビザについて、変更手続き等が必要か、必ず赴任国の大使館等に確認を。また、在外公館でもパスポートの更新は可能。戸籍上の身分事項に変更がある場合のみ、日本国内から戸籍謄本の取り寄せが必要なので注意。

パスポートを申請する

　各都道府県や市区町村の旅券申請窓口で申請する。申請してから受領までは1週間～10日程度かかる。長期連休前などは混み合い、それ以上かかることもある。

　なお申請は代理人が行うことも可能だが、受領は必ず本人がいかなければならない。引越し準備等で多忙な時期だが、予定に組み込んで、取りに行けるようにしよう。

ビザを取得する

　必要なビザの種類や申請方法は国によって異なる。申請時には通常、申請書、パスポート、写真、その他に勤務先の推薦状、戸籍謄本、保険の加入証明、銀行残高証明、南米やアフリカなどでは黄熱病の予防接種証明などを用意する。新型コロナウイルスの感染拡大に伴う追加書類についても確認を。通常、勤務先が旅行代理店等を通じて手配する場合が多いが、書類の用意を依頼されるので、覚えておこう。

　また帯同者のビザは就労が認められていないケースが多い。現地で就労を希望する場合、ビザ条件を早めに確認すること。

パスポートを申請しよう！

申請に必要な書類

1. **一般旅券発給申請書1通**:用紙は各旅券申請窓口に備えてある。
2. **戸籍抄本または戸籍謄本1通**:発行後6カ月以内のもの。ただし、まだ有効なパスポートから切り替え申請する場合に、氏名や本籍地に変更がなければ省略できる。
3. **写真1枚**:各寸法を充たし、正面上半身、無帽、無背景で6カ月以内に撮影されたもの（右図）。

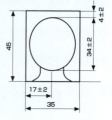

4. **本人確認の書類**
   ① 1点でよいもの
   　有効なパスポート、失効後6か月以内のパスポート、運転免許証、マイナンバーカード、写真付き住民基本台帳カード、宅地建物取引士証、船員手帳、身体障害者手帳 等
   ② 2点必要なもの／Aから2点、またはAとBの各1点
   　A:健康保険等被保険者証、共済組合員証、国民年金手帳、国民年金・厚生年金・船員保険の年金証書、共済年金・恩給等の証書、印鑑登録証明書と実印 等
   　B:会社の身分証明書、学生証、公の機関が発行した資格証明書（いずれも写真貼付） 等
5. **以前に取得した旅券**:無効の処理をされた上で返却される。有効なパスポートがある場合にはその旅券がないと申請できないので注意。
6. **住民票の写し**:住民票の住所を管轄としない窓口で申請する場合（例:東京都以外に住民登録している方が東京都内の窓口で申請する場合）や、住基ネットシステムでの検索を希望しない場合に必要。

受領時に必要な書類

1. 旅券引換書（申請終了時に発行）
2. 手数料:10年間／16,000円、5年間／11,000円　※申請時12歳未満は6,000円

未成年のパスポート取得（20歳以下の未成年の申請時には以下の点に注意しよう）

1. 5年間有効のパスポートのみ発給可
2. **法定代理人の同意が必要**:親権者（父母、養父母）または未成年後見人など法定代理人の同意が必要であり、申請書に署名が必要。遠方で申請書に署名できない場合には事前に同意書の準備が必要。
3. **自署で署名ができない場合**:未就学児など自署で署名が難しい場合、法定代理人が代理に署名する。小学生以上は原則として自署で署名する。
4. **年齢の数え方**:申請時の年齢は「年齢計算に関する法律」（明治35年法律第50号）に従っており、年齢は誕生日の前日に1歳加算される。例として、12回目の誕生日の前日に申請した場合は「申請時12歳」となり、申請手数料は11,000円。12回目の誕生日の前々日に申請した場合は「申請時に11歳（12歳未満）」となり申請手数料は6,000円となる。

参考URL:東京都生活文化局「パスポート」
https://www.seikatubunka.metro.tokyo.lg.jp/passport/
詳しくは住民登録をしている各地自体に問い合わせよう。

CHAPTER 1　赴任の準備

05 運転免許と自家用車の処分

日本の免許を確認

　日本の免許はいつ更新するか事前に計画を。本帰国後はもちろん、赴任地・出張先での運転、一時帰国中の運転などで必要となる。出国前に更新しておくか、一時帰国を利用して更新するが、後者の場合、住所の確認について追加書類が必要なので注意（表①）。

現地で運転する

　多くの長期赴任者が現地の運転免許を取得して運転している。取得方法は、渡航後に試験を受ける、日本の免許から現地の免許に切り替えるなど、各国・各地域で方法が異なる。詳細な書類の準備も含め、前任者や勤務先に相談する、あるいは在外公館のWEB等で情報を集めよう。
　一方、国際運転免許証を日本で取得して運転する方法もある。ただし運転できるのはジュネーブ条約締約国に限り（参照：警視庁WEB「国外運転免許証が有効な国（ジュネーブ条約締約国一覧）」）、有効期間は1年。赴任地以外でも出張等で運転する場合には便利だろう。国内の運転免許センター・試験場で申請する。
　なお、交通事故、信号待ちを狙った強盗、スピード違反で取り締まりを受けるといった事例もある。外務省や在外公館WEB等で現地の運転事情についても情報収集を。

自家用車の処分

　処分する場合は、売却するか、知人に譲る。出発直前まで車を使う場合、どのタイミングで引き渡すか、よく考えておこう。
　売却の場合、海外赴任者専門の買取サービスが便利。各種手続きの代行に加え、出発直前まで車が使えるよう配慮してくれる。

表①　車の免許はいつ更新する？

出発前に更新	海外赴任のため、規定更新期間内での更新が難しいと判断される場合、更新期間前であっても免許の更新ができる。「特例更新」または「期間前更新」という。通常の更新手続きに加え、パスポートや出張命令書など、更新期間に日本を不在にする証明となるものを持って行く。また、免許の有効期間が通常よりも短くなるので注意。
一時帰国中に更新	規定の更新期間内に一時帰国する。あるいは一時帰国中に「特例更新」をする。ただし、国外転出届を提出し、住民票が海外居住になっている場合、まずは記載事項変更の届出を行い、一時滞在先を臨時の住所として登録した上で更新できる。通常の提出書類に加え一時滞在先の証明書（本人宛の郵便物や滞在先が作成したもの）を提出する。
失効してしまったら	失効後の6ヶ月以内、それ以降は3年以内に、かつ帰国後1ヶ月以内に手続きすることで、試験を免除した上で免許を取得できる。ただし、過去に一時帰国して更新していなかった場合には受け付けられない場合があるので注意。また、海外の免許を所持し、一定の条件を満たしている場合、日本の免許に切り替えが可能。この場合新しい免許の発行となり、失効した日本の免許とは別のものになる。

警察庁Webサイトを参考に作成
「海外滞在中で日本の免許をお持ちの方」 https://www.npa.go.jp/policies/application/license_renewal/living_abroad.html
制度は変更の可能性がある。必ず、更新手続きを行う予定の免許更新センターに確認を。

知人に譲る場合は、自動車の名義変更手続きを行う。なお、印鑑証明書は出国届を出すと取得できないので注意（下のコラム参照）。

自家用車を赴任地に持って行く場合、専門業者に問い合わせる他、赴任地で十分なメンテナンスが可能か含めて計画を。

自動車保険の中断証明

自動車保険の等級（無事故割引）は、いったん解約してしまうと、次回契約時に継承できない。しかし、保険会社が発行する「中断証明書」があれば、次回契約時に等級を継承することができる。

取得方法・必要書類は保険会社によって異なる。一般的に、保険契約の満期日または解約日から13か月以内に申し出が可能。証明書の有効期限は10年で、帰国後1年以内に再加入する最初の契約で使用できる。ただし、中断前と中断後の、契約者・被保険者（車の主な使用者）・所有者は、それぞれ同一でなければならないので注意。なお、割引率によっては中断証明書が取得できない場合もある。

また、保険契約者の出国後、家族が国内でしばらく自動車を使用し、遅れて出国する場合には、家族の出国時に中断証明書が発行される。

自動車の売買等による移転登録（名義変更）

届け出先

自動車:国土交通省の居住地管轄の運輸支局へ。
軽自動車:軽自動車検査協会へ。

必要書類の例　（必ず管轄の運輸局に確認しよう）

旧所有者が用意するもの
①申請書　②手数料納付書　③自動車車検証（車検の有効期間のあるもの）
④印鑑証明書　発行3ヶ月以内のもの（転出届を届け出後は発行されない。この場合、渡航後に現地領事館でサイン証明書を取得する※海外赴任専門の車買取業者への相談を推奨）
⑤譲渡証明書:所定の書式に実印を捺印　⑥印鑑（実印）
※車検証記載の住所から変更があった場合は、住民票等の住所を証明する公的書面が必要。

新所有者が用意するもの
①印鑑証明書　発行3ヶ月以内のもの　②印鑑（実印）　③自動車保管場所証明書　発行1ヶ月以内のもの

必要費用

登録手数料　500円　ナンバープレート交付手数料　約2000円
自動車取得税　各都道府県の定める税額

注意

＊他の管轄の運輸支局から転入した場合、ナンバープレートも変更するので、自動車の持ち込みが必要。
＊本人が申請できない場合には所定の委任状を用意する事で、代理人に申請を依頼する事も可能。
＊新所有者と新使用者が異なる場合は追加の提出書類がある。
参考Webサイト　国土交通省「移転登録」
http://www.mlit.go.jp/jidosha/kensatoroku/toroku/trk04.htm

海外赴任時の車売却は通常の売却と異なります！

私が車を売却したのはディーラーでも買取店でもなく、
海外赴任専門のJCMでした。

『海外赴任ガイド』を発行しているJCMが提供します。

いろいろ相談もできて、安心して車の売却ができました。

海外赴任Carサポートの流れ

| 全国どこでも出張査定！ | 満足・納得の買取価格でご売却！ | ご自宅・ホテル・空港など、ご希望の引き渡し場所・時間で対応！ | 出国日当日までマイカー利用OK！ |

お車相談・査定の件、お気軽にお問い合わせください！

フリーコール **0120-322-755** （月〜土）9:30〜17:30 ［日祝・年末年始休み］

スマホからも申し込み可能！

webからのお申し込みはこちらから　http://www.jcmcar.com

  海外赴任Carサポート　 JCM　車売却でマイルをプレゼント！　 ANA MILEAGE CLUB　 JAL マイルがたまる

お客様からお預かりした個人情報は、各サービスを円滑・的確に提供するために利用し、ご本人の了承を得ずに第三者への開示・提供や目的外での利用はいたしません。
詳しくは、http://www.jcmcar.com/privacy.html をご覧ください。

自動車公正取引協議会 会員店　中古自動車査定業務実施店 一般社団法人 日本自動車査定協会　JPUC適正買取店 日本自動車購入協会 認定第1号

車買取

海外赴任専門だから、サポート力が違います。
車買取ならJCMの「海外赴任Carサポート」

出発間際まで車は必要だけど…
車の売却、今すぐできる?

いざ海外赴任の準備が始まると、何かと大忙し。そんな中、車の売却はどうするか、お決まりでしょうか。市役所に出かけたり、買い出しに行ったりするので、車は出発間際まで使いたい。でも、出発直前は実家に引越しするのでバタバタする。それに車の名義人は赴任者本人。もう赴任先に渡航してしまったけれど、売却手続きは、できるのだろうか…。

車の売却は、余裕のあるときに具体的な計画を。ぜひお早めに、JCM「海外赴任Carサポート」にご相談ください。

お客様の渡航スケジュールを踏まえ
海外赴任サポートスタッフがご提案

JCM「海外赴任Carサポート」では海外赴任者の事情に精通した「海外赴任サポートスタッフ」が、お客様とご家族の渡航スケジュールを踏まえ、お見積もり、手続き、車の引き取りまで、最適な段取りをご提案。ご契約後は、名義変更などの諸手続きも代行。海外赴任者の場合、通常と異なる書類を必要とするケースも多く、赴任直前の忙しい時期には嬉しいサービスです。

また買取契約は早々に済ませても、車は出発直前まで使うことが可能。車のお引き取りは、空港、ホテル、地方のご実家など、日本全国で対応いたします。

取引実績1200社。
年間50,000人の赴任者をサポート

JCMは、海外赴任者を多く派遣する企業、官公庁、団体にご利用いただいており、海外赴任者の車買取では国内最大級の実績を誇ります。

「安心して出国直前まで、車を使いたい」、そんな海外赴任者様の声から生まれたJCMの「海外赴任Carサポート」。赴任が決まったらまずは、お問い合わせください。

海外赴任者専門の車買取　JCM

0120-322-755
(最寄の支店につながります)

ホームページ
http://www.jcmcar.com/
TEL:03-3219-0055　FAX:03-3219-1413
本社　東京都千代田区神田錦町3-13竹橋安田ビル
支店　札幌支店／仙台支店／さいたま支店／名古屋支店／
　　　大阪支店／広島支店／福岡支店／四国エリアオフィス

海外赴任専門だから…
出国間際までお車をお使いいただけます!
お忙しい皆様に無料出張査定、
全国での引取対応をしています。
海外赴任が決まったらJCMへご相談ください!

当社は皆様の愛車をオークション・業販を通じて業界に供給する会社です。

CHAPTER 1　赴任の準備

06 保険加入と危機管理サービス

海外赴任中のリスク

　海外旅行と違い、海外赴任は滞在期間が長く、観光地以外の場所にも出かけるため、考えられるリスクは増える。運転すれば交通事故の可能性もあるし、テロに巻き込まれる、賃貸の家具を破損した賠償を求められる、といったリスクもある。

　実際にトラブルあるいは緊急事態に見舞われた際にどのように対処するか、また必要な費用の支払いや、各種関係機関への連絡・手続きはどのようにするか。必ず具体的な準備をしておこう。

　基本的には、海外旅行保険への加入のほか、医療アシスタンスや危機管理サービス等を組み合わせて契約するなど、企業側で準備する場合が多い。出発前までに必ず詳細を確認し、その上で、自分自身が必要とするリスク対策も検討して、入念に準備をしておこう。

海外旅行保険に加入する

　海外赴任者向けの長期プランを選ぶ。企業側で保険をかける場合が多いが、必ず補償内容を確認し、追加したい場合は別途、自分で加入しよう。

　海外赴任者向けのプランは「海外駐在員保険」とも言われ、海外旅行保険をベースに長期間海外で生活することを前提にアレンジした保険だ。病気やケガの治療費や入院費に加え、持ち物の破損や盗難、第三者への賠償などの補償、さらに日本国内の家族が危篤の場合に緊急に一時帰国する際の費用を補償するもの、などもある。海外に長期間生活することを自分でイメージしてプランを選ぼう。

　保険に加入したら、万が一の時にしっかりと使いこなせるよう、各種手続きについて確認を。キャッシュレス対応の病院の利用方法、保険請求の手続き、その他、相談窓口の電話番号などを確認しておく。

　一方、脳卒中や心筋梗塞など、一刻も早く専門医院に駆け込むことが重視される救急の場合、キャッシュレス対応や日本語対応の病院にこだわるのではなく、現地の専門救急を利用する、といった判断も必要だ。いざという時に、現地医療機関も含めて適切に利用できるよう、自分自身でしっかり把握しておこう。

　なお、海外で支払った医療費は海外療養費として各健保で対応している。治療後、日本に帰国した際に領収書などの必要書類を提出し手続きする。詳細は加入している健保に問い合わせを（表①）。

　また海外療養費の金額は、実際に現地で支払った金額ではなく、同様の治療を日本国内で受けた場合の費用を基準に算定される。海外の医療費は一般的に日本より高額な場合が多く、治療内容によっては自己負担額が高額になるので気をつけよう。

医療アシスタンスサービスや、危機管理サービスを検討する

　医療アシスタンスサービスは、急を要す

る病状に対し入院の手配をしたり、滞在地に十分な医療施設がない場合は第三国までの緊急輸送を手配したり、世界各国の提携医を派遣するなど、医療における緊急手配を行うものだ。

危機管理サービスは主に、各国の最新治安情報やその分析を企業に提供し、事前の安全研修や海外進出におけるセキュリティコンサルティングを行う。テロや暴動などの緊急事態には国外退避手段の手配、犯罪に巻き込まれた際のサポートも行う。

各社で、これらのサービスを独自に組み合わせて展開している。医療アシスタンスを専門としつつ、同時にテロや暴動の緊急事態にも退避サポートを行っているものや、最新の治安情報の提供と分析など情報によるコンサルティングだけを専門的にやっている場合もある。どういったサポートを受けたいのかを念頭に、検討しよう(表②)。

表①海外旅行保険と健康保険

	海外旅行保険	健康保険
保険料	赴任先により異なる場合がある。本人プラン、家族プランなど様々。	健康保険組合等により異なる。
医療機関での支払い方法	保険会社のサービス内容により異なるが、キャッシュレスメディカルサービスとして、保険証券や保険契約証を現地提携病院に提示するだけで、現金不要で治療が受けられ、非常に便利である。	いったん全額を立替払いし、日本の保険者に請求する。
医療費負担額	契約した保険金額を限度に実際にかかった医療費の実費が支払われる。	健康保険から支払われるのは、日本国内で保険診療を受けたとした場合の費用を基準とするため、医療費が高い欧米で治療を受けた場合、実際に支払った金額とかなり差額が生じる可能性がある。
対応しない療養費	①持病を含む既往症 ②妊娠・出産費用 ③歯科疾病	健康保険対象外の治療等
備考	一般的には海外旅行保険には、「救援者費用」「賠償責任」「携行品被害」に対する補償があることが多い。	海外旅行保険のような「救援者費用」「賠償責任」「携行品被害」に対する補償はない。
問い合わせ先	各保険会社	所轄年金事務所、各健康保険組合

三菱UFJリサーチ＆コンサルティング(株)　藤井恵著「海外勤務者の税務と社会保険・給与Q&A　六訂版」より引用

表②海外滞在中の様々なリスクをサポートするサービスの例

	主な対象	一般的なサービス内容の例
海外旅行保険 (海外駐在員保険)	個人 法人	医療サービスを受ける際の治療費補償、提携病院の紹介など。海外赴任者向けのプランでは、日本から持ってきた持ち物の破損や盗難などの補償もある。またサービス内容にアシスタンスサービスの一部を取り入れているものもある。
医療アシスタンスサービス	法人	急病時の病院手配、通訳手配。必要時は空路による他国への緊急医療搬送の実施。また医療過疎地の場合は医師の派遣や定期的に健康状態をチェックするサポートなどもある。
危機管理サービス	法人	国別の最新治安情報の発信。出発前の社員研修実施。有事の際の退避ルート計画など治安対策コンサルティング。テロや暴動などの緊急事態には退避サポート(航空便予約手配)を実施。誘拐など犯罪に巻き込まれた際の企業対策本部の設置サポートも行う。

35

CHAPTER 1　赴任の準備

07 出発前の語学学習

赴任前の語学学習

　すでに外国語を習得している、あるいは海外生活経験がある赴任者でない限り、着任後、徐々に現地の言葉を身につけていくのが一般的。到着直後の住民登録や入学手続き。そのあとも、買い物や日常生活の中で、よく使う単語や便利なフレーズを覚えていく。現地で語学学校に通うケースも多い。

　とはいえ、着任直後は何かと忙しく、快適に使いこなせない外国語での生活は、それなりにストレスがかかる。やはり赴任前から、重要単語の暗記や、日常会話の基本から始めて、できる限り勉強しておこう。

　また、赴任先が英語圏であるとも限らない。英語以外の言語となると、過去に勉強したことがない限り、なかなか取り組みにくい。この場合、旅行用の単語帳などを探し、トラベル単語だけでも覚えておこう。加えて英語も勉強しておくと、いざという時に英語を話せる相手であれば、やりとりすることができるので役にたつ。

オススメの英語学習法

　ここでは海外生活経験のある方々が実践している英語学習法をいくつか紹介する。赴任前に時間があれば、自分にあった方法を試してみよう。各地域の情報を提供している施設にも行ってみると良い。(表①)。

●スマホアプリの活用

　スマホの語学学習アプリは非常に多い。単語を覚える、文法から理解する、日常会話を身につける、など自分の目的をはっきりさせて探すようにしよう。また「英会話」だけでなく、「語学」など別のキーワードでも探してみると、選択肢が増える。

　また、海外赴任中は辞書を使う場面も非常に多いので、辞書アプリもダウンロードしておくと便利。オンライン辞書や翻訳アプリはオフラインでも利用できるか、確認を。

●単語カード・付箋の活用

　単語や熟語を書いた付箋をよく目につく場所に貼っておいて、日常生活の中でより多くの単語を覚える反復学習を実践している人は意外に多い。また、単語カードを作り、覚えた単語カードはドンドン捨てて、覚えていないカードは覚えるまで繰り返し見返すという方法もオススメ。日常生活で使う単語ばかりなので、実際の海外生活でもきっと使うシーンは多いだろう。

●日記やブログを書く

　英語のライティング力をアップさせる近道は、1文でも多くの英文を書くこと。ブログや日記、ツイッターなどを活用し、日々「自分の言葉で書く」ということはとても効果的である。

　書きなれない最初のうちは「日本語と英語の2カ国語で書いて、最初は英語をちょっとだけ。そこから英語を徐々に増やしていった」という話もよく聞くので、気軽に始めてみて欲しい。

英語が得意な知り合いや、英語の先生などがいれば添削してもらおう。

●映画・動画の鑑賞

自分の好きな映画や音楽を用いて学習するのもいいだろう。自分の興味のあるものから学ぶことは、学習を長続きさせる秘訣のひとつだ。

映画の場合は日本語の字幕を見ないで聞く練習をしてみよう。既に内容を知っている映画を英語で見ることで、「あ、この場面ではこういう英語を使っているんだ」と発見できることもたくさんある。学校では習わない、生活の中で一般的に使われる表現も多く出てくるだろう。

●英会話スクール・オンライン英会話

お金をかけずにできる自己学習の場合、いかに自分のモチベーションを保つかが、非常に重要。自分の目的とレベルに合った練習を考え続けるのもなかなか難しい。

自分自身での学習が難しい場合は、英会話スクールに通う。自分のレベルや、要望に合わせたレッスンであれば、効率良く学ぶことができる。赴任前の限られた時間を活用するには、有効な方法だ。

また、ネット通話を利用したオンライン英会話も多数のサービスがある。教室まで出かけるのが難しい場合には、こちらがオススメ。

以上、いくつかの学習方法を紹介したが、英語だからといって難しく考えるのではなく、気軽な気持ちでトライして欲しい。無理なく自分に合った学習方法を実践し、より充実した海外生活を実現しよう。

表① 海外情報の提供・イベントの開催等を行なっている施設例

名称	住所	電話
日本交通公社旅の図書館	東京都港区南青山二丁目7番29号 日本交通公社ビル	―
JICA図書館	東京都新宿区市ヶ谷本村町 10-5	03-3269-2301
(一社) 日本在外企業協会	東京都中央区京橋 3-13-10 中島ゴールドビル 7F	03-3567-9271
ジェトロ・ビジネスデータベースコーナー (東京)	東京都港区赤坂 1-12-32 アーク森ビル 6F	03-3582-5651
ジェトロ大阪・資料閲覧コーナー	大阪府大阪市中央区安土町 2-3-13 大阪国際ビルディング 29F	06-4705-8606
アジア経済研究所図書館	千葉県千葉市美浜区若葉 3-2-2	043-299-9716
駐日韓国大使館韓国文化院	東京都新宿区四谷 4-4-10	03-3357-5970
中国研究所図書館	東京都文京区大塚 6-22-18	03-3947-8029
アメリカンセンターJAPAN	(来館受付なし。アメリカ関連イベント情報はWEBに掲載中)	―
カナダ大使館 E・H・ノーマン図書館	東京都港区赤坂 7-3-38	03-5412-6200
(一社) ラテンアメリカ協会	東京都千代田区内幸町 2-2-3 日比谷国際ビル 1F 120A	03-3591-3831
ブリティッシュ・カウンシル	東京都新宿区神楽坂 1-2	03-3235-8031
イタリア文化会館	東京都千代田区九段南 2-1-30	03-3262-4500
ゲーテ・インスティトゥート東京	東京都港区赤坂 7-5-56	03-3584-3201
アンスティチュ・フランセ東京	東京都新宿区市谷船河原町15	03-5206-2500

CHAPTER 1　赴任の準備

08 お金の手続き

出発前の確認事項

　海外赴任中は現地銀行口座を開設の上、現地クレジットカードを利用するのが一般的。開設方法は前任者や勤務先に相談しよう。通常、渡航直後に開設するので、必要書類は出発前に調べておきたい。
　一方、日本国内の口座やクレジットカードは、更新手続などを出発前に必ず済ませよう。また、海外居住者向けの便利なサービスもあるので、ぜひ、利用しよう。

日本の口座

　海外赴任中でも、家賃収入、所得税納付など、日本国内でのお金の動きがある。まずは取引銀行に、海外居住（日本の税法上の非居住者）でも口座を継続できるか確認を。継続できる場合は、国内連絡先、渡航先住所、などを届け出る。海外住所など渡航後に決定する部分は、後日忘れずに届け出よう。なお非居住者は、投資信託など一部の取引が制限されるので、合わせて確認を。
　また、海外居住者向けサービスの充実度は銀行によって差があるので、そちらに重点を置いて新規口座の開設を検討することも一考。特に、海外からでも残高照会や送金ができるネットバンキングは非常に便利。申し込みは通常、出発の数週間前から可能で、渡航後はできない。
　そのほかに、持っていて便利なのはデビットカードだ。クレジットカード感覚で支払い時に使用し、口座から即座に引き落とされる。国際ブランドのカードであれば、世界中の加盟店で利用できる。

クレジットカード

　日本のクレジットカードは住所変更を届け出ておく。明細や更新カードが旧住所に発送されてしまうので忘れずに。明細はネットで確認できるようにしておこう。また、更新カードはどのように受け取るか、有効期限を考慮して計画する。出発前に繰り上げて発行してもらう、あるいは国内連絡先の人に保管してもらい、一時帰国時に受け取る、などが考えられる。一部カード会社では海外発送を行っている。
　同時に、カードの付帯サービスも再確認を。海外旅行、レストランの手配を日本語で受け付けるコンシェルジュサービスやラウンジサービスが便利。また航空会社のクレジットカードではラウンジ利用や無料受託手荷物の許容量が増えるなど特典があり、国際便の利用が多い場合に便利。

海外送金

　赴任中は、日本から赴任地へ、あるいは赴任地から日本へ、生活費や学費を海外送金する場面が出てくる。出発前には必ず送金方法、仕組み、各種手数料を確認しておく。特に海外送金は現在、マイナンバーの登録・告知が原則必要だ。まだ届け出てない場合は、出国前に済ませておこう。
　また、念のため国内連絡先を依頼してい

る人にも、海外送金の方法について一緒に確認をしておこう。

現金両替

　出発前に一定額は現地通貨の現金を用意しておく。両替は、銀行窓口で行うほか、外貨宅配サービスが便利。ネットで注文し、自宅まで外貨を宅配してくれるので、出発前の準備で忙しい時期には嬉しいサービスだ。銀行、旅行会社などが提供している。

国際プリペイドカード

　事前に専用アカウントを開設してお金をチャージしておく。渡航後は、クレジットカードのように使用し、チャージした金額から引き落とされていく。現地口座の開設までの間に利用すると便利。ただし、基本的には海外旅行者向けサービスなので、海外居住者はサービス対象外。出張など場面に合わせて検討しよう。

各種サービス例

　ここでは、各サービスを提供している銀行の一部を紹介する。サービスは変更される可能性もあるので、問い合わせてみよう。

海外赴任者向けネットバンキングサービス

企業から派遣された赴任者に限定して、日本の口座の継続と、ネットバンキングサービスを提供。
　三菱UFJ銀行:グローバルダイレクト　出国予定日の3週間前まで受付
　三井住友銀行:SMBCダイレクト・グローバルサービス　出国予定日の3週間前まで受付

デビットカード（国際ブランド）

お買い物に利用でき、支払額が即座に口座から引き落とされる。国際ブランドのものであれば、世界中の加盟店で利用可能。
　SMBC信託銀行プレスティア:GLOBAL PASS®（多通貨Visaデビット一体型キャッシュカード）」
　三菱UFJ銀行:三菱UFJデビット（JCBまたはVISAデビットカード）　他

国際プリペイドカード

海外旅行者や留学生向けが多い。ネット等で事前に開設したアカウントに希望の金額をチャージしておき、ATMや支払いに使用する。
　アプラス　GAICA、Money T Global
　クレディセゾン　NEO　MONEY　他

クレジットカードと付帯サービス

JCBカード
　世界各都市に設置された「JCBプラザ」が利用できる。日本語で現地レストランの予約や旅行手配などのサポートがうけられる。
JALカード
　空港ラウンジ利用や海外旅行保険特典の他、海外赴任者向けサービス「JALファミリークラブ」に入会した場合、JAL便搭乗の際に無料受託手荷物の許容量が追加されるサービスがある。またドル決済型のJAL　USA　CARDは渡米90日前から申し込み可能。
ANAカード
　海外旅行保険、ラウンジ利用などのほか海外赴任サービスとして超過手荷物料金一部免除サービスなどが利用できる。また、アメリカ・中国・台湾・香港在住者向けのカードも発行されている。

赴任の準備

引越し

住宅

子どもの教育

医療と健康

現地の暮らし

総合サービス

ご赴任からご帰任までトータルサポート
JALファミリークラブ

　JALファミリークラブは海外赴任や海外留学など海外での生活を、安心・快適にサポートする年会費無料の会員組織です。

＜対象＞
　日本以外にお住まい（予定）で満12歳以上のご家族を代表されるJALマイレージバンク会員1名とそのご家族

＜各種手数料＞
・初回登録手数料無料
（ご赴任後、海外でのご入会の場合は1,000マイルがかかります。）
・年会費　無料
・更新料　1,000マイル（入会後5年ごと）
・家族会員追加手数料　1,000マイル
（本会員の海外赴任前に日本で家族追加手続きをした場合は、無料となります。）

●会員特典（一例）

・マイルプール特典
　ご登録いただいた家族間でマイルを合算し、特典に交換できます。
・JALカード会員限定ボーナスマイル
　JALカード会員限定のボーナスマイルをご用意しております。

●ご赴任前のサービス（一例）

①赴任フライトボーナスマイル
　ご入会後1年以内に日本発JAL国際線の初回搭乗便（ご赴任されるフライト）に対象運賃でご搭乗いただくと、お一人様5,000マイルをプレゼント。

②JAL赴任プラン
　ご赴任時、日本発JAL国際線を普通片道運賃でご利用いただくと、ご利用運賃・路線に応じて獲得できるポイントを様々な特典に交換してご利用いただけます。

③海外赴任者総合保障制度（JALカード会員限定）
　海外生活に関わる種々の賠償責任ほか、ケガ、病気等に総合的に備える、会員様限定の保障制度です。

●ご赴任中・ご帰任時のサービス（一例）

①帰任時超過手荷物料金一部免除サービス
②帰任手荷物空港宅配サービス
③会員限定優待（ビックカメラやホテル日航成田・ホテル日航関西空港でのご優待など）

〈お問合せ先〉

JALファミリークラブ日本事務局
電話0570-025-818　03-5460-3999
9:30～17:30
（土・日・祝日・年末年始休み）
※各サービスによりご利用条件が異なります。詳細は、JALファミリークラブHPをご覧ください（www.jal.com/jalfc/）。
※本記事は2020年8月現在の情報をもとに作成されています。

JAPAN AIRLINES

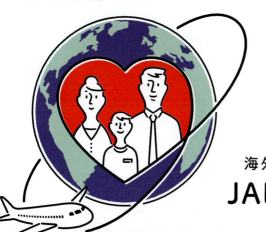

入会金
年会費
無料

海外赴任・留学は家族でお得に。
JALファミリークラブ

JALファミリークラブは、海外赴任・留学前からご帰国まで、
安心で快適な旅をサポートいたします。

ご赴任前に	ご赴任中に	ご赴任前・後に

赴任フライトボーナスマイル	**マイルプール特典**	**超過手荷物料金一部免除サービス**
赴任時、JAL国際線を対象運賃でご利用いただくと、お一人さま **5,000マイル** プレゼント	特典交換時に、JALファミリークラブにご登録の **家族全員がためたマイルを合算できる**	赴任・帰任時、JAL国際線を対象運賃でご利用いただくと、通常の手荷物許容量 **+2個** まで無料 ※コードシェア便を除く

この他にも、多数の便利なサービスをご用意しております。

ご入会・各種お申し込み・詳細は
JALファミリークラブ
www.jal.com/jalfc/

明日の空へ、日本の翼

COLUMN

知っておきたい携帯の準備

出発前に準備を

新崎 千裕（米国通信、スマホ・SIMサービス『アメスマ』）

海外赴任前

海外赴任が決まったら日本の携帯電話は、解約か利用一時停止を、出発前に事前に行いましょう。

契約するか利用一時停止とするかは判断を迷うところですが、1年以上海外に赴任する場合は、携帯電話を解約しておくのが一般的です。ドコモ、au、ソフトバンクと契約している日本の携帯電話を解約する場合、ショップに行って解約手続きをする必要があります。電話やインターネットでは受け付けていないので、最寄りのショップに行くようにしましょう。身分証明書、契約中の携帯電話（SIMカード）、契約時に使った印鑑（無い場合は無しでOK）を持参します。最近では、来店予約をしている店舗もあるので、ショップでの待ち時間を少なくしたい場合、事前予約してから行きましょう。詳細は、各通信キャリアのホームページよりご確認ください（リスト①）。

駐在期間が1年以内の短期間の場合、利用一時停止することもできます。各通信キャリアの利用停止条件、方法はリスト②の通りです。日本に戻って電話番号を変えたくない方は、利用一時停止をオススメします。

海外赴任後

アメリカへの赴任を例に、現地での携帯手続きをご紹介します。一般的な方法は、現地の携帯ショップへ直接足を運び、契約することでしょう。家電量販店でも携帯電話の購入、契約手続きが可能です。この方法のメリットは、色々実店舗を回って話が聞けるので、プランの選択肢が多いという点です。

一方でデメリットは、英語での契約手続きの煩雑さがあること、赴任後しばらく携帯電話が使えない状態で生活しなければいけない点などが挙げられます。また2年契約や分割支払いをする場合、クレジットヒストリーと呼ばれる信用力が求められますが、赴任直後だとそのスコアが低く、契約できない可能性があります。そんな時はプリペイドでの契約がオススメです。

海外赴任前に現地携帯を契約できるサービスもある

最近では、アメリカをはじめ現地で使用できる携帯電話やSIMカードを、日本に居ながら契約、受取できるサービスも登場しているので、興味のある方は「アメリカ（赴任する国名）駐在 携帯」のようにキーワードを入れて、ウェブで検索してみるとよいでしょう。

リスト①【利用一時停止に関する情報】
NTTドコモ:https://www.nttdocomo.co.jp/support/keep_number/
au:https://www.au.com/support/service/mobile/procedure/contract/stopping/
ソフトバンク:https://www.softbank.jp/mobile/support/oazukari/

総合サービス

海外赴任の渡航と海外生活をサポート
ANAマイレージクラブ「海外赴任サービス」

赴任に役立つサービスが選べる

　海外赴任には様々な準備が必要です。荷物が多くて費用がかかる、小さな子供を連れて行く時に空港内のサポートが欲しい、早い時間の飛行機に備えて前日は空港近くのホテルに宿泊したいといった場合に役立つのが、ANAマイレージクラブの「赴任コンポ」です。

　「赴任コンポ」の「ベーシックコンポ」は、海外赴任時にANA国際線を赴任コンポ対象運賃で購入すれば利用できます。飛行機に無料で預けられる手荷物が2個までの場合でも、ベーシックコンポを利用すれば、さらに2個無料になります。大人一人が小さな子供連れで行く場合、空港内の出発ゲートまで案内してもらえる海外赴任ファミリーサポートを利用できるので安心です。

行先などに応じてもらえる点数で、メニューを自由に選べる「サービスコンポ」もあります。荷物の空港宅配、前泊ホテル手配、自宅から空港までのハイヤー、渡航に必要なスーツケース、赴任先でも役立つグッズなど、メニューも多彩です。

「赴任コンポ」は組み合せて作る
もれなくご利用　　点数内で自由に選択
ベーシックコンポ ＋ サービスコンポ

家族のマイルを合算して特典に

　赴任する家族のマイルを合算して特典航空券やアップグレード特典に交換できる、ANAマイレージクラブ「ファミリーアカウントサービス」がおすすめです。

※本記事は2020年8月時点の情報です。

ANA マイレージクラブ「海外赴任サービス」

ANA 国際線で海外赴任されるANAマイレージクラブ会員のお客様を対象に様々なサービスをご用意しています。詳しくは ANA ウェブサイトにてご確認ください。 www.ana.co.jp/amc/afs/

- 赴任コンポ
- ANA マイレージクラブ　ファミリーアカウントサービス
  ※日本国外在住の ANA マイレージクラブ会員の方が対象です。対象となるお客様、登録手数料、登録・合算方法、特典のご利用方法など詳細は、ANAウェブサイトをご確認ください。
- その他、特別料金での成田前泊サービス、米国・香港・台湾でのANAカード、海外のパートナー店舗でのメンバー特典などもあります。

ANA マイレージクラブに関するお問い合わせは www.ana.co.jp の「ANA マイレージクラブ」へ
ANA マイレージクラブ・サービスセンター　0570-029-767　03-6741-6683
マイレージサービス受付時間　9:00～19:00（土曜日 9:00～17:00）日・祝・年始除く

総合サービス

海外人事のトータルオペレーションサービス
アム・ネット

アム・ネットの
グローバルマネジメント

アム・ネットは、窓口ひとつで海外赴任を総合的にサポート。海外人事のプロフェッショナルとして、豊富な経験とノウハウをもとに、信頼あるサービスを提供し、多くの企業に選ばれています。

◆お客様の立場に立ったサービス
創業以来20年以上の間に蓄積してきた経験とノウハウをベースに、多様なサービスを提供。常にお客様目線でのサービス提案を行い、お客様の状況や事情に合わせたサービス提供体制を作り、最善のチームで海外人事の運営の全面的なサポートを行っています。

◆豊富なネットワーク
アム・ネットは、各分野・各業務に国内外の幅広いネットワークを確立しています。多数の専門会社との業務提携や取引を利用し、それぞれの特性を把握して情報を蓄積。お客様の目的やご要望に応じてコーディネートしています。

◆フレキシブルな対応
特定の提携会社や運用方法に限定されず、お客様のニーズにフレキシブルに対応。多くの情報とネットワークを最大限に活用して、クライアントやその赴任者の皆様にご満足いただけるサービスを提供しています。

◆トータルコストの削減
複数の会社の業務を窓口ひとつで集中管理することにより、お客様が単独で業務を遂行するよりも効率的かつ、スケールメリットを生かしたコストダウンを可能にします。多様なネットワークを駆使した価格比較により、コストの適正化を図り、トータルコストを大幅に削減。

海外人事のエキスパートが提供するアウトソーシングサービス

- 海外赴任サービス
- 外国人受け入サービス
- 海外人事コンサルティング
- 各種研修サービス
- 各種精算業務

 株式会社 アム・ネット
Tel 03-5540-6100 | Fax 03-5540-6101
Email: inquiry@am-net.co.jp
http://www.amnetos.jp

総合サービス

海外赴任時の労務管理…お悩みではありませんか
海外赴任トータル人事労務サポート・小岩事務所

■海外赴任時の労務管理のお悩み解決！

　企業の海外進出に伴う労務管理の勘所は事前の労働環境整備。諸規程づくり（ルールづくり）を始めとした各種サポートをご利用ください。弊事務所加盟のLCG（日本人事労務コンサルタントグループ）の各種メニューでフルサポートをさせて頂きます。

■海外赴任諸規程作成・運用

　特に初めて海外進出する企業では、どこから手をつけていけばいいのか不安がつきものです。まずは就業規則の記載内容の改訂からスタート。その他海外駐在員規程・海外出向契約書・海外赴任者給与規程・海外出張旅費規程等、社内ルールを作成することです。労働時間や賃金等は労働条件の勘所。その他社会保険・労働保険の適用の有無等詳細なルールづくりのお手伝いをさせて頂きます。

■諸外国における現地就業規則の作成・運用

　国内規程に留まらず、海外現地の就業規則を作成する必要に迫られる場合もあります。弊事務所では、特に、中国・タイの就業規則の作成・運用のサポート（人事制度構築、人事評価制度構築、各種規程整備等）にお応えすることが可能です。

■（公的・私的）医療保険・年金・労災保険等の社会保険制度の交通整理

　社会保障は万全を期したいもの。赴任者が安心して業務に従事できるようにバックアップをすることは労務管理の勘所です。国外で適用できるものできないものの交通整理のお手伝いをさせて頂きます。労災保険は所定条件を満たすと、国外でも適用になる「特別加入制度」をフル活用したいものです。

■海外進出現地人材確保サポート

　海外進出にあたって適正な人材の確保は不可欠。信頼できる提携企業をご紹介いたします。

LCG（日本人事労務コンサルタントグループ）加盟
就業規則等の社内諸規則作成プロフェッショナル事務所

日本橋人事賃金コンサルタント

社会保険労務士　小岩事務所

TEL：03-5201-3616　FAX：03-5201-3712
E-mail：koiwa@khh.biglobe.ne.jp　http://www.koiwaoffice.com/
〒103-0027 東京都中央区日本橋3-2-14 日本橋KNビル4F（日本橋高島屋・丸善そば）

 社会保険労務士　小岩事務所　検索

総合サービス

現地スタッフとのコミュニケーションギャップを専門講師と一緒に解決

(株)コムPLUS　海外赴任者フォローアップサービス

異文化間コミュニケーションへの理解とギャップマネジメント

海外赴任経験者へ「一番ストレスだったのは?」と調査した結果、多くの調査で「ローカルスタッフとのコミュニケーションの難しさ」が共通してトップで上がります。

反対に、現地ローカルスタッフに「日本人の赴任者に対して感じる一番のストレスは?」と調査をすると、多くは「何を考えているのか理解するのが難しい」に集約されます。仕事の指示や質問への回答があいまいである、仕事を評価されているのか否かを判断できない、そもそも何を期待されているのかが分からない、などと言ったコメントが数多く出てくる結果です。

その原因として「言葉の壁」以上に大きいのは、言葉ではきちんと伝えているのに思っている通りに伝わらないコミュニケーションギャップです。日本で培われた商習慣による「当たり前のコミュニケーションスタイル」が、海外では多くの誤解を生む原因となっています。

英語ネイティブのコンサルタントと日本語で対話

コムPLUSでは、このコミュニケーションギャップのマネジメント方法をアドバイスするマンツーマンセッションを提供しています。日本で15～20年以上、異文化コミュニケーション研修の専門講師として活躍している英語ネイティブのコンサルタントが、赴任者ご自身の状況を直接ヒアリング。阿吽の呼吸で仕事を進めてこられた環境から一転、ひとつひとつを母国語ではない言語で伝えていくために、マインドセットとスキルセットの両面からアプローチします。

赴任先で相談できる他の日本人がいない赴任者や、着任直後のカルチャーショックにとまどう立ち上り時期の赴任者には、実践的かつ心理的にも頼りになるサービスとして大変喜ばれています。

◆赴任後立上りサポート◆　3か月間　▶¥127,000（税抜）

【内容】
- 自己学習＝動画教材提供（10分 x 8本＝計約80分）
- オンライン・プライベートセッション＝毎月60分 x 3か月間（3セッション）

◆がっつり英語コミュ力サポート◆　3か月間　▶¥372,000（税抜）

【内容】
- 自己学習＝動画教材提供（10分 x 8本＝計約80分）
- オンライン・プライベートセッション＝毎週60分 x 3か月間（12セッション）

◆相談内容例◆
- ✓ ローカルスタッフへ良い第一印象を与える、魅力的な自己紹介を作りたい
- ✓ 英語で同僚にメールを送っても、なかなか思うように返事がもらえない
- ✓ ローカルスタッフにわかりやすく伝わるプレゼンテーションを格好良く行いたい
- ✓ 英語での会議を時間内に効率よくファシリテートしたい
- ✓ 英語で自分の伝えたいことをローコンテクストに失礼なく伝える方法を知りたい
- ✓ ローカルスタッフへの評価面談を英語で問題なく行えるか不安

　サポート内容はカスタマイズ可能です。まずはお気軽にお問い合わせください！
お問合せ：info@complus.co.jp

総合サービス

海外赴任、外国人雇用・受入に詳しいコンサルティングファーム
シンシアインターナショナルグループ

海外ビジネスのプロッフェッショナル

　行政書士、社会保険労務士、弁理士などの企業法務の専門家と、ビジネス経験豊富な中小企業診断士が、外国語対応力を武器に、企業の海外ビジネスを力強くサポートします。

ビザ、在留資格はシンシアへ

　行政書士法人シンシアインターナショナルが、外国人受入にともなう就労ビザ（在留資格）取得をサポートします。
　海外赴任のビザ取得も提携パートナーにて対応可能です。

国際人材育成と人事労務対応

　グローバル人材としての成長が期待される方々へ、階層別研修などの様々なプログラムをご用意しています。
　また、複雑な年金や保険などの専門的な労務業務は、専属の社会保険労務士がまとめて対応いたします。

◆シンシアの得意分野◆

海外進出を希望される方へ
海外進出支援
　（海外展開コンサルティング）
貿易・商談代行サービス・通訳翻訳
戦略的知財活用・中国進出支援
出張規定・海外赴任者規定作成

日本進出を希望される方へ

外国人創業ワンストップ支援
　（事業計画策定）
法人設立、ビザ、労務手続き等の法務関連代行
会計・税務関連の手続きサポート

外国人労働者の雇用・受入なら

外国人在留資格の申請取次業務
国際人事コンサルティング
人事労務体制の整備・給与設計サポート

45

総合サービス

海外赴任ご家族への「生活＆教育サポート」
mint　ミント

海外教育の専門員たち（海外補習校元校長／教員・日本人学校元教員）と海外生活経験が豊富な女性たちによる生活・教育相談【少人数定員制】

　地域別の生活情報と出産・子育て・教育・帰国後の進学まで、親身にアドバイスいたします。参加者の多くから「参加してよかった！」「不安が軽くなり前向きな気持ちになりました。」との感想をいただいています。

◆ミントの生活・教育相談会◆
（現在、Zoomなどオンラインで対応）

前半＝海外生活・教育の準備と心構え
後半＝赴任先地域別の少人数でアドバイザーと懇談
　個別相談、企業への出張相談会も対応いたします。
　新型コロナウィルス感染症対策により、オンライン相談も実施しております。（日本国内外に対応可）

お問い合わせ先
● 日本通運㈱ 海外引越事業支店
　グローバルサポートセンター（mint受付代行）
　e-mail support@nittsu.co.jp 電話 03-6251-6307
　【受付時間】月～金曜日　9：00～17：00 ※土・日曜日・祝日は除きます。
● mint事務局（東京都港区東新橋1-9-3日本通運本社ビル10F）
　e-mail : mint@tenor.ocn.ne.jp
　URL https://www.mint-kaigai.com

---

	①生活相談会	②教育相談会	③個別相談
内容	●海外生活に向けての心構え ●渡航前の準備：諸手続き、持ち物、引っ越し　ほか ●海外生活：住まい、医療、安全に暮らす、異文化での生活ほか ●質疑応答：地域別少人数グループ	●海外での子育てと教育全般 親の心構え、幼児教育、学校選択、ほか ●日本語の学習、現地校（インター校）の学習 ●帰国子女受け入れ校、試験と準備 ●質疑応答：地域別少人数グループ	●「生活」・「教育」の項目からご相談希望を指定してください。（両方も可能） ●海外生活・教育の不安を減らし、前向きに赴任されるようマンツーマンで詳しくアドバイスいたします。主に現地の生活に詳しい相談員、専門員がご対応いたします。 ●資料配布
予定日	原則として第二・四木曜日 10：00～12：00	原則として第二・四木曜日 13：00～15：00	日時は事前に相談の上決定いたします。 お申し込み時にご希望日と時間をお伝え下さい。 （相談時間は1時間30分です。）
参加費	無料	無料	一項目　　　：￥10,000－（消費税別） 生活と教育：￥11,000－（消費税別）
会場	東京都港区東新橋1-9-3　日本通運本社ビル 海外引越事業支店　会議室　※1F受付にて訪問先をお申し出ください。		東京都港区東新橋1-9-3 日本通運本社ビル　1Fラウンジ
備考	① 各相談会・個別相談の申込の締め切り日は、参加希望日の12日前とさせていただきます。 ② お申し込み後、参加不可能になった場合は、相談会3営業日前までにご連絡ください。 　 個別相談の当日キャンセルはキャンセル料が発生しますので、ご注意ください。 ③ 専用の駐車場はありませんので、公共交通機関をご利用ください。 ④ お子様のご同伴はご遠慮くださるようお願いします。 ⑤ 生活・教育相談会両方を同日でご参加の方は、昼食をご持参されることをおすすめします。		

WiFi・SIM・海外携帯

アメリカSIM・携帯電話通販サイト
アメスマ

アメスマとは？

アメスマは、日本にいながらアメリカの携帯・SIMカードを契約、受取できる通販サイトです。日本でお使いの携帯（スマホ）がアメスマに対応していれば、SIMカードを入れ替えるだけでご利用いただけます。またアメリカで使える携帯（スマホ）もご一緒にご購入いただくことも可能です。

料金は？

月々の料金プランは税込$29.99〜、一番人気は電話、SMS、高速データ通信LTEギガ使い放題のファーストプランで月額$39.99となっています。ファーストプランは業界最安値、現地の携帯ショップなどで契約する半額程度の値段でご利用いただけます。

サービスの強みは？

日本で20年以上携帯電話販売を行うエムエムグループが、購入からアフターサポートまで、日本語で対応しております。アメリカの3大通信キャリアT-Mobile、Verizon、AT&Tからお好きなサービスをお選びいただけます。決済は日本のクレジットカードで可能、月ごとの契約なので、急なご帰国でもすぐに解約可能です。

渡米後、飛行機が到着したその瞬間から電話とインターネットが使えるようになるので、とても便利です。

海外旅行保険

海外旅行保険
東京海上日動

海外旅行保険

●東京海上日動の海外旅行保険の場合

海外赴任の場合、赴任開始前であること、帰国予定があることを確認出来れば海外旅行保険を契約することが可能である。

海外旅行保険では、赴任先での病気やケガの治療費や入院費に加えて、長期入院した場合に親族が日本から救援に赴く渡航費用、持ち物の破損・盗難や第三者への賠償などが幅広く補償される。

欧米の医療費は我々が想像する以上に高額な場合があり、海外旅行保険は今や海外生活を快適に送るための必需品といえる。

さらに病院の窓口で現金不要で治療が受けられるキャッシュレス・メディカル・サービスを受けることができる。また、「東京海上日動海外総合サポートデスク」では、事故や急な病気の際に「最寄りの病院の案内・紹介」「病人・ケガ人の移送の手配」「救援者の渡航手続・ホテルの手配のサポート」等を行うサービスを提供している。この「東京海上日動海外総合サポートデスク」は24時間年中無休で日本語で対応している。

海外旅行保険の概要

●補償項目の種類と説明
①傷害死亡
海外旅行中の急激かつ偶然な外来の事故によるケガがもとで、事故の発生の日からその日を含めて180日以内に死亡された場合（事故により直ちに死亡された場合を含む）に、傷害死亡保険金額の全額を支払う。
②傷害後遺障害
海外旅行中の急激かつ偶然な外来の事故によるケガがもとで、事故の発生の日からその日を含めて180日以内に身体に後遺障害が生じた場合に、その程度に応じて傷害後遺障害保険金額の4％～100％を支払う。
③疾病死亡
海外旅行中に病気がもとで死亡された場合に、疾病死亡保険金額の全額を支払う。
④傷害治療費用
海外旅行中の急激かつ偶然な外来の事故によるケガがもとで、医師の治療を受けられた場合に診療・入院費用等のかかった実費を支払う。
⑤疾病治療費用
海外旅行開始後に発病した病気がもとで、医師の治療を受けられた場合等に、診療・入院費用等のかかった実費を支払う。
⑥救援者費用
海外旅行中に死亡された場合や3日以上続けて入院された場合等に、親族が現地に駆けつけるために支出した交通費や宿泊料等のかかった実費を支払う。
⑦治療・救援費用
傷害治療費用、疾病治療費用、救援者費用の3つの補償を1つの補償項目としてまとめたもの。
⑧賠償責任

海外旅行中にあやまって他人にケガをさせたり、他人の財物（レンタル業者より借り入れた旅行用品等を含む）を壊したりして損害を与え、法律上の損害賠償責任を負った場合に、賠償金等を支払う。

⑨携行品損害
海外旅行中に携行品（カメラ、カバン、衣類等）が、盗難・破損・火災等の偶然な事故にあって損害を受けた場合に、損害額を支払う。

⑩緊急一時帰国費用（オプション）
海外旅行中に配偶者や2親等以内の親族の死亡等により一時帰国された場合に、交通費・宿泊料等のかかった実費を支払う。
※保険期間3か月超の場合で、かつ、海外渡航（旅行）中の滞在先が確認できる場合に限りセットできます。

「東京海上日動海外総合サポートデスク」サービス概要

24時間/年中無休 **日本語で対応**

たとえば、こんなときは…
東京海上日動 海外総合サポートデスクへ！
ご旅行中の病気・ケガ・盗難等様々なアクシデントに

LINE無料通話でご連絡いただけます

LINEアプリを使ってスマートフォンから無料通話ができるサービスです。下記の弊社のWebサイト上に無料通話の発信ボタンがございますので、アクセスしてください。
www.tokiomarine-nichido.co.jp/service/travel/kaigai/guide/2004/telephone/#anc-2-4

 ケガをした
 病気をした
買い物中に商品を誤って壊した

ホテルのお風呂をあふれさせた
 携行品を盗難にあった
 携行品を破損した

 パスポートを盗まれてしまった
 近くの病院を案内してほしい

キャッシュレス・メディカル・サービス	トラベルプロテクト	緊急医療相談サービス
治療費を東京海上日動から病院へ直接支払することで、その場で自己負担することなく治療が受けられます。	海外旅行中に発生するトラブルに対して、電話による通訳等、様々なサービスをご提供します。※本サービスは、契約タイプでご契約のお客様向けのサービスです。また、フリー契約は対象外となります。	急病やケガへの対処の仕方等、現役救急医と看護師が電話によりアドバイスします。※一般的なアドバイスを行い、医療行為はご提供いたしません。また、ご出国前およびご帰国後の日本からのご利用はできません。
海外での保険金支払い	**スーツケース修理サービス**	**保険に関する各種相談**
保険金請求手続きを海外で行い、帰国まで待たずに保険金を受け取ることが出来ます。	事故により破損したお客様のスーツケースの修理を東京海上日動指定の修理会社にご依頼いただくことで、修理費（保険金）を東京海上日動から修理会社に直接お支払いするサービスです。	最寄りの病院紹介、保険金請求方法に関するご相談、キャッシュレス提携病院の案内・予約、クレームエージェントのご案内、電話やメールによるこころのカウンセリングサービス等を承ります。

※証券等の発行方式、セットする特約によってはサービスの対象外となります。
※各種サービスについては、該当する保険金をお支払いができることが条件となるケースがあります。ご利用方法等の詳細につきましては、「海外旅行保険あんしんガイドブック」をご確認下さい。
※サービス内容は変更・中止となる場合があります。

上記は海外旅行保険および各種サービス概要についてご紹介したものです。保険の内容は「海外旅行保険あんしんガイドブック」をご参照ください。
なお、上記の保険およびサービスの内容については、2020年8月現在の内容となりますのでご了承ください。
詳細は海外旅行保険普通保険約款、および特約によりますので、ご不明な点等がある場合は代理店または保険会社にお尋ねください。
ご契約に際しては別冊「重要事項説明書」をよくお読みください。

【引受保険会社：東京海上日動火災保険株式会社】 2020年9月作成 0703-AH53-B07513-202009

危機管理・アシスタンスサービス

海外駐在員・家族・出張者の安全と医療・健康対策をフルサポート！

安全サポート株式会社
Security Support Inc. (SSI)

■海外危機管理担当者様へ

海外人事・総務等の担当として駐在員・出張者を日本から送り出す立場の皆様。新型コロナを含め、海外での安全対策は万全ですか？海外派遣者の命を守るためには予防や危機への準備を含めた総合的な危機管理体制の構築が必要です。時間の無い方は下記動画をご覧ください。
動画【4分でわかる海外危機管理】
https://www.anzen-support.com/video/message.mp4
（ホームページからもご覧いただけます。）

■「海外人事担当者向け基礎講座」にご参加ください。(毎月開催・無料)

海外危機管理をもっと詳しく学びたい方は無料で参加できる本講習を受講してください。コロナ対策も含めた海外危機管理体制の構築方法を分かりやすく説明します。詳細は下記Webサイトをご参照ください。

■海外安全サポートプログラム

本プログラムは貴社の海外危機管理体制を丸ごと支援する仕組みです。平時からの予防や緊急事態への準備を含め、緊急時の対応まで24時間体制で丸々支援します。理想的な危機管理体制の構築から運営、24時間待ち受け体制・情報収集・万が一の際の国外退避など、自社のみで対応するのは難しいのが現状です。本プログラムを導入いただければ、安全サポートが貴社の危機管理体制構築をお手伝いしますので、今日から全ての課題を解決します。詳細はお問い合わせください。

貴社の海外危機管理体制は万全ですか？

無料 何から手を付けたらいいか分からない・・・まずは **毎月開催**
「海外人事担当者向け基礎講座」にご参加ください。

【海外派遣者の危機管理体制構築と運営実務】　｜ 安全サポート　セミナー ｜ 検索

https://www.anzen-support.com/

安全サポート株式会社(SSI)　代表取締役　有坂 錬成
本社：東京都港区西新橋1-2-9 日比谷セントラルビル 8F
TEL 03-3593-3505　E-mail info@anzen-support.com

介護・見守りサービス

海外から高齢者介護を必要とするあなたを親身に支援
NPO法人　海を越えるケアの手

海外にいて気になる親の暮らしと介護問題

国内に老いた親を残して海外で生活している人や、これから海外赴任する人にとって親の暮らしぶりや健康は、気懸りなもの。ましてや、親に介護が必要な状態であれば尚更です。しかしながら、海外からの親の支援や介護は、多くの困難が伴うにも拘らず、これまで当事者が自己解決するしか方法がありませんでした。当団体はこの問題の深刻さと強い支援ニーズに着目し、総合商社OBを中心とした海外駐在経験者と介護分野の専門職が連携して、様々なサポートを行っています。

海を越えるケアの手のサポート内容

個人会員になられた方は、日本全国で以下のサービスを受けることができます。尚、お勤め先が法人会員の場合、年会費なしに介護に関するご相談を無料でうけることができます。まずはご相談下さい。

① **ご相談及び情報提供（無料）**
高齢者介護や支援のあらゆるご相談に対応致します。

② **高齢者サポートプログラム（有料）※**
　代行・見守りサービス
ご両親の介護に関するご相談の結果、ご家族の皆様が直接ご両親のケアができない時、専門職がご家族に代わってご両親の見守り或いは、必要な業務の代行を行います。

●費用（消費税別）
　半日業務　　15,000円
　一日業務　　25,000円
　見守り訪問　1回15,000円

※尚、高齢者サポートプログラムは身体介護、生活援助等、直接のサービスを提供するものではありません。また、救急や緊急通報に対応するものではありません。

詳細はホームページ「海を越えるケアの手」をご参照下さい。

〒103-0025
東京都中央区日本橋茅場町2-7-3　イースト・インタービル10階
TEL & FAX　03-3249-7231
Email mail@seacare.or.jp　　URL http://www.seacare.or.jp

結婚相手紹介サービス

独身ビジネスマンに応える会員制結婚情報サービス
キューピッドクラブ

慶應義塾大学OB間の親睦パーティから発足40年。結婚を誠実にお考えの方限定の会員制クラブです。

インターナショナルシステム

海外赴任の独身ビジネスマンのための紹介システム。ご帰国に合わせ集中した出会いをセッティングします。

①経歴書・写真紹介
ご帰国予定の連絡をいただき次第、専任スタッフがお相手を丁寧にお選びし、10名の女性会員をご紹介。お相手のプロフィールと写真を現地で確認できます。

②FIT COM・ALBUM紹介
経歴書・写真とは違う角度から、一人ひとりの自筆メッセージ&スナップ写真をアルバムにてご覧になり、ご自身で選べます。

③会員親睦パーティ
洗練された雰囲気の中での出会いは、結婚への交際に繋がる魅力があります。

インターナショナルシステム入会資格
・海外勤務中の方
・3ヶ月以内に海外勤務予定の方
・結婚を誠実にお考えの方
・25~45歳
・定職におつきの方
・喫煙しない方、入会を機にやめる方
※入会に際して審査があります。
インターナショナルシステム入会費用
入会金 3万円 登録手続費 3万円

お問合わせ先
キューピッドクラブ

〒104-0061
東京都中央区銀座4-2-11
ヒューリック銀座数寄屋橋ビル7F
TEL 03-5524-3555
www.cupid.co.jp
月曜定休
●オンラインでのご説明も承ります。

海外生活をはじめるあなたへ。

現地で仕事を続けながら、真剣に結婚に向き合える。
海外生活にも前向きな女性との出会いです。

※海外勤務が決まった方、赴任までに集中したご紹介もできます。

キューピッドクラブ　検索

Cupid Club
結婚を誠実に考える人の会員制クラブ

●毎週届くご結婚カップルの直接の言葉。

レンタルスーツケース

スーツケースのことなら何でもお任せください。
日本鞄材株式会社（R&Yレンタル）

スーツケース取り扱い数・在庫数、業界No1

　海外への赴任が決まって何かとお忙しい中、現地視察のための渡航準備。限られたお時間の中、「スーツケースを買いに行く時間がない！」「家にあったスーツケースに荷物が入りきらない、、、」など様々な問題がでてきます。

　そんな時は『アールワイレンタル』にお任せください。日本最大級のスーツケースレンタルサービスです。

「R&Yレンタル」のポイント

- 平日15時までのご予約なら往復送料無料でご希望の場所へ最短翌日お届け！
- 14ブランド、300種類以上の中から期間や用途にあわせてお選びいただけます。
- 高品質ブランド『リモワ』のスーツケースがレンタルで3,870円〜！往復送料無料＆即日発送。

- 国内外の高品質ブランドスーツケースの保有台数は国内最大規模を誇る驚きの7,000台以上!!
- 弊社のスーツケースは、国内正規代理店から仕入れた最新商品をレンタル商品として貸し出しております。レンタル専用品ではございませんので、購入前のお試し利用にも最適です。

ご出発前に。
スーツケースの修理・クリーニング

　しばらく使っていなかったスーツケースの臭いや汚れが気になる。家にあるスーツケースが破損していた。そんなときも『アールワイレンタル』にお任せください。

　思い出の詰まったスーツケースをより永く使っていただけるよう修理・クリーニングを承ります。スーツケース専門企業だからできる仕上がりを実感してください。

R&Y RENTAL なら
高品質スーツケースを格安レンタル！
- 全てのスーツケースの往復送料を当社負担[※1]
- 最短で即日発送・翌日にお届け[※2]
- スーツケース取扱数・在庫数、業界No1！
- クレジットカード等、各種決済が可能
- 万が一の破損事故も安心、充実の補償[※3]
- 最低価格保証！他社サイトよりもお安くレンタル

※1：沖縄・離島の場合は別途送料がかかります。　※2：平日15時、土曜日正午までにご注文下さい。北海道、青森県、宮城県、鹿児島県、沖縄県、離島につきましては、翌々日以降でのお届けとなります。　※3：大手保険会社の補償制度に加入しているため、破損事故も無償にて対応します。

ホームページ
https://www.ry-rental.com
TEL 0120-705-177 [平日:10:00〜17:00 土曜:10:00〜13:00]
住所 岐阜県岐阜市岩田西3-465

転送サービス

赴任中の郵便物・通販品を海外へ定期配送
海外赴任中に日本から生活サポート ポスティ

■赴任中の郵便物はどうしよう？
ポスティにメンバー登録いただければ、海外赴任前に郵便局で現在のご住所からポスティの住所へ転居届を提出。赴任後に毎月、ポスティから赴任先のご指定場所へ郵便物をお届けします。

転居届の手続きは日本国内にいる間に済ませる必要があります。詳しくは下記ポスティHP をご覧ください。

■郵便物と一緒に通販品もお送りします
郵便物転送時にネットショップでのお買いもの品もまとめて赴任先へお届けできます。配送費用がセーブできお得です。

■多彩なサービス
数箇所から到着した荷物を軽量化して1箱にまとめて赴任先へお届け致します。また、梱包材などで商品を保護し国際配送に耐えられるよう海外配送のプロが梱包させて頂きます。
また、商品購入に伴う代引き、各種振り込み、コンビニ払いなどの代行サービスも対応いたします。

■一時帰国の際にも便利
滞在中にどこからでもお荷物をポスティにお送りいただければ、まとめて空港などにお送りいたします。通販品も合わせてご利用いただけます。

■赴任先での食料品入手の不安を解消
赴任先でも日本で食べ慣れたものを少しでも手に入れられたらと思いませんか？西友やイオンなどのネットスーパーでお買いものをして頂き、ポスティ経由で赴任先へお届け致します。

赴任国によっては送れないものがございますので、事前にポスティにお問い合わせください。

POSTTY 海外赴任中の郵便物を海外のご自宅へお届け

■日本の食料品・生活用品をまとめて赴任先へ
■日本から生活をサポート。各種支払い代行にも対応

海外発送サービス・ポスティ
http://www.postty.com/kfs

■お問い合わせ
株式会社ファーストプランニング
TEL.044-271-9117
cs@postty.com
「海外赴任ガイドを見た」とお伝えください。

業務渡航手配

1960年創業　老舗の旅行会社！
㈱エヌオーイー

是非エヌオーイーまで
ご相談ください！

エヌオーイーは海外出張手配を専門にしている旅行会社です。

航空券・ホテル・査証手続き
さらに**団体旅行**から**出張経費削減**まで！

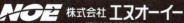

https://cfive.noe-j.co.jp/

東京本社	東京都千代田区神田須田町1-23-1　住友不動産神田ビル2号館15階	TEL：03-3254-7510
大阪支店	大阪市西区靭本町1-11-7　信濃橋三井ビルディング10階	TEL：06-6447-7681
名古屋支店	名古屋市中区新栄町2-13　栄第一生命ビル	TEL：052-957-7560

エヌオーイー公式キャラクター「たびぞう」

㈱トッパントラベルサービス
海外人事サポートサービス

■〒105-0013　東京都港区浜松町2-6-2　浜松町262ビル　■TEL.03-5403-2512　■FAX.03-5403-9023　■e-mail.funin_support@tts.co.jp　■担当：風間・枝

海外赴任・外国人材受入の人事業務をトータルサポート

当社は海外人事に関わる総合アシスタンスとして、就労ビザ取得を中心とし、企業様のグローバル計画における様々な問題解決を提案します。

■ 海外赴任サポート：就労査証アドバイス、進捗管理・手配の「見える化」、福利厚生サポート　等
■ 海外人材受入サポート：在留資格取得取次、受入プロセス設定、生活オリエンテーション、社会保険、税務アドバイス　等
■ イミグレーションアドバイザリー：出入国トラブルによる問題解決、各国移民局情報提供、赴任実査検証　等

㈱阪急阪神ビジネストラベル
公務営業一部

■〒108-0023　東京都港区芝浦3-9-1　芝浦ルネサイトタワー3F　■TEL：03-6745-7685　■FAX：03-6745-7401　■URL：https://www.hhbt.co.jp/

まかせて安心。プロの旅。

官公庁の海外出張、赴任の手配を専門に行っています。渡航の際の航空券の手配、渡航先のビザの手続き、現地ホテルの手配、海外旅行傷害保険の加入手続き等を迅速かつ正確に行います。
また海外への視察団、海外からの視察団等の手配も数多く行っています。
緊急時は、24時間対応のヘルプデスクにて対応致します。

総合サービス

HLC International Service
ヒューマンリンク㈱(三菱商事グループ)

■〒100-0005　東京都千代田区丸の内2-2-3　丸の内仲通りビル8階　■TEL：03-3210-8130（代）　■FAX：03-3210-4250（代）　■URL：http://www.humanlink.co.jp/service/hlc.html　■E-mail：his-info@org.mitsubishicorp.com

企業の海外展開を人事面からトータルサポート

法人会員向けサービス。海外給与・各種取扱いおよび都市別の生活に関する情報提供サービス、駐在員及びその配偶者を対象とした赴任前生活セミナー、海外教育相談等で、企業の海外展開を人事面からトータルサポートします。
情報提供サービス【随時】、駐在員セミナー【年10回（予定）】、赴任前生活セミナー【年11回（予定）】、海外教育相談【随時】
サービスの詳細や価格についてはお気軽にお問い合わせください。

JALファミリークラブ

■TEL:0570-025-818
　　　:03-5460-3999
■9:30～17:30（土・日・祝日・年末年始休み）

ご赴任からご帰任までトータルサポート！

　海外赴任や海外留学など、海外で生活するJALマイレージバンク会員が入会できる年会費無料の会員組織。
　JALファミリークラブに登録した家族間で、特典航空券などへ交換する際にご家族のマイルを合算できるほか、JAL便ご搭乗時のボーナスマイル、超過手荷物料金一部免除やイベントへのご招待など、通常のJALマイレージバンクのサービスに加え、JALファミリークラブ会員限定のサービスをご用意しております。

一般社団法人
日本在外企業協会

■URL　https://www.joea.or.jp　■TEL：03-3567-9271　■E-mail：info@joea.or.jp　■〒104-0031　中央区京橋3-13-10　中島ゴールドビル7F

企業のグローバル経営、海外赴任者の安全をサポート

　海外安全・危機管理、人事処遇など海外進出企業や駐在員をめぐる課題の解決・改善のノウハウを提供している。セミナーや講演会を年間80回以上開催し、会員はほとんどの場合無料で参加できる。「海外赴任前セミナー」は毎月実施。各種出版物も好評で、国・地域別の『海外派遣者ハンドブック』や、『海外赴任者の健康と医療』『海外赴任者・出張者の安全マニュアル』はロングセラー。国際経営情報誌『月刊グローバル経営』では他誌にない企業事例等が読める。セミナー等の情報・申込や出版物の購入は日外協Webサイトで受付中。

ヒューマンリンク㈱
（三菱商事グループ）

■〒100-0005　東京都千代田区丸の内2-2-3　丸の内仲通りビル8階　■TEL：03-3210-8130（代）　■FAX：03-3210-4250（代）　■URL：http://www.humanlink.co.jp

海外人事に関するソリューション提供

企業の経営方針に基づいた人事施策のプランニングから、施策の導入など、豊富な経験・ノウハウに裏付けられたプロフェッショナルなサービス。特に海外人事においては、商社人事の長年の経験によるノウハウと実務レベルでの細やかなサービスが特徴。
サービス内容：海外人事規定・給与体系等コンサルティング、グローバル研修企画、HLC International Service運営、海外物品送付サービス、GlobalEnglish（ビジネス英語E-learning）・Englishブートキャンプ（英語力強化ワークショップ）の販売代理ほか

COLUMN

離れた家族になにかあったら

NPO法人「海を越えるケアの手」

海外に住むと当たり前だが日本国内の家族と遠く離れ、家族に何かあったとき、なかなかすぐに帰ってこられない状況になる。例えばご両親に高血圧などの持病の他、懸念する疾患があり、海外赴任を目前にして不安を抱えている方もおられるのではないだろうか。

「NPO法人 海を越えるケアの手（通称シーケア）」は海外赴任者向けに日本国内のご両親の見守りや介護のマネジメントサービスを行っている。現在約80社を越える法人会員と数多くの個人会員の方が入会されている。

事例では、急遽海外に赴任する男性は、同居している78歳の父親のケアを依頼した。父親は要介護ではないが一人暮らしとなれば家事の負担が増え、健康状態を把握することも難しくなる点が心配。登録後、実行されたサポートは以下。

①週2回の家政婦派遣を代行手配
②市が単身高齢者に貸し出ししている「緊急通報装置」の申し込み
③民生委員の方に緊急連絡先を依頼
④3ヶ月に1回、専門職資格をもつスタッフが健康状態の確認と相談のため見守り訪問を実施
⑤見守り訪問のレポート作成、必要に応じ将来的なケアのアドバイス

上記の様なサービスは、全てご依頼者様及び支援を必要とされるご両親様とのお打合せに沿い、ご両親の今のライフスタイルを出来る限り継続することに、必要な事を念頭に行われる。実行する際は公共サービスと民間サービスを最適に使えるよう専門職がアドバイスする。介護保険のケアマネージャーと違うのは、その人の要望や生活に必要なことはなんでもやること。保険対象外のケアも行なっている。変わった事例では、一人暮らしとなる老齢の父親が引き続き趣味の囲碁が打てるようにと、囲碁の対局相手を派遣したことも。国内に残された家族が、引き続き自分らしく生活できるように支援する。そして海外で働く赴任者が、心置きなく仕事に集中できるように、という思いがある。

会員は無料相談もできるので、気にかかる事がある場合には連絡してみよう。

NPO法人「海を越えるケアの手」

URL:http://www.seacare.or.jp/
電話:03-3249-7231

シーケアプログラム会員（個人会員）
年会費（消費税別）：24,000円
高齢者サポートプログラム
●代行サービス:病院での退院手続き、打合せ同席、介護保険申請手続き、退院先探しなど。施設では、施設探し支援、入所手続き、ケアスタッフとの打合せなど。在宅では、介護保険申請手続き、ケアマネ面接と選任、ケアプラン調整など。
●見守り訪問サービス:専門職が定期的に、又必要に応じご両親を訪問。お体の状況、日常の暮らしのご様子の詳細を、ご依頼者の方に書面で報告。
●費用（消費税別）
半日業務:15,000円/一日業務:25,000円
見守り訪問:1回15,000円

赴任の準備

引越し

住宅

子どもの教育

医療と健康

現地の暮らし

「海外赴任ガイドWEB」なら、もっと探せる、もっと使える!!

さぁ、Webへ。

スマホ・タブレットでQRを読み取り、「海外赴任ガイドWEB」へアクセス!
もっともっと役に立つ、詳しい情報をお届けします。ぜひ、ご利用ください。
※QRコードは株式会社デンソーウェーブの登録商標です。

カラーページから

会社紹介ページから

記事ページから

「海外赴任WEB」は、海外赴任情報量最大級!

→「海外赴任ブログ」で、各国の生活情報は読み放題。
→ チェックリスト機能はWEB版に実装。チェック状況の保存も可能です。

株式会社JCM「海外赴任ガイド」編集局

CHAPTER

引越し

最も時間のかかる作業が引越し。何を持っていくか、どうやって現地に送るか、日本に残しておくものはどのように保管するか。焦らず順番に作業を進めよう。

CHAPTER 2 引越し

01 引越しの計画

海外赴任の準備の中でも、大部分を占める引越し。まずは大まかな流れを把握して、計画を立てておこう（表①も参照）。

下見・見積もり

まずは引越し業者に自宅へ下見・見積もりに来てもらう。荷物の送り方・金額・輸送方法など、下見で得る情報・確認事項は多い。その後の準備がスムーズになるよう、詳細に打ち合わせを。海外引越し専門の業者であれば、通関手続きなどノウハウがあり心強い。リモート対応の有無も問い合わせよう。下見日時が決まったら、それまでに持っていく荷物・持っていかない荷物の目処をつけておく。赴任地の住居が家具付きか否か把握しておくと、大きな家具について判断しやすい。なお、年度末などは引越しピークで混み合うので、早めに連絡を。

下見当日は、荷物を確認し、見積もりしてもらう。企業が費用を負担する場合、規定内で全ての荷物を送ることができるか確認を。その際、船便と航空便をそれぞれどれぐらい利用できるか、打ち合わせよう。航空便は船便より高いので、たくさん利用すれば費用は超過し、自己負担になってしまう。また、荷物には貨物保険をかける。下見時に業者に相談を。輸送中の荷物の破損・損傷について補償される。

荷物の引き取り・受け取りスケジュールも決める。輸送の目安日数は、船便でヨーロッパなどの遠方は60日、アジアは30日〜40日程度。

引越し準備を始める

下見が終わったら準備に入ろう。荷物の引き取り日までに必要な作業を整理して、どんどん進める。梱包は、ほとんど業者が行うが、衣服や下着などを自分で梱包したい場合は、梱包材とパッキングリスト（通関のための荷物の詳細リスト）をもらっておく。また通関に必要な書類も確認し、期日までに用意する。パスポート、査証のほか、在職証明書など企業からより寄せるものもあり、多い場合は10種類程度必要。

こつこつ進める仕分け

引越し準備の大半を占めるのが荷物の仕分け。赴任地に持っていく荷物を、船便・航空便・携行手荷物に分ける。家具や日用品は基本的には船便。到着直後に使いたいものは航空便。貴金属・貴重品は引越し荷物として受託してくれないので、携行手荷物として出発当日まで保管しておく。

また、現地で手に入りにくいものなど、後から情報が加わると思わぬ荷物が増えることも。予算を超過しないよう注意しよう。加えて、国の法律などで引越し荷物にできない取り扱い禁止品についても、荷物に含まれていないか確認を。

荷物の引き取り当日

期日までに、荷物を仕分けし、業者がわかるよう準備しておく。梱包してもらう荷物は別室に集める、付箋を貼っておくなど工

夫しよう。出荷の際は必ず立ち会って、梱包やパッキングリストの記載などを確認し、通関書類も渡しておく。

残置荷物の処分

並行して国内に残す荷物（残置荷物）の保管方法を考える。トランクルームを利用するか、親戚・知人に預けるのが一般的。処分の場合は粗大ごみにするか、知人に譲る、あるいはリサイクルショップに売却する。

荷物搬送から出発まで

船便を荷出しした後もしばらくは日本での生活が続く。家具、家電などをほとんど送る場合は、実家に引越しして、出発まで滞在するなど、計画しておこう。

到着後、荷物の受け取り

到着後、自宅で荷物を受け取る。通関手続きは引越し業者が代行してくれるが、到着後に現地で用意する通関書類がある場合は、忘れずに用意すること。荷物を受け取ったら、荷物が破損していないか確認を。破損などがあれば、貨物保険の手続きを行う。損害申告には期限があるので注意して、取り扱い業者に確認しておこう。

表① 引越し作業チャート

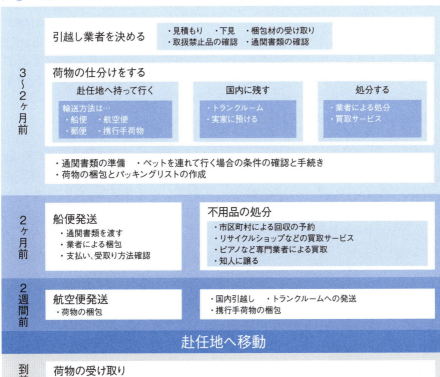

CHAPTER 2　引越し

02 荷物の送り方

一般的な考え方

　引越し荷物の送り方は船便、航空便、携行手荷物の3つ。輸送にかかる時間と料金のバランスをポイントに、どの手段で何を持っていくか考えよう。

　基本的には、荷物の大部分を船便で送り、出発前後で必要なものを厳選して航空便にする。貴重品、入国に必要な書類、到着直後に使うものは携行手荷物としよう。予算オーバーを防ぐため、料金の計算方法も把握しておこう（右頁コラム）。

①船便

　引越し荷物の大半を占める。料金基準は容積なので、大きな荷物も安く送ることができる。一方、輸送に時間がかかるので、到着直後に必要なものは入れない事。壊れ物はこちらに入れると良い。

②航空便

　航空別送荷物（アナカン）ともいう。1～2週間と、船便より早く届けられるが、輸送費は高め。また、企業からの赴任では会社負担で持っていける量が限られているので現地到着から船便到着までの間、何が必要かを考えて荷物を選ぶ。また輸送手続き上、壊れ物は避けたほうが良い。

③携行手荷物

　貴重品のほか、入国や入学のために直ぐ必要な書類、到着後の衣類などは直接自分で持っていく。受託手荷物と機内持ち込み手荷物に分けられるが、許容量などが細かく制限され、航空会社や経路によっても異なる。また、マイレージ会員であれば無料受託許容枠が増えるサービスもある。超過荷物の追加料金は高額な場合が多い。最後の最後で送り忘れた荷物が残ると大変な負担になるので注意。

ペットを連れていく

　「日本からの輸出条件」と「相手国の輸入条件」の両方を確認して手続きする。条件にもよるが、手続きに半年から数ヶ月か

表①引越し荷物の配分例

携行手荷物：貴重品、パスポート、金銭、到着後しばらくの衣類、パソコン、化粧品、子どもの学用品（すぐ学校が始まる場合）

航空便：衣類（到着時の気候にあうもの）、趣味のもの（すぐに使いたい場合）、到着後すぐに欲しい日用品や日本食（あると船便到着までの間、購入しなくて良い）

船便：家具、家電、衣類（到着時の気候以外のもの、礼服など）、現地で購入の難しい食品、日用品、学用品、食器など壊れ物、趣味のもの、寝具など

かることも多々あるので、赴任が決まったらすぐに情報を集めよう。

　日本から輸出する際は、狂犬病の検査と輸出検疫証明書の交付が主な手続き。手順については出発予定空港の検疫所に問い合わせる。赴任地の輸入条件は在日大使館、またはメールや国際電話等で現地の動物検疫機関などに確認する。条件が変更されていることもあるので、必ず最新の情報を確認したいところだが、なかなか日本語で情報を得ることは難しい。外国語での情報収集が不安な場合は、引越しを依頼している業者や、海外ペット輸送の専門業者を利用することも検討しよう。

　将来、日本に帰国するための手続きも同時に確認を。日本に帰国する＝輸入すると

きは、マイクロチップの装着、狂犬病ワクチン接種と抗体検査などの準備が必要だが、ペットの年齢や出発国によって条件が細かく定められている。検疫所に前もって問い合わせておこう。

　主な費用としては、①ワクチンなどの医療費、②カーゴ運賃（航空便）、特別ケージの購入など輸送の費用。さらに③出発当日の体調の変化による出発便の変更や、到着後の検査によって係留が必要となった場合などの緊急の対応費用などが挙げられる。場合によっては、比較的高額になることもあるので、予算を組んで取り組もう。

参考URL：農林水産省「ペットの輸出入」
https://www.maff.go.jp/aqs/animal/
取材協力：Continental Pet Services, Inc.

荷物料金の算出基準

　海外引越しにおける荷物の輸送費は、輸送方法ごとに基準が異なる。航空便か船便か迷ったら、一度、スピードだけでなく、ボリュームを基礎とした料金の面でも検討しよう。料金設定の仕組みを理解することで、予算を抑えることもできる。

船便＝容積

　荷物の「容積」で決定される。容積は荷物を詰めたダンボールや梱包された家財の総容積。ただし梱包された荷物は改めて、船便用海上コンテナに載せるための外装梱包を施す。そのため、一般的に料金基準となる容積は、個々の荷物の容積の和ではなく、この外装梱包の容積になることが多い。単位は「㎥」。ただし、船便料金算出のミニマム容積は「1㎥」であることに注意が必要。総容積が「1㎥」未満の場合は全て「1㎥」として計算される。

航空便＝実重量か容積重量のいずれか重い方

　「実重量」と「容積重量」のいずれか重い方を基準として決定される。実重量は実際の重さを指す。一方、容積重量は、荷物の容積から算出される重さのこと。羽毛布団など、実重量は軽いものの、容積が大きくて輸送スペースを多くとる荷物に対し、適切に料金設定できるように算出される。一般的に6000㎤を1kgとして計算する。
例：ビーズクッションの場合（実重量4.2kg、寸法70cm*70cm*34cm）
　容積　70×70×34＝166,600㎤
　容積重量　166,600÷6,000＝27.76・・・＝28kg
　よって容積重量が実重量を上回るので、28kgを基準に料金が決定される。軽くても容積が大きいために料金が高くなる荷物は、梱包して容積を小さくするか、船便を検討しよう。

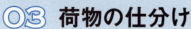

CHAPTER 2　引越し

03 荷物の仕分け

何を持って行く？

　山ほどある引越し荷物。まずは、持っていくものを決めよう。その後、船便、航空便、手荷物、と輸送方法で仕分けする。一方、持っていかないもの（残置荷物）についても順次、処分するか保管するかを決めていく（P68）。

　何を持っていくかは判断に迷うところ。全部持っていけば仕分けの手間はかからないが、輸送費は高くなり、場合によっては関税で思わぬ出費を強いられる。一方、最低限必要なものだけ送り、日用品は現地で購入する場合、到着後に探す手間がかかり、それなりの出費を覚悟しなければならない。

　一応の目安としては、現在使っている衣類、食器などの日用品を優先的に送る。それ以外の荷物については優先順位を決め、会社が規定する金額、引越し容量を考慮して、どれを送るか決めよう。

　また早い段階で赴任先の住居が家具付きかどうかがわかると、家具や家電の仕分けをするのが楽になる。食料品や日用品は、現地の情報を集めるうちにどんどん持って行きたいものが増えてしまうので、買い物リストを作って早めに準備し、船便に間に合うようにするとコストを抑えることができる。

取扱禁止品目に注意

　取扱禁止品目とは、日本の法律により国外への持ち出しを禁止されている、あるいは赴任国の法律により持ち込みが禁止されているものだ。表①は各国共通の取扱禁止品目の例。ソーセージなどの加工肉や植物も検疫上の理由で持ち出しはできない。

　最新情報は必ず引越し業者に問い合わせを。海外引越しの経験が豊富な業者であれば、各国の詳細な条件を把握している。下見の際に聞いてみよう。渡航後、禁止品が見つかった場合には、罰則の対象とな

表①　取扱禁止品目の例
※下記はあくまでも例。最新情報については必ず各自で確認を。

区分	例
爆発性又は発火性の物質、放射性物質及び危険物	花火、クラッカー、ヘリウムガス、キャンプ用ガスコンロ、弾薬、銃器・火器・刀剣類（モデルガン・模造刀も不可）、ガス、マッチ、ライター、水銀、放射性物質、毒物、劇物等
麻薬類	麻薬および向精神薬
動植物	生きている動物、植物と種子
食品	アルコール類、肉類、野菜、種子。乳製品、肉および魚の加工品等
わいせつな物品	わいせつまたは不道徳な品物
貴重品	現金、有価証券、株券、手形、貴金属、古美術品、価格価値が困難なものなど
その他	偽造または海賊版の物品、ワシントン条約の規制対象となるものなど

り、大きな問題にもなりかねない。念入りに確認を。なお、輸出入禁止事項は各国際空港や税関Webサイトでも紹介されている。

また禁止ではないものの、医薬品など容量によって持ち込みが規制されているものや、リチウムイオン電池付きの電子機器は航空便にできない、など輸送方法により制限されるものもあるので、合わせて確認を。

表② 持って行く？持っていかない？ 仕分けアドバイス

荷物	アドバイス	荷物の例
家電製品	まず現地で使えるかどうか、電圧など仕様を確認すること。その上で持っていくものと置いていくものを分けよう。詳細はP70	変圧器、炊飯器、トースター、ミキサー、掃除機、ドライヤー、ホットカーラー、電気コタツ、扇風機
台所用品	使い慣れたものは持って行くとよい。包丁、おろしがねなどは現地と日本で形が違って使いにくいこともある。乾燥した地域では漆器がひび割れることがあるので、高価なものは避けたほうが良い。	包丁、まな板、鍋類、蒸し器、しゃもじ、箸、日用食器、急須、酒器など
食料品	最近でこそ世界中で日本食材が手に入るようになりつつあるが、それでも高価な場合が多い。粒状のだしの素や乾物など軽くて、日持ちするものを持っていくと良い。船便の容量が許せば、米、醤油、ごま油なども。現地の食生活を事前に調べ、何が手に入りにくいか、また現地の食材を使ってできる料理もあるので、そのために必要な調味料を持って行こう。	だしの素、わかめや昆布などの乾物、インスタントラーメン、佃煮など日持ちのするもの、米、醤油、乾麺など
日用品	ほぼ現地でも手に入る。しかし、習慣の違いから全く手に入らないものも多い。また文房具の質が悪いことがある。	文房具、耳かき、洗濯ネット、スリッパなど
医薬品	使用中の薬品は必ず持って行く。投薬中の薬は医師の英文処方箋と一緒に持って行く。常備薬は多めに持って行きたいが、あまり大量な場合（とくに粉薬）は税関でのトラブルを避けるため、説明書を持参しよう。	風邪薬、胃腸薬、便秘薬、熱冷まし、目薬、軟膏、消毒薬、コンタクトレンズと洗浄液、歯ブラシなど
化粧品	普段使い慣れているものを持って行き、順次現地で購入する。敏感肌、アトピーなどの場合は多めに持っていく。	敏感肌用クリームなど
書籍	重くなるのでたくさんは持っていけないが、長い海外生活では日本語が恋しくなるので、気に入ったものを持っていくとよい。子どもと一緒に読む絵本などは、家庭での日本語会話の幅を広げてくれるのでおすすめ。	現地言語の辞典、参考書、ガイドブック、日本を紹介する本、絵本、折り紙や和食料理の本など
学用品	教科書のほか、日本人学校の場合は算数セットなど特別なものが必要。海外子女教育振興財団などで教えてくれる。	教科書、ランドセル、体育館シューズなど
衣類	肌着は日本と同様の品質のものが手に入りにくく、また大人の場合、シャツなどはサイズが合わない場合があるので、いずれも多めに持っていく。パーティーやレセプションのために、礼服、ドレス、着物、浴衣を持っていくと良い。	肌着、シャツやスーツなどの仕事着、気候に合わせた普段着、パーティードレス、着物、浴衣など
靴	現在履いているものは持っていく。女性用は22.5cm、男性用は24cm以下のものは国によっては手に入りにくいことがある。小さな子どもには外遊び用の短い長靴がおすすめ。	履きなれた靴、子どもの外遊び用の運動靴など
趣味のもの	現地で続けることができると、新しい友人ができるなど、国際交流にもなる。ぜひ持って行こう。	ゴルフ、スキー用品、柔道着など武道用品、将棋、楽器など
大きな家具	国によっては賃貸住宅でも家具付きであることが一般的な場合がある。その場合はもちろん、すべて持っていく必要はない。まず現地の住宅事情を鑑みてから決める。	テーブル、つくえ、本棚、壁掛け時計、ブティックハンガー、椅子、ソファーなど

65

CHAPTER 2　引越し

04 荷造りをする

海外引越しのポイント

まずは海外引越しする場合に注意すべき点をおさえておこう。

①パッキングリストの作成

必ず通関手続を経るので、どの箱に何が、いくつぐらい入っているかを示す内容明細「パッキングリスト」を作成する。業者が規定のリストを用意してくれる。自分で梱包する分は自分で記入する。

②長期間輸送に備えた梱包

港や空港での積み下ろしや、長期間の輸送に耐えられる梱包にする。航空便の場合、飛行機への積み下ろしの衝撃があるため、壊れ物はできるだけ避けよう。船便の場合、数ヶ月間海の上にいることになるので、衣類などに防虫剤を入れておくと安心だ。

③船便は容積・航空便は「計算重量」

船便は容積が料金基準なので、コンパクトな梱包を心がける。また、航空便は実重量と容積重量のいずれか重い方が「計算重量」として基準になる（P63）。軽い荷物でも容積が大きいと返って高額になるので、梱包で小さくするなど工夫を。

荷造りの順序

①ダンボールの用意

なるべく同じサイズのものをそろえる。船便の場合、ダンボール箱は業者がまとめて輸送用外装梱包を組む。このとき、ダンボ

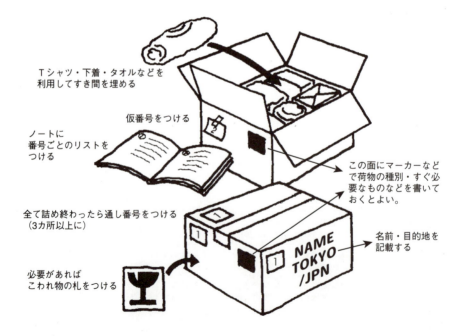

海外赴任ガイド 2021

ール箱のサイズが違うと外装梱包内にムダな空間ができてしまう。引越し業者にダンボール箱を届けてもらおう。一緒にエアークッション（丸いプチプチが一面についたビニール）も頼んでおこう。

②ダンボール箱に通し番号を書く

ダンボールに1・2・3…と通し番号をつける。パッキングリストを作成するために必要だ。この時、ノートなどを用意しておきダンボールの番号と、そこに梱包したもの、それぞれの数量をメモしておき、リストの作成準備をする。

③荷物を分類する

衣類、食料品、食器、調理器具、台所用品、電気製品、書籍、子ども用品、寝具、その他など、大まかに分類する。なるべく同じ種類のものは同じ箱に詰めるとパッキングリストを作成しやすい。

③こわれ物をパッキングする

陶器、ガラス器などこわれ物はエアークッションでしっかり包む。購入時の専用ケースがあれば利用する。ただし、引越先の国によっては、ケースが真新しいと新品とみなされ、課税されることがあるので注意する。こわれ物以外でパッキングの必要があるものは、新聞紙などで包んでおこう。

④ダンボールに詰める

衣類、寝具以外を詰める時は、底にクッション材を敷き、すき間を作らないようにする。クッション材、パッキング材以外に下着やタオル、衣服などを利用するとムダを出さずにすむ。クッション材としてはセーターやスウェットシャツ、タオル。すき間を埋めるにはTシャツや下着が役立つ。ビニール袋に入れて使えば、汚れる心配もない。

衣料品を詰める際には、防虫剤を入れておくとよいだろう。ただし、異なる種類の防虫剤を一緒にしておくと化学反応を起こすので注意。なお新品を別送する場合は包装、値札、タッグなどは取り外しておき、新品ばかりまとめて入れないようにする。

引越荷物保険へ加入しよう

輸送中の万一の損傷や紛失に備えて、引越荷物には必ず保険をかけておく。引越し業者のほとんどは損害保険会社と代理店契約を結んでいるので、相談するとよい。

引越荷物保険では、引越荷物を輸送業者に渡した時点から、到着後の指定した場所に配達されるまでの間に生じた損害が補償される。一定金額以上の荷物は、保険申請用紙に各品目の金額を記入する。保険金額は、万一事故が発生した場合代替品を購入する場合の価格を目安にする。貨紙幣・有価証券、生動物は対象とはならないので注意。また、宝石類・貴金属類についても引越荷物としての受託が禁止されていて保険対象にならないので別途携行することが望ましい。

引越荷物が配送された後、損傷等の異状が見つかった場合は、すぐに引越し業者に連絡し事実を確認してもらい、保険会社への連絡など、必要な手続をとってもらう。保険による補償を確保する為には、引越し輸送業者への通知期間が決まっているので事前に確認しておこう。損傷があった場合は、念の為自分でも写真を撮っておくようにする。なお、携行手荷物は、海外旅行保険によって補償される。対象はあくまで荷物に限定され、現金や有価証券等は対象とならない。

支払われる保険金は、家具や電気製品など修理可能なものは修理実費を、修理不可能あるいは紛失の場合は、当該荷物の保険金額を基準に保険金が支払われる。

67

CHAPTER 2　引越し

05　残置荷物と不用品

　現地に送らない荷物は、残置荷物（国内においていく荷物）と不用品として処分するものに分ける。

　残置荷物は親戚や知人に預ける、あるいはトランクルーム等を利用して保管する。ただし、あまりたくさんの荷物を置いていくことになると、預ける方への負担になる、あるいはトランクルームの使用料が高くなってしまう。安易に残置荷物としないよう、保管するメリット・デメリットを考えて、荷物を厳選しよう。

　不用品は、親戚や知人に譲るか、民間の買取りサービスなどを利用しよう。また、引き取り手が見つからない場合に備え、適切に処分できるよう粗大ごみの破棄、分別方法等について事前に調べておく。

　なお、引越し業者では不用品の処分は受け付けない場合が多い。出発間際になって、処分しきれない不用品が発生してしまわないように注意しよう。

トランクルーム

　残置荷物の保管はトランクルームが便利。長期間、荷物を保管することになるので、温度・湿度の管理や、耐火耐震などの設備が整っていると安心だ。また、海外引越しの業者であれば、トランクルームの手配も行っている場合が多く、引越しの荷出しと同時にトランクルームへの輸送も手配してくれるので楽だろう。

　荷物を預ける前には、荷物のケアを忘れずに。衣類はクリーニングして防虫剤を入れておく、布団は十分乾燥させておく、家電などは電池を外し、汚れを取っておく、など長期保管に備えた準備は自分で行う。

　なお、家電製品などは長期間未使用で保管すると性能が落ちる場合がある。こういった品質の変化はトランクルームの保証外の場合が多い。また、ガス・石油類などの危険物や、貴金属・有価証券などは一般には預けられない。

　加えて、本帰国前の荷物の出し入れについても確認を。国内の家族が代理で出し入れできるか、一時帰国の際に荷物の入れ替えができるか、などが考えられる。

家電はリサイクルへ

　赴任地に持っていかない家電は、保管するか処分する。処分する場合には、できるだけリサイクルする。

　エアコン、テレビ、冷蔵庫・冷凍庫、洗濯機・洗濯乾燥機の4品目は、販売元が有料で引き取ってリサイクルしている。オーディオ機器、ミシン、電子レンジといった小型家電も、小型家電リサイクル法に則って、市区町村が回収している。右頁も参照の上、できるだけリサイクルへ。

買取サービスを利用する

　本やDVD、衣類などはリサイクルショップで引き取ってもらうこともできる。出発準備で時間がない場合は出張サービスなどを利用して、自宅まで引き取りにきてもらうと良い。

不用品の処分方法

リサイクルする

家電4品目（エアコン、テレビ、冷蔵庫・冷凍庫、洗濯機・洗濯乾燥機の4品目）

　販売者が回収の上、メーカーでリサイクルしている。購入した家電量販店に回収してもらおう。回収は有料。購入した店舗がすでに遠方である場合、市区町村に相談を。

パソコン

　メーカーの自主回収が義務付けられている。2003年10月以降に販売されたパソコンには「PCリサイクルマーク（右図）」が添付され、これらのパソコンは無償で回収してもらえる。マークがない場合は有償回収。回収方法はメーカーWebサイトを確認する。なお、メーカーが不明の場合、「一般社団法人パソコン3R推進協会」が対応しているので問い合わせてみよう。

　パソコンを破棄する際は、データの消去を忘れずに。ゴミ箱に捨てただけでは、見かけ上はデータが消えているものの、ハードディスク内には、まだデータが残っている状態だ。破棄したパソコンに残っていたデータが悪用されるをの防ぐためにも正しい方法でデータを消去しておく。消去専用のソフトを用いる、磁気による消去サービスを利用する、物理的に機器を破壊する、などの方法がある。以下のWebサイトも参考にしよう。

　一般社団法人パソコン3R推進協会　https://www.pc3r.jp/home/data_erase.html

その他の家電・小型家電

　小型家電リサイクル法により、市区町村で小型家電のリサイクルを行っている。電子レンジ、オーディオ機器、ゲーム機、ドライヤーなど、多くの品目が対象。粗大ごみや不燃ゴミにすることもできるが、できるだけリサイクルしよう。回収方法は、ステーション回収、イベント回収、宅配便回収などがあるので、市区町村の指示に従う。

　参考Webサイト環境省「小型家電リサイクル回収ポータルサイト」
　http://kogatakaden.env.go.jp/

専門業者に買い取ってもらう

書籍、DVD、日用品全般

　リサイクルショップで引き取ってくれる。書籍やCD・DVD等の小物からタンス・ベッドなどの大型家具、テレビ・冷蔵庫などの大型家電、自転車など、幅広く対応してくれる。量が多い場合の出張買取サービスや、引取先が販売した場合にキャッシュバックがあるサービスなど、それぞれの特徴も確認しながら選ぼう。

　エコランド　　　　　　https://www.eco-kaishu.jp/
　セカンドストリート　　www.2ndstreet.jp
　ハードオフ　　　　　　www.hardoff.co.jp
　トレジャーファクトリー　www.treasure-f.com
　リサイクルマート　　　www.recyclemart.jp　　　他

ピアノ

　メーカー、品番、製造番号、ペダルの数などを業者に伝え価格の査定を受ける。買取額だけでなく、運搬費や修理代といった諸経費も業者を比較する際に大事なポイントだ。最近は一括査定サイトも多く、先に一括査定を利用し、業者をいくつかに絞ってから話を進めるのもよい。

　タケモトピアノ　　　　TEL:0120-37-0009　　　www.takemotopiano.com
　ヤマハピアノサービス　TEL:0120-192-808　　　www.yamahapianoservice.co.jp

CHAPTER 2 引越し

06 家電製品の持ち込み

電圧を確認する

　まず持って行きたい家電製品の対応電圧を確認しよう（図①）。日本の電圧は100Vで、主な諸外国より基本的に低く、多くの日本向け電化製品は100V対応で作られており、海外でそのまま使うと、あまりの高電圧で壊れてしまう恐れがある。持ち込みたい家電製品が100Vのみ対応の場合は、電圧を下げる変圧器（ダウントランス）が必要となる。なお、赴任国の電圧はP72で確認しよう。

　一方、変圧器がなくても海外で使用できる家電がある。マルチボルテージといい、100Vから最大240Vまで対応しているため、世界中で使うことができる。パソコンやデジカメの充電器などがそれだ。この場合、変圧器は必要ない（図①右）。

　なお、乾電池のサイズは世界共通なので現地でも購入は可能だ。呼び名が国によって異なるので注意しよう。

プラグの確認

　変換プラグは赴任地の条件を確認して用意する。旅行や出張で他国に行くこともあるのでマルチタイプがおすすめだ。同じ国でも古い建物や観光客向けの建物などでは一部違うプラグの場合もある。

　また、1つのマルチタイプの変換プラグからタコ足配線をすることは避けよう。マルチタイプの変換プラグは許容電流値が比較的小さいからだ。配線タップを使用する場合は、許容電流値10アンペア（A）以上の変換プラグを使用し、海外向け高電圧対応の配線タップを選ぼう。

テレビ・DVDは規格に注意

　テレビやDVD、DVDプレーヤーは各国で規格が異なるので、赴任国の規格を確認しておこう。日本の規格はテレビの場合、地上デジタル放送はISDB-T方式。DVDはリージョン2で映像はNTSC。例えば、日本で購入したDVDを赴任地でも見たい場合、現地で購入したDVDプレーヤーでは、規格の違いから再生できない場合がある。

新品の家電に注意

　新品の家電については、国によっても異なるが課税対象になる可能性や、免税で通関できない可能性もある。事前に引越しを

図①対応電圧と定格消費電力の表示

家電製品の裏側などに表示がある。左は100Vのみ対応なので、海外で使用するには電圧を下げる変圧器が必要。右は表示範囲内の電圧に対応したマルチボルテージなので変圧器は不要。

資料提供：株式会社カシムラ

依頼する業者に確認をしておこう。

　赴任地によっては、日本と同等なものが手に入る場合もあるので、海外で入手し難い家電製品を除いて、現地購入を検討することも必要である。

変圧器を買う

変圧器の種類

1.ダウントランス　電圧を下げる変圧器。日本の家電を海外で使用するときに使う
2.アップトランス　電圧を上げる変圧器。海外の家電を日本で使用するときに使う
3.アップダウントランス　電圧を上げるまたは下げることが出来る変圧器。

変圧器の選び方と注意

変圧器の容量は小型のもので20VA、大型だと1500VAなどの商品がある。基本的には、使用予定の電化製品の定格消費電力を目安にして選ぶ（表①）。同時に以下の点に注意しよう。
①電熱機器、照明器具、モーター内蔵の電化製品は、スイッチを入れたときに定格消費電力の2～3倍の電流が流れる場合があるので、変圧器も定格消費電力の2～3倍の容量を選ぶ（表②）。
②モーターや蛍光灯、マイクロコンピュータを使用しているもの、音響機器は、波形がゆがんでおり変圧器にかかる負担が大きいので、こちらも定格消費電力の2～3倍のものを選ぶ（表②）。
③30分以上継続して使用する場合、定格容量が定格消費電力より20％以上大きい変圧器を選ぶ。
④データ等を保存している製品を使用する場合は必ずバックアップしてから使用する。
⑤医療機器には使用しない。
⑥大型の3000VA変圧器で重さは11.5kg程度。小型の300VAでも1.9kg程度とかなり重いので船便に間に合うように購入を。
⑦変圧器はリチウム電池を使用していないことが多いようだが、航空便で送る際は、リチウム電池内蔵の有無を申告する必要があるので確認しておこう。

表①主な電化製品の定格消費電力の目安

スマホ充電器	10W	ACアダプター（各種）	30～150W	ジューサーミキサー	150～600W
シェーバー	10～30W	ノートパソコン	50～150W	ヘアードライヤー	1000W
デジタルカメラ	20～50W	デスクトップパソコン	200W	炊飯器	1300W
ビデオカメラ（カメラのみ）	20～50W	デジタルオーディオプレーヤー	20～100W	電子レンジ	1400W

表②一時的に消費電力が高くなる可能性がある製品

モーター内蔵器具	ドライヤー、冷蔵庫、空気清浄機、掃除機、扇風機、ミシン、フードプロセッサー、ジューサー、ミキサーなど
電熱器具	炊飯器、電子レンジ、アイロン、ホットプレート、電気ポット、コーヒーメーカー、オーブントースター、IH調理器、ホームベーカリー、ヘアーアイロン、電気毛布、など

情報提供:株式会社カシムラ

表②各国の電圧・プラグ一覧

	国名	周波数	周波数／電圧	O2	A	B	C	BF	B3	O	SE
アジア	インド	50	115V,230V,240V			B	C	BF	B3		SE
	インドネシア共和国	50	127V,220V,230V		A	B	C	BF	B3		SE
	シンガポール共和国	50	115V,230V			B	C	BF	B3		
	タイ王国	50	220V		A	B	C	BF	B3		
	大韓民国（韓国）	60	110V,220V		A		C				SE
	中華人民共和国	50	110V,220V	O2	A	B	C	BF	B3	O	SE
	中華民国（台湾）	60	110V,220V		A		C			O	
	パキスタン・イスラム共和国	50	230V		A	B	C		B3		
	フィリピン共和国	60	120V,230V,240V		A	B	C		B3	O	
	ベトナム社会主義共和国	50	110V,220V		A		C	BF			SE
	香港	50	200V,220V			B	C	BF	B3		
	マレーシア	50	240V			B	C	BF	B3		SE
	ミャンマー連邦共和国	50	230V			B	C	BF	B3		SE
	ラオス人民民主主義共和国	50	220V		A		C				SE
オセアニア	オーストラリア連邦	50	240V,250V	O2						O	
	ニュージーランド	50	230V,240V	O2						O	
北アメリカ	アメリカ	60	120V		A						
	カナダ	60	120V,240V		A			BF			
中近東	アラブ首長国連邦	50	220V,240V			B	C	BF	B3		
	イラン・イスラム共和国	50	230V				C	BF			SE
	サウジアラビア王国	50	127V,220V		A	B	C	BF	B3		SE
	トルコ共和国	50	220V			B	C		B3		SE
中南米	コロンビア共和国	50	120V		A						
	チリ共和国	50	220V				C	BF	B3		SE
	ブラジル連邦共和国	60	110V,127V,220V		A		C				SE
	メキシコ合衆国	60	120V,127V,230V		A		C				SE
ヨーロッパ	イギリス	50	230V,240V			B	C	BF	B3		
	イタリア共和国	50	125V,220V		A		C				SE
	オランダ王国	50	230V			B	C				SE
	スイス連邦	50	230V		A	B	C				SE
	スペイン	50	127V,220V		A		C				SE
	ドイツ連邦共和国	50	127V,230V		A		C				SE
	フランス共和国	50	127V,230V		A		C			O	SE
	ベルギー王国	50	110V,220V		A	B	C				SE
	ロシア連邦	50	127V,220V		A	B	C				SE
アフリカ	エジプト・アラブ共和国	50	220V				C	BF	B3		SE
	ケニア共和国	50	240V			B	C	BF	B3		
	南アフリカ共和国	50	220V,230V,250V			B	C	BF	B3		

表③各種プラグの形状

Aタイプ　**B**タイプ　**C**タイプ　**BF**タイプ　**B3**タイプ　**O**タイプ　**SE**タイプ　**O2**タイプ

情報提供:株式会社カシムラ

不用品買取・回収

お引越しに伴うご不用品回収・買取サービス
エコランドのエコ回収

**あなたの「いらない」が
誰かの「ほしい」に。**

　エコランドではお客様からエコ回収（有料引取）もしくはお買取りさせて頂いた商品に対し一番最適な方法を選んでリユース販売。その循環でモノを大切にする社会の実現します。リユースが成功した場合、販売額の10%をお客様にキャッシュバック、もしくは環境/社会貢献団体へ寄付頂くかご選びいただけます。

ご利用方法

ご料金の計算方法

　お品物1点1点にご料金が発生いたします。収納家具やテーブル等お品物毎にサイズが違うモノに関しては幅・奥行・高さの和で料金ランクが決まります。ベッドや家電製品等一般的なサイズや容量で予め料金が決まっているものお品物もございます。また、製造8年以内の家電製品、使用状態

良いブランド家具はお買取りの対象になる可能性がございます。

対象エリア
東京23区及び多摩地域、千葉・埼玉・神奈川県の一部地域のみ対応しております。詳しくはお問合せ時にご確認下さいませ。

ご利用者様特典

　エコ回収基本料金3,000円（税別）割引！お問合せ時に必ず「海外赴任ガイドを見て」とご申告ください。

エコランドのエコ回収
TEL:0120-530-539
MAIL:530-539@eco-land.jp
（受付時間：9:00~18:00）
お問合せ時に「海外赴任ガイドを見て」とご申告ください。
https://www.eco-kaishu.jp/
運営会社：株式会社エコランド〒167-0042東京都杉並区上荻2-37-7

海外引越 渡航前のQ&A

Q. 船便は木箱で輸送されると聞きましたが、スキー板のように2 m程の細長いものでも送れますか? また、自転車を他の荷物と一緒に送ることはできますか?

A ご自宅から荷物をお預かりした後、荷に合わせて木箱を作りますので、スキー板のように2m程の細長いものでも問題はありません。

また、自転車も同様に他のものと一緒に木箱に入れて送ることができますが、自転車の突起部分などが原因で木箱の中に空白スペースができ、容積的には効率が悪くなりますのでご注意下さい。

Q. 整理ダンスの引出しに衣類を入れたままで送れますか?

A あまり重くならなければ、かまいません。しかし海外引越の場合、輸送中の振動で中に入れた衣類がかたよってしまうことが考えられますので、できれば出していただいて、分けて送られることをおすすめします。

Q. 日本で使っているふとんは赴任先住居のベッドで使えますか?

A ふとんやベッドなどの規格は全世界共通ではありません。事前に赴任先住居で使用されるベッドサイズを確認してください。

Q. ノートパソコン、カメラなどは、どのように送るのが一番安全でしょうか?

A 機内に手荷物として持ち込むのが最良です。引越荷物として送る場合、輸送中の振動は避けられません。振動に弱い精密機械類は、できるだけ手荷物としての機内持ち込みをおすすめします。なお、ノートパソコンに関しては輸出貿易管理品目に該当する機種か否か確認が必要ですのでご注意下さい。

Q. 楽器を発送する際、荷扱いは大丈夫でしょうか?

A 品物にあわせた梱包をしますので大丈夫です。ただし、手で持てるくらいの小さな楽器（バイオリン、フルートなど）は、手荷物として持っていかれた方がよいでしょう。

Q. プランターに土を入れたまま送ることはできますか?

A 土や植物は、輸出入の際特別に検疫が必要であり、厳しく規制されていますので基本的には送ることができません。いぐさを使用した「たたみ」も同様ですのでご注意下さい。

Q. 日本で使用している乗用車を個人負担で送りたいのですが、問題はありますか?

A 乗用車及びバイクなどは、赴任先国での関税が高額であったり、輸入時に排ガスなどの各種規制がある場合が多く、送らない方がよいでしょう。

Q. 引越荷物は赴任地での輸入通関の際、荷作りしたものをあけて中身をすべてチェックされるのでしょうか?

A 到着地税関では、輸入通関の際全品開梱検査が原則とされています。

検査では、梱包明細書と現物に相違がないか、輸入禁止（規制）品目の有無、課税対象品目のチェックなどが行われ、問題がなければ、あるいは解決されれば輸入が許可され、配達されます。

Q. 荷物に課税された場合、その関税は、いつ、誰が、どのように支払うのですか?

A 到着地引越代理店の担当より、連絡があります。その時点で、お支払いとなります。

Q. 引越荷物に課税された場合の税額は、いつ分かりますか?

A 引越荷物の税額は、国によって、また品目によってもそれぞれ違います。一般的に引越荷物は税関担当官の直接の判断により課税額が決定する「賦課課税方式」がとられており、到着地での輸入通関時に課税額の連絡が税関または引越代理店よりあります。

※ 上記は一般的な内容となります。詳細は、各引越会社までご確認下さい。

CHAPTER

住宅

日本の住宅をどうするか。赴任地の住居はどのように探すか。留守宅管理、リロケーションサービス、海外不動産など各種業者を利用して情報を集め、方針を立てよう。

CHAPTER 3　住宅

01　日本の留守宅管理

留守宅をどうするか

　持ち家の場合、基本的な選択肢は①処分する、②空き家にして管理する、③赴任期間中に限定して賃貸する、の3つ。いずれの方法においても、メリットとデメリットがある（表①）。一部の企業では海外赴任者に対しての借り上げ制度もあるので、勤務先にも確認を。

　一方、日本の住まいが賃貸契約の場合は、国内で引越しをする場合と同様。一般的には1～2カ月前に解約を通知し、退去日は確定後に通知する。貸主により対応も異なるため、海外赴任が決まったらできるだけ早く知らせておこう。

専門業者を利用する

　持ち家の場合、いずれの選択にしても個人で対処するのは手間や時間がかかる上、賃貸などではトラブルも発生しやすい。専門の仲介業者を利用すると、時間も節約できて安心だ。転勤に伴う留守宅の管理、賃貸借の仲介を専門とするリロケーションサービス（留守宅管理）業者を探してみよう。賃貸借の仲介斡旋のほか、空き家の場合の管理・維持も行ってくれる。また空き家にする場合や、家族が自宅に残る場合には、セキュリティ業者のサービスも便利。空き巣や放火などの防犯対策や、家族の見守りサービスなどが海外赴任者向けのプランで提供されているものもある。

空き家のメンテナンス

　留守宅を空き家のままにしておくと家は傷む。締め切った状態では湿気が抜けず、木材の痛みやカビの発生へとつながり、給・配水管は長期間使用しないと錆びたり、地域によっては破裂の恐れもある。

表① 3つの選択肢とメリット・デメリット

	メリット	デメリット
①処分する	・売却で多額の収入を得る。 ・赴任生活中、自宅を管理する必要がない。（心配も手間も不要） ・固定資産税の支払いがない。 ・帰国後に"新たな住まい"でスタートできる。	・売却に際し時間、労力、手間がかかる。 ・相場変動による売却損の可能性 ・帰国後の住まい探しの必要性
②空き家にして管理する	・一時帰国時、帰国時の住宅が確保できる。 ・売却、賃貸時に発生するトラブルがない。（売却先や賃貸先探し、相手先とのトラブルなど）	・家が傷みやすい。（通風、通水、清掃の必要性） ・敷地内へのゴミの放置や空き巣、放火などの犯罪被害 ・庭木の手入れなど
③賃貸契約する	・家賃収入を得る。 ・居住者がいるため家が傷みにくい。（通風、通水ができる）	・事前の修繕コストが必要となる。 ・賃貸期間中のトラブル対応（各種クレーム対応や賃料の遅延など）

空き家にする場合は、月に一度程度、通風（1〜2 時間）、通水、室内外の清掃、水回り確認、雨漏り確認、郵便物の確認、電化製品や自動車の試運転などのメンテナンスが必要だ。親族に管理を依頼する場合、思っている以上に多くのケアが必要なので、詳細に打ち合わせをしておこう。かなりの負担になってしまう恐れがある場合には、リロケーションサービスなどの業者に管理を依頼するとよい。

リロケーションサービスを利用する

リロケーション業者の主なサービス例

①留守宅の借受け：借主を法人に限定することもできる　②賃貸借の仲介斡旋
③賃貸中の管理業務代行（賃貸料の徴収、借主からのクレーム等の応対、処理等）
　借主の事情によって家賃の支払い遅延等があっても、家賃保証制度により決められた額をスムーズに受領できる。
④留守宅（空家）の維持・管理　⑤引越サービス
⑥家財保管　⑦増改築・修理等：庭の手入、家の補修・営繕などの管理サービス

注意するポイント

家賃収入と確定申告
　非居住者でも日本国内で得られる所得（国内源泉所得）には所得税が課され、家賃収入もこれに含まれる。リロケーション会社を利用する場合、家賃収入の20.42%をリロケーション会社が源泉徴収するので、自分自身でやるべき手続きは、きちんと確定申告をすることだ。部分的に還付される場合もあるので、よく調べて計画しておこう。なお、非居住者が確定申告をするには納税管理人の選定が必要（P28参照）。
参考：国税庁タックスアンサー https://www.nta.go.jp/taxes/shiraberu/taxanswer/index2.htm
　　No.2880　非居住者等に不動産の賃借料を支払ったとき
　　No.2884　源泉徴収義務者・源泉徴収の税率

賃貸の明け渡し・解約のタイミング
　いざ帰任が決まったものの、自宅は賃貸中のためすぐには入居できない、というパターンは多い。明け渡しのタイミングや手続きをはじめ、賃貸契約条件については事前によく確認しよう。契約期間中の途中解約については、借地借家法上、基本的には難しいケースが多いので要注意。これらの点も踏まえ、信用と実績のある業者を選定するのがポイントだ。

維持管理と修理費の負担
　退去時の原状回復についてはトラブルが多いので、賃貸契約の前によく調べておく。基本はリロケーションサービスを依頼する業者と条件を事前に確認しておくことが、将来、トラブルを避ける意味でも必要だ。更に詳しい情報が必要な場合には、国土交通省が発表している「原状回復をめぐるトラブルとガイドライン」に基本的な考え方、Q&Aなどがまとめられているので参考にしよう。なお、このガイドラインにおいて原状回復は「賃借人の居住、使用により発生した建物価値の減少のうち、賃借人の故意・過失、善管注意義務違反、その他通常の使用を超えるような使用による損耗・毀損を復旧すること」と定義し、その費用負担は賃借人とされている。一方、経年劣化や通常の使用による損耗などの修繕費用は賃料に含まれる、とされている。
参考：国土交通省「原状回復をめぐるトラブルとガイドライン」について。
https://www.mlit.go.jp/jutakukentiku/house/jutakukentiku_house_tk3_000020.html

CHAPTER 3　住宅

02 海外の住宅探し

家探しの流れ

　まずは家探しをどのような流れで進めるか、家族で話し合う。住居が決まるまでの一般的なパターンを知っておこう。
赴任者が先に渡航している場合
①赴任者が先に住居を決定し、帯同家族は赴任地到着と同時に住居へ。
②赴任者がある程度、物件を絞り込み、帯同家族到着後、一緒に下見をして契約。
赴任者と帯同家族が同時に渡航する場合
①出発前に情報収集。現地の日系不動産などに相談し物件資料を取り寄せる。現地到着後に下見をして契約。
②到着後、しばらくの期間サービスアパートメントなどに滞在。土地勘を養いながら物件探しを進める。

情報を収集する

　まず先任者など実際に現地に住んでいる人に安全情報や賃貸相場を教えてもらおう。もちろん個人からの情報はその人が見聞きしたことに限られるので、それぞれを比較したうえ、参考にしよう。
　慣れない国・都市での家探しは、やはり安心できる不動産会社が良い。海外の主要都市には日本語の通じる日系不動産会社があるので、赴任地について調べてみよう。日本語が通じるだけで、家探しは少し楽になる。日系不動産会社であれば多くの日本人顧客とのやり取りがあるため、特に日本人が暮らしやすい物件を紹介してくれる。難解な契約書や、契約手続きも安心して任せることが出来る。

賃貸契約する

　希望の物件が決まったら契約する。不動産会社に連絡し、契約の日時・必要書類を確認しよう。一般的に契約書、パスポートなどの身分証明書に加え、前家賃、賃貸仲介手数料、メンテナンス費用、コモンチャージ（アパートメント内施設利用登録料）などの支払いが必要な場合が多い。
　なお、日本人は契約書をよく読まずにサインしてしまう傾向があるが、契約書には契約期間中の解約条件（違約金など）、補修責任、ペットや楽器に関する禁止・制限事項などが細かく記載されているので、必ず確認を。また入居前には、家主や不動産会社立ち会いのもと、建物や家具を点検して、キズの有無を記録する。入居中の破損の対処や、退去時の原状復帰に関わる事項なので、疑問に思ったことは、必ずその場で確認し、大切なことは文書にしておこう。契約の当事者は、あくまでも入居者（または法人）と家主。いざ問題が発生した場合、不動産会社に相談はできるが、最終的な結論は、家主と自分自身とで決定することを念頭に、契約に臨むようにしよう。

物件探しのポイント

　妥協できる点とできない点、自分の条件に優先順位をつけて不動産会社に明確に伝えよう。迷っている間に、どんどん空き物

件は契約されてしまう。あまり日本と同じ環境を求めてしまうと、なかなか決められない恐れもある。現地の一般的な住宅の造りを把握して、選択肢の中からうまく選ぶようにしよう。

①安全と治安

第一優先事項として認識しよう。安全が確保されるかどうかは必ず検証を。事前に地図などを入手して、警察や病院の位置、それぞれのエリアの特色を把握しておこう。不動産や先任者など現地に詳しい人のアドバイスも聞くようにしよう。

居住エリアを選ぶ際には、住居周辺の治安状況の他、通勤や通学の経路の安全に関しても確認を。また建物に関しては一軒家であれば施錠の仕組み、外壁の確認に加え、場合によっては門番の雇用も含めて検討する。集合住宅の場合には、入り口のセキュリティーなどに注意しよう。家賃が高くなるかもしれないが、安全を買うという認識で選ぶようにしよう。

②物件タイプ

アメリカや欧州では戸建とマンションなどの集合住宅と両方の選択肢がある場合が多い。アジアではコンドミニアム、サービスアパートメントと呼ばれる集合住宅を選ぶ場合が多く、建物内にプールやキッズルーム、医務室がある物件もある。その他スタジオ、テラスハウス、など各国の呼称があるので不動産会社に確認する。車を所有する場合も早めに相談しておこう。

③エリア

日本人がどれくらい住んでいるか、通勤・通学・買い物のアクセス、外国人として暮らすうえでの治安、子どもがいる場合にはスクールバスのルートや学区も考慮する。また東南アジアでは雨季に洪水となるエリ

アがあるので注意。各地でこういった特色があるので不動産会社や先任者に聞いてみよう。安易な気持ちで選んでしまうと後で引越しするはめになりかねないので要注意。

④家賃

事前に物件の質と相場を調査して、上限家賃を決めておこう。世界中から人口が集中する地域では家賃が高騰している。また日本と同じ水準の物件は基本的に高めになる傾向がある。あまり予算が低いと、納得できる物件が見つからないという事態もあるので、物件の質と相場のセットで情報を把握しておこう。

⑤築年数

特に欧米では築年数が古い物件が多い。しかし、古いからと言って新しい物件より家賃が安いとは限らない。特に水回りや給湯の設備はよく確認しよう。また、英米では地震がほとんど起きない為、耐震性を重視した作りになっていないことが多い。

⑥家具の有無

国によっては基本的に家具や生活必需品が備え付けになっているところも多い。備え付け家具の有無によって日本からもってくる引越荷物の量は大きく変わるので、早めに赴任地の事情を調べておこう。また海外物件は総じて日本より広く、天井も高い場合が多い。日本で使用している家具や家電のサイズが合わない場合には現地で購入かレンタルも検討する。

⑦滞在期間・人数

年間契約を基本とする場合が多く、あまりに短期間の滞在だと物件の数が絞られてくる。家族、子どもの人数など滞在人数によって条件がつく場合もあるので、明確に不動産会社に伝えておこう。

CHAPTER 3　住宅

03 各地の不動産事情

　ここでは、アジア、北米、ヨーロッパの主な赴任地の不動産情報の例を紹介する。

　住宅は渡航後に探すのが一般的だが、主な住宅のタイプ、相場、契約方法などの特徴、また日本人に人気のエリア、備え付け家具の有無などの基本情報は、出発前にある程度、把握しておこう。また、家具の有無などは、引越し荷物の選定にも役立つし、日本人に人気のエリア名がわかると、学校情報、治安情報などを探す手助けになる。

　また、主な赴任地の日系不動産会社リストも参考に。具体的な物件探しの相談などを、メールで問い合わせできる。Webサイトでは、住宅のほか、地域の生活情報も発信している。

■東アジア

	住宅タイプ・相場・契約時やその他の特徴	日本人に人気のエリア	家具の有無
香港	【物件タイプ】 サービスアパートメント、コンドミニアム 戸建てもあるが別荘となる為、通常賃貸には向かない 【家賃】 香港島（中西区）:1LDK　HK＄28,000〜36,000 　　　　　　　　2LDK　HK＄38,000〜45,000 香港島（湾仔区）:1LDK　HK＄24,000〜35,000 　　　　　　　　2LDK　HK＄33,000〜38,000 香港島（東区）　:1LDK　HK＄22,000〜24,000 　　　　　　　　2LDK　HK＄26,000〜34,000 九龍（九龍城区）:1LDK　HK＄20,000〜26,000 　　　　　　　　2LDK　HK＄23,000〜33,000 【特徴】 香港の物件のほとんどは鉄筋造りの大型住宅、日本でいう高層マンションとなっている。エレベーターを中心に放射状にお部屋が配置された造りで、入口ロビーには管理人が24時間体制で常駐しており、プールやジムなどファシリティー付のマンションが多い。	【単身／カップル】 銅鑼湾（コーズウェイベイ）エリア、紅磡（ホンハム）エリア 【ご家族連れ】 香港島東区エリア、九龍（九龍城区）エリア	家具家電付きの物件が多い。サービスアパートメントの場合、家具家電に加え朝食やルームクリーニングのサービスも行われる。
上海	【物件タイプ】 コンドミニアム（個人オーナー物件）、サービスアパートメント 【家賃】 長寧区:1LDK 10,000〜19,000元、2LDK 13,000〜25,000元 静安区:1LDK 9,000〜20,000元、2LDK 17,000〜25,000元 徐匯区:1LDK 14,000〜18,000元、2LDK 16,000〜22,000元 浦東新区:1LDK 12,000〜18,000元、2LDK 16,000〜25,000元 ※サービスアパートメントの家賃は上記より割高。 【特徴】 ・サービスアパートメントの数が少なく、多くの日本人駐在員はコンドミニアムに入居。 ・個人・法人契約ともに可能。契約期間は1年から。※一部サービスアパートメントは月単位での入居可能。 ・入居時に初回家賃1ヶ月分、保証金家賃2ヶ月分の支払いが必要。 ・コンドミニアムはオーナーにより内装、家具家電が異なる。	単身、夫妻、家族連れ問わず、長寧区、静安区、徐匯区に日本人が多い。浦東新区には日本人学校があるため家族連れが多い。	家具家電付き。サービスアパートメントの場合、家具家電に加え、清掃などのサービスあり。

情報提供:株式会社エイブル

■東アジア・東南アジア

略	住宅タイプ・相場・契約時やその他の特徴	日本人に人気のエリア
北京	【物件タイプ】 サービスアパートメント、コンドミニアム 【家賃】(中国人民元) CBD：1LDK 7,200〜41,000 / 2LDK 9,000〜60,000 王府井・建国門：1LDK 7,150〜32,000 / 2LDK 10,250〜50,000 燕莎：1LDK 7,150〜34,000 / 2LDK 9,700〜43,000 麗都：1LDK 6,650〜18,500 / 2LDK 9,740〜27,000 東直門：1LDK 8,200〜30,000 / 2LDK 12,300〜41,000 三里屯：1LDK 8,200〜30,000 / 2LDK 12,300〜41,000 中関村：1LDK 7,200〜16,400 / 2LDK 10,250〜20,500 【一般的に賃料に含まれる項目】 コンドミニアム：管理費、税金 サービスアパートメント：管理費、税金、電気代、ガス代、水道代、インターネット代 【契約条件】 契約期間：1年、預託金：月額賃料1〜3か月分	CBD、王府井、建国門、燕莎、麗都、東直門、三里屯、中関村
ハノイ	【物件タイプ】 サービスアパートメント、コンドミニアム 【家賃】(米ドル) 西湖周辺：1LDK 500〜2,700 / 2LDK 750〜4,000 市街中心部：1LDK 600〜2,700 / 2LDK 600〜3,200 市街西部：1LDK 450〜2,500 / 2LDK 700〜4,000 【一般的に賃料に含まれる項目】 コンドミニアム：なし サービスアパートメント：管理費、税金、水道代、インターネット代、駐車場代 【契約条件】 契約期間：1年、預託金：月額賃料1〜2ヵ月分	西湖周辺、市街中心部、市街西部
ホーチミン	【物件タイプ】 サービスアパートメント、コンドミニアム 【家賃】(米ドル) 1区（市内中心部）：1LDK 600〜4,200 / 2LDK 850〜5,000 3区（市内中心部）：1LDK 600〜2,200 / 2LDK 850〜3,300 7区（市内中央南）：1LDK 500〜2,400 / 2LDK 1,000〜3,500 2区（市内中央東）：1LDK 500〜1,300 / 2LDK 800〜3,000 ビンタイン区（市内中央北東）：1LDK 500〜1,800 / 2LDK 800〜3,500 【一般的に賃料に含まれる項目】 コンドミニアム：なし サービスアパートメント：管理費、税金、電気代、ガス代、水道代、インターネット代、駐車場代 【契約条件】 契約期間：1年、預託金：月額賃料1〜2ヵ月分	1区（市内中心部）、3区（市内中心部）、7区（市内中央南）、2区（市内中央東）、ビンタイン区（市内中央北東）
シンガポール	【物件タイプ】 サービスアパートメント、コンドミニアム 【家賃】(シンガポールドル) ラッフルズ・プレイス、タンジョン・バガー：1LDK 2,600〜8,000 / 2LDK 3,500〜12,000 ロバートソン・キー、リバーバレー：1LDK 2,500〜9,000 / 2LDK 3,500〜10,000 オーチャード、サマセット、ドービー・ゴート：1LDK 2,500〜15,000 / 2LDK 4,000〜15,000 ニュートン、ノビナ：1LDK 2,500〜3,500 / 2LDK 3,000〜6,500 チョンバル、レッドヒル、クイーンズタウン：1LDK 2,500〜3,500 / 2LDK 3,000〜4,800 クレメンティ、ウエスト・コート：1LDK 2,500〜3,000 / 2LDK 3,000〜5,000 イースト・コースト：1LDK 2,200〜3,500 / 2LDK 2,500〜4,500 【一般的に賃料に含まれる項目】 コンドミニアム：管理費、税金、駐車場代 サービスアパートメント：管理費、税金、電気代、ガス代、水道代、インターネット代、駐車場代 【契約条件】 契約期間：2年、預託金：月額賃料1〜2ヵ月分	ラッフルズ・プレイス、タンジョン・バガー、ロバートソン・キー、リバーバレー、オーチャード、サマセット、ドービー・ゴート、ニュートン、ノビナ、チョンバル、レッドヒル、クイーンズタウン、クレメンティ、ウエスト・コート、イースト・コート

情報提供：スターツコーポレーション株式会社

■東南アジア

略	住宅タイプ・相場・契約時やその他の特徴	日本人に人気のエリア
ヤンゴン	【物件タイプ】 サービスアパートメント、コンドミニアム 【家賃】(米ドル) ダウンタウン：1LDK 400〜4,000/ 2LDK 800〜6,800 ヤンキン、バハン：1LDK 800〜4,500/ 2LDK 900〜6,300 ライン、マヤンゴン：1LDK 400〜4,800/ 2LDK 1,300〜6,200 タンリン：1LDK 700〜1,800/ 2LDK 700〜2,600 【一般的に賃料に含まれる項目】 コンドミニアム：管理費、税金、駐車場代 サービスアパートメント：管理費、税金、電気代、ガス代、水道代、インターネット代、駐車場代 【契約条件】 契約期間：1年、預託金：1ヵ月	ダウンタウン、ヤンキン、バハン、ライン、マヤンゴン、タンリン
プノンペン	【物件タイプ】 サービスアパートメント、コンドミニアム 【家賃】(米ドル) プノンペン日本人居住区：1LDK 600〜2,500/ 2LDK 800〜3,500 【一般的に賃料に含まれる項目】 コンドミニアム：管理費、税金、水道代、インターネット代、駐車場代 サービスアパートメント：管理費、税金、水道代、インターネット代、駐車場代 【契約条件】 契約期間：6ヵ月〜3年、預託金：2ヵ月	トゥールコーク周辺、ワットプノン周辺、プノンペンタワー周辺、独立記念塔と王宮の周辺、トゥールスレン博物館周辺、バンケンコン1地区、イオンモール周辺、ロシアンマーケット周辺、日本大使館周辺

情報提供：スターツコーポレーション株式会社

■中近東・オセアニア

略	住宅タイプ・相場・契約時やその他の特徴	日本人に人気のエリア
ドバイ	【物件タイプ】 サービスアパートメント、コンドミニアム 【家賃】(AED) ダウンタウン・DIFC：1LDK 80,000〜120,000 / 2LDK 130,000〜190,000 デイラ：1LDK 45,000〜170,000 / 2LDK 60,000〜200,000 ドバイマリーナ、JBR：1LDK 80,000〜180,000 / 2LDK 130,000〜270,000 JLT：1LDK 50,000〜150,000 / 2LDK 100,000〜200,000 スプリングス、メドウズ：2LDK 90,000〜220,000 【一般的に賃料に含まれる項目】 コンドミニアム：駐車場代、エアコン代 サービスアパートメント：水道代、インターネット代、駐車場代、エアコン代、ハウスキーピング代 【契約条件】 契約期間：1年、預託金：家具付き/年間家賃の10%、家具なし/年間家賃の5%	ダウンタウン・DIFC、デイラ、ドバイマリーナ、JBR、JLT、スプリングス、メドウズ
シドニー	【物件タイプ】 コンドミニアム 【家賃】(A$) シティ（CDM）：1LDK 700〜1,200 / 2LDK 1,200〜1,800 ミルソンズポイント：1LDK 700〜1,000 / 2LDK 900〜1,400 ノースシドニー：1LDK 700〜900 / 2LDK 900〜1,300 セント・レナーズ：1LDK 700〜800 / 2LDK 850〜1,100 チャッツウッド：1LDK 700〜850 / 2LDK 950〜1,400 【一般的に賃料に含まれる項目】 コンドミニアム：管理費、水道代 サービスアパートメント：管理費、税金、電気代、ガス代、水道代 【契約条件】 契約期間：6ヶ月以上、預託金：賃料の4週間分（退去時返還）	シティ（CDM）、ミルソンズポイント、ノースシドニー、セント・レナーズ、チャッツウッド

情報提供：スターツコーポレーション株式会社

■北米

	住宅タイプ・相場・契約時やその他の特徴	日本人に人気のエリア	家具の有無
ボストン	【物件タイプ】 アパート（レンガ造り）、高層アパート、コンドミニアム、ファミリーハウス（2,3世帯）、一軒家 【家賃】 ボストン、ケンブリッジ、ブルックライン周辺のスタジオルーム及びレンガ造りのアパート:$1,700〜 高層マンションタイプ 1ベッドルーム:$2,500〜 ご家族向け2ベッドルーム:$3,000〜 新築高層マンションスタジオルーム:$2,700〜 【特徴】 短期滞在者用アパート以外は一般的には1年契約。1年未満の契約が可能なアパートもあるが割高。入居審査にはパスポート、ビザ、英文雇用給与証明書、英文残高証明書などが必要。途中解約については契約書に盛込まれる家主と、不可能である場合と様々。年間を通し空室率が低いエリアとなり、家賃、利便性、通勤/通学、お子様の教育など何を最優先条件にされるか前もって考えておくと良い。	【単身／カップル】 ボストン ケンブリッジ ブルックライン 【ご家族連れ】 ブルックライン アーリントン レキシントン ニュートン ベルモンド等	【マンスリーアパート】基本的な家具家電に加え食器やリネン類なども含めて備え付け。 【長期滞在用（1年）アパート】 家具無し。ただしキッチン周り（冷蔵庫、オーブンレンジ、食洗機、電子レンジ）は備え付けの場合あり。
ニューヨーク	【物件タイプ】 大きく分けてコンドミニアム等の分譲タイプ、及び、賃貸ビル。 【家賃】 スタジオタイプの場合 　マンハッタン:$2,500〜$3,500／月 　クィーンズ、ブルックリン:$2,000〜$2,500／月 1ベッドルームの場合 　マンハッタン:$3,500〜4,500 　クィーンズ、ブルックリン:$2,500〜3,500 【特徴】 契約可能期間が1年以上となっている物件が多く、1年未満の短期契約可能な物件は少ない。途中解約の際には違約金が発生するケースが多い。コンドミニアム等の場合、契約時に入居審査を伴う為、審査に日数を要し、アプリケーションフィー等の審査費用も高額となるケースが多いので注意。一方、賃貸ビルであれば審査にそれほど日数がかからず、アプリケーションフィーも割安であるケースが多い。	【単身／カップル】 マンハッタンのミッドタウンウェスト、ミッドタウンイースト等 【家族連れ】 アッパーイースト、アッパーウェスト等	【一時滞在用短期アパートメント】家具家電、食器、調理器具、リネン類等が一通り完備されている物件が多い。 【長期物件】家具なしの物件が多いが、家具なしでも、冷蔵庫、コンロ、電子レンジ、食洗機、エアコン等は完備されている物件が多い。家具のレンタル業者もあり。

情報提供:株式会社エイブル

	住宅タイプ・相場・契約時やその他の特徴	日本人に人気のエリア
LA	【物件タイプ】 サービスアパートメント、コンドミニアム 【家賃】（US＄） トーランス:1LDK 1,325〜3,500 / 2LDK 1,700〜6,000 パロスバーデス:1LDK 1,750〜3,000 / 2LDK 2,300〜4,300 ウエストL.A.:1LDK 1,350〜9,500 / 2LDK 2,250〜22,000 L.A. ダウンタウン:1LDK 1,500〜21,500 / 2LDK 1,500〜24,500 アーバイン:1LDK 1,400〜7,500 / 2LDK 1,700〜11,500 【一般的に賃料に含まれる項目】 コンドミニアム:管理費、税金、駐車場代 サービスアパートメント:管理費、税金、水道代、駐車場代 【契約条件】 契約期間:1年、預託金:1〜2カ月	トーランス、パロスバーデス、ウエストL.A.、L.A.ダウンタウン、アーバイン

情報提供:スターツコーポレーション株式会社

83

■中南米

略	住宅タイプ・相場・契約時やその他の特徴	日本人に人気のエリア
メキシコシティ	【物件タイプ】 コンドミニアム、サービスアパートメント（非常に少ない） 【家賃】(MXN)※以下家賃は家具付きコンドミニアム家賃（家具なしもあり） ポランコ中心部: 1LDK 20,000〜47,000 / 2LDK 40,000〜95,000 ポランコ北西部: 1LDK 22,000〜43,000 / 2LDK 30,000〜85,000 ポランコ北東部: 1LDK 18,000〜33,000 / 2LDK 25,000〜48,000 【一般的に賃料に含まれる項目】 コンドミニアム：管理費、税金、駐車場代 【契約条件】 契約期間：1年〜、預託金：1〜2ヶ月	ポランコ中心部 ポランコ北西部 ポランコ北東部
サンパウロ	【物件タイプ】 サービスアパートメント、コンドミニアム 【家賃】(US$) パライゾ、ジャルジン・パウリスタ:1LDK 4,000〜10,000 / 2LDK 5,000〜23,000 ベラヴィスタ:1LDK 4,000〜10,000 / 2LDK 5,000〜13,000 モエマ:1LDK 3,500〜8,600 / 2LDK 4,500〜12,000 【一般的に賃料に含まれる項目】 コンドミニアム：管理費、税金、水道代、駐車場代 サービスアパートメント：管理費、税金、ガス代、水道代、インターネット代、駐車場代 【契約条件】 契約期間：30カ月、預託金：無し	パライゾ、ジャルジン・パウリスタ、ベラヴィスタ、モエマ

情報提供:スターツコーポレーション株式会社

■ヨーロッパ

	住宅タイプ・相場・契約時やその他の特徴	日本人に人気のエリア	家具の有無
ロンドン	【物件タイプ】 戸建てタイプ:デタッチハウス、セミデタッチハウス、タウンハウス、テラスドハウス、ミューズハウスなど マンションタイプ:パーパスビルトフラット、コンバージョンフラット、ペントハウス、スタジオ 【家賃】 スタジオルーム:£1,000〜1,800 1ベッド£1,200〜2,600 2ベッド£1,500〜 3ベッド£1,800〜 4ベッド£2,200〜 【特徴】 内覧後に契約を希望する場合は大家に対してオファーを出すことになる。オファーの内容は家賃や契約期間、家具の追加や撤去、途中解約条項など入居者側の希望する契約内容を全て伝える必要がある。提出したオファーに対して大家側から回答があり、両者でオファー内容が合意されると、レファレンスチェック(入居審査)が行われる。レファレンスチェックは入居候補者の派遣先や派遣元の会社・大学などへの在籍確認の他、入居候補者の前の大家に対して、家賃の支払いや隣人関係などに問題がなかったか確認を取ることがある。 また、英国内での収入がなく、保証人を立てられない、家賃保証をしてくれる企業などもない場合は留学生扱いとなり、6ヶ月分または契約期間全ての家賃の前払いを求められることが一般的となっている。	【ロンドン西部】 West Acton, Ealing Common, Ealing Broadway等 【ロンドン北部】 Finchely Central, West Finchley, Woodside Park等 【ロンドン北西部】 St John's Wood, Swiss Cottage等 【ロンドン南部】 Wimbledon, Richmond等	【賃貸物件】 基本的な家具・家電は完備されている。 家具なしの場合でも冷蔵庫、洗濯機などの白物家電はあり。 もし家具なし物件で家具付きにしたい場合、家賃を上げるなど交渉次第で家具付きになることも可能。 【サービスアパートメント】 家具家電、食器、調理器具、リネン類等が一通り完備されている。

情報提供:株式会社エイブル

■ヨーロッパ

略	住宅タイプ・相場・契約時やその他の特徴	日本人に人気のエリア
デュッセルドルフ	【物件タイプ】 コンドミニアム 【家賃】(ユーロ) オーバーカッセル、ニーダーカッセル、レーリック：1LDK 500〜700 / 2LDK 1,000〜1,500 メアブッシュ：1LDK 500〜600 / 2LDK 700〜1,200 デュッセルタール：1LDK 500〜700 / 2LDK 900〜1,500 シュタットミッテ：1LDK 500〜1,500 / 2LDK 900〜2,200 ペンペルフォルト、ゴルツハイム：1LDK 500〜1,500 / 2LDK 960〜1,900 【一般的に賃料に含まれる項目】 コンドミニアム：管理費、税金、ガス代、水道代 【契約条件】 契約期間：期限の定め無し、預託金：3ヵ月	オーバーカッセル、ニーダーカッセル、レーリック、メアブッシュ、デュッセルタール、シュタットミッテ、ペンペルフォルト、ゴルツハイム

情報提供：スターツコーポレーション株式会社

■日系不動産海外拠点（スターツ）

都市名／店舗名	住所／連絡先（電話番号は日本からかける場合）
ロサンゼルス Starts Pacific, Inc.	［所在地］ 21151 S. Western Ave., #227, Torrance CA 90501 ［TEL］ +1-310-755-6532 ［URL］ http://www.starts.co.jp/la/
ニューヨーク Starts New York Realty, LLC	［所在地］ 420 Lexington Ave. #430 New York, NY 10170 ［TEL］ +1-212-5997697 ［URL］ http://www.startsnewyork.com/
ハワイ Start International Hawaii Inc.	［所在地］ Starts Plaza, Suite PH-C 1953 S. Beretania St., Honolulu, Hawaii 96826 ［TEL］ +1-808-947-2280 ［URL］ http://startshawaii.com/
グアム Starts Guam Realty	［所在地］ 2991 Route 3 Yigo Guam 96929, U.S.A. ［TEL］ +1-671-632-5480 ［URL］ http://www.startsguamrealty.com/
サンノゼ STARTS PACIFIC, INC. – SAN JOSE	［所在地］ 111 North Market Street, Suite 300, San Jose, CA 95113 ［TEL］ +1-408-380-2499 ［URL］ http://www.starts.co.jp/sanjose/
トロント STARTS REALTY CANADA INC	［所在地］ 5700 Yonge St., Suite 200, Toronto, Ontario ,ON M2M 4K2, Canada ［TEL］ +1-647-777-1414 ［URL］ https://kaigai.starts.co.jp/toronto/
メキシコシティ Starts Mexico S.A. de C.V.	［所在地］ Calle Arquimedes 130 Piso 5 Polanco Miguel Hidalgo Mexico, D.F. CP 10560 ［TEL］ +52-155-2897-2412 ［URL］ http://www.starts.co.jp/mexico/
サンパウロ STARTS BRASIL IMOBILIARIA LTDA.	［所在地］ #311 Av. Paulista 807, conj.312 San Paulo, Brasil, 01311-915 ［TEL］ +55-(0) 11-3266-6755 ［URL］ http://www.starts.co.jp/brasil/
デュッセルドルフ STARTS Deutschland GmbH	［所在地］ Bergerstr.14 40213,Duesseldorf ［TEL］ +49-(0) 211-239-167-0 ［URL］ https://www.starts-duesseldorf.com
フランクフルト STARTS Deutschland GmbH Frankfurt Office	［所在地］ Braubachstr.26 , 60311 Frankfurt am Main ［TEL］ +49-(0) 692-542-270-5 ［URL］ https://www.starts-frankfurt.com/

赴任の準備

引越し

住宅

子どもの教育

医療と健康

現地の暮らし

85

モスクワ STARTS Russia Ltd.	［所在地］ 121099, Russia, Moscow, Smolenskaya Ploshad 3, Regus Business Centre, 6th floor, office 636. ［TEL］　+7-499-954-8488 ［URL］http://www.starts.co.jp/russia/
ドバイ SIU REAL ESTATE BROKERS L.L.C	［所在地］ Blue Bay Tower Office No.819 Business Bay, Dubai, P.O.Box 125682 ［TEL］　+971-42-766-922 ［URL］http://www.starts.co.jp/dubai/guide/
ロンドン STARTS　LONDON　LIMITED	［所在地］ Wework,2 Eastbourne Terrace, Paddington, London W2 6LG c/o Starts Corporation Inc. ［TEL］　+44-736-606-6468 ［URL］https://kaigai.starts.co.jp/london
バンコク Starts International（Thailand）Co.,Ltd.	［所在地］ 29th Fl. United Center Bldg.323 Silom Road, Silom, Bangrak, Bangkok 10500 ［TEL］　+66-（0）2-630-4848 ［URL］http://www.starts.co.jp/thailand/
ハノイ Starts International（Vietnam）Co.,Ltd.	［所在地］ Unit 4.11, CornerStone Building, 16 Phan Chu Trinh Str. Hoan Kiem Dist., Hanoi ［TEL］　+84-（0）4-3936-9884 ［URL］http://www.starts.co.jp/vietnam/
ホーチミン Starts International（Vietnam）Co.,Ltd. HO CHI MINH BRANCH	［所在地］ #1402, Saigon Riverside Office Center, 2A-4A,Ton Duc Thang Street, Dist 1, HCM City ［TEL］　+84-8-3520-8144 / 5 ［URL］http://www.starts.co.jp/vietnam-hochiminh/
シンガポール Starts Singapore Pte.Ltd.	［所在地］ 10 Anson Road #19-13 International Plaza Singapore 079903 ［TEL］　+65-6220-0320 ［URL］http://www.starts.co.jp/singapore/
ジャカルタ PT.STARTS INTERNATIONAL INDONESIA	［所在地］ Midplaza2 Building, 19th Floor, Jl. Jend. Sudirman Kav.10-11, Jakarta 10220, Indonesia ［TEL］　+62-（0）21-570-7632 ［URL］http://www.starts.co.jp/indonesia/
ニューデリー Starts India Private Limited. Delihi Office	［所在地］ Unit No-17-18, 5th Floor, Punj Essen House, Nehru Place, New Delhi - 110019, India ［TEL］　（+91）-124-4130341 ［URL］http://www.starts.co.jp/india/
グルガオン Starts India Private Limited. Gurugram Office	［所在地］ Unit No.420, 4th Floor, MGF Metropolice,M.G road, Sector 25,Gurugram-122002 ［TEL］　（+91）-124-4130341 ［URL］https://kaigai.starts.co.jp/india/
プノンペン Starts（Cambodia）Corporation	［所在地］ Office #104, Lobby Level of Hotel Cambodia, 313 Sissowath Quay, Phnom Penh, Cambodia ［TEL］　+855-（0）23-966-800 ［URL］http://www.starts.co.jp/cambodia/
マニラ STARTS PHILIPPINES . INC	［所在地］ 5th floor, Sky Plaza, 6788, Ayala Avenue, Makati City, Philippines ［TEL］　+63-（0）2-8553-8850 ［URL］http://www.starts.co.jp/philippines/
ヤンゴン Myanmar Starts Corporate Services Co., Ltd.	［所在地］ 4th FL.YUZANA Hotel 130 Shwe Gon Taing Road, Bahan township, Yangon, Myanmar ［TEL］　+95-1-860-3390 ［URL］http://www.starts.co.jp/myanmar/

クアラルンプール Starts International Malaysia Sdn.Bhd.	［所在地］ Lot 2-2, Level 2, Tower B, The Troika, 19 Persiaran KLCC 50450 Kuala Lumpur ［TEL］ +60-3-2178-6180 ［URL］ http://www.starts.co.jp/malaysia/
シドニー STARTS International Australia Pty.Ltd.	［所在地］ Level 5, 115 Pitt Street, Sydney, NSW, 2000, Australia ［TEL］ +61-2-911-7223 ［URL］ http://www.starts.co.jp/sydney/
上海 世達志不動産投資顧問（上海）有限公司	［所在地］ 上海市徐匯区肇嘉浜路789号 均瑤国際広場6F ［TEL］ +86-21-6125-6888 ［MAIL］ starts@shstarts.com ［URL］ http://www.starts.co.jp/shanghai/
北京 世達志不動産投資顧問（上海）有限公司 北京分公司	［所在地］ 北京市朝陽区西大望路藍堡国際中心 北写字楼 701 ［TEL］ +86-10-8599-7234 ［URL］ http://www.starts.co.jp/beijing/
広州 世達志（広州）投資顧問有限公司	［所在地］ 広州市天河区体育東路138号金利来数碼网絡大厦410室 ［TEL］ +86-185-2915-9683 ［URL］ http://www.starts.co.jp/guangzhou/
武漢 世達志（武漢）商務咨詢有限公司	［所在地］ 武汉市江岸区京汉大道1398号企业天地2号（環球智慧中心）21層 2103室 ［TEL］ +86-27-8556-9677 ［URL］ http://www.starts.co.jp/wuhan/
大連 世達志不動産投資顧問（大連）有限公司	［所在地］ 大連市西岡区中山路147号 森ビル17階 ［TEL］ +86-411-8250-6123 ［URL］ http://www.starts.co.jp/dalian/
香港 世達志香港有限公司	［所在地］ Unit 1805, 18/F., Causeway Bay Plaza 2 463-483, Lockhart Road, Causeway Bay, Hong Kong. ［TEL］ +852-2836-0760 ［URL］ http://www.starts.co.jp/hongkong/
台北 台湾世達志不動産顧問股份有限公司	［所在地］ 台北市中山区松江路318号 9階2 ［TEL］ +886-(0)2-2511-0508 ［URL］ http://www.starts.co.jp/taiwan/
ソウル Starts International Korea Co.,Ltd.	［所在地］ 1004, President Hotel,188-3, Euljiro 1ga, Jung-gu, Seoul 100-191, KOREA ［TEL］ ＋82-2-779-8170 ［URL］ http://www.starts.co.jp/korea/
日本窓口 スターツコーポレーション㈱ 国際事業本部	［所在地］ 東京都中央区日本橋3-4-10 スターツ八重洲中央ビル ［TEL］ 03-6202-0148 ［URL］ https://www.starts.co.jp/kaigai/

赴任の準備

引越し

住宅

子どもの教育

医療と健康

現地の暮らし

■日系不動産海外拠点（エイブル）

都市名／店舗名	住所／連絡先（電話番号は日本からかける場合）
ニューヨーク エイブル　ニューヨーク店 Able Real Estate USA, Inc. New York Branch	110 West 40th Street, Suite 2000, New York N.Y.10018 TEL：010-1-212-391-5547 E-mail：ny@able-global.com
ボストン エイブル　ボストン店 Able Real Estate USA, Inc. Boston Branch	2000 Mass. Ave. #7, Cambridge, MA 02140 TEL：010-1-617-868-2253 E-mail：boston@able-global.com
ロンドン エイブル　ロンドン店 CHINTAI UK LTD （TradeName: ABLE REAL ESTATE）	584B Finchley Road,Golders Green,London NW11 7RX TEL：010-44-20-8731-8377 E-mail： ablelondon@able-london.co.jp
香港 エイブル　香港店 ABLE REAL ESTATE AGENCY（HK） LTD. 大建不動産香港有限公司	Room 1601, 16/F., Dina House, 11 Duddell St., Central, Hong Kong TEL：010-852-2525-2083 E-mail：info@able-hk.com
台湾 エイブル　台湾店 DAIKEN CO.,LTD 大建不動産（股）公司	台北市中山区中山北路二段96號10樓1001室 TEL：010-886-2-2511-0011 E-mail：able@daiken.com.tw
北京 エイブルネットワーク 北京店 北京長遠不動産経紀有限公司	北京市朝陽区东四环中路39号华业国际中心A座201号室 TEL：010-86-10-6591-1708 E-mail:AbleBJ@long-range.com.cn
上海 エイブルネットワーク上海店 力得房地産経紀（上海）有限公司	上海市長寧区江蘇路369号兆豊世貿大厦２-１ TEL：010-86-21-5237-0220 E-mail：info@able-shanghai.com.cn
深圳 エイブルネットワーク深セン店 Shenzhen Shinwa Real Estate Co.,Ltd. 深セン深和房地産諮詢有限公司	深圳市羅湖区深南東路5002号地王大厦40楼10号室 TEL：010-86-755-2398-5391 E-mail：info@able-sz.com
広州 エイブルネットワーク広州店 広州愛譜璐房産咨詢有限公司	広東省広州市天河区珠江新城花城大道3号南天広場4階417室 TEL：010-86-20-8709-6687 E-mail:able@ablegz.com
天津 エイブルネットワーク天津店 長遠不動産経紀（天津）有限公司	天津和平区南京路75号国際ビル1802号 TEL：010-86-131-0227-9959 E-mail:AbleTJ@long-range.com.cn
シンガポール エイブルネットワークシンガポール店 Carrack Pte. Ltd.	302 Orchard Road #07-03, Tong Building Singapore 238862 TEL: 010-65-6521-3773 E-mail:info@able-net.sg
ニューデリー エイブルネットワーク ニューデリー店 Expat Leasing Solutions Private Limited.	C-1518, Lower Ground Floor Sushant Lok-1 Haryana-122002 TEL：010-91-124-4088-359 E-mail：s.taketani@able-delhi.co.in（竹谷）
ハノイ エイブルネットワーク ハノイ店 Accord Biz CO.,LTD	10th Floor, Pacific Place, 83B Ly Thuong Keit, Hoan Kiem, Hanoi, Vietnam TEL：010-84-24-3946-1047 E-mail：yutaka.morimoto@accordbiz.com
マニラ エイブルネットワーク マニラ店 LEAD JUHTAKU CENTER INC.	8th Fl 111 Paseo de Roxas Bldg.111 Paseo de Roxas St.Legaspi Village Makati City, Philippines TEL：010-63-2-8-551-1914 E-mail：able-manila@kk-lead.co.jp

海外不動産

長年の実績で得られた各都市の情報を活かし、海外進出をサポートします
スターツコーポレーション株式会社

22か国37都市のネットワーク

"現地の不動産相場や住環境が分からない。"スターツは地域密着が基本。拠点を置いている22か国、37都市の不動産情報や周辺情報をどこよりも詳しく提供できるよう、日々情報収集に努めています。またお取引先の殆どが日本企業のため、弊社の成約実績をもとに、日系企業様の家賃相場に合ったお部屋をご紹介いたします。

お部屋探しから退去手続きまで ワンストップで行います

"入居中に設備の不具合があったらどうしよう。"スターツはお部屋探しのみならず、入居期間中のアフターフォローから退去のサポートまでしっかり対応いたします。ご入居者様、人事ご担当者様の負担を出来る限り減らすために精一杯努力いたします。

契約手続等 日本語でサポート

"法律や商慣習の違いに戸惑い、契約が不安。"全拠点において、不動産取引に精通した駐在員または日本語の話せるスタッフが対応。契約書の手続きからオーナーとの交渉まで、責任をもってサポートいたします。また引越しや、ビザ取得でお困りの方には信頼できる業者を紹介いたしますので、いつでもお問い合わせください。

不動産情報の提供により 人事担当者様の負担軽減

"初めて駐在員を派遣するが、規定作りが大変。"海外1,000社を超える日系企業とお取引させていただきながら、各都市でノウハウを積み重ねています。社宅の規定作りや運用などのご相談も承っています。海外の住宅家賃相場の情報についての詳細は当社へお問合せくださいませ。

海外赴任者のお部屋探しでお困りなら

Point
- 安全性に配慮したエリアと物件の選定
- 家賃相場の情報提供
- 契約内容のチェック・交渉
- 入居中、退去後のアフターフォロー

TEL：03-6202-0148
MAIL：kaigai@starts.co.jp

https://www.starts.co.jp/kaigai/

スターツ海外不動産　検索

海外不動産

海外でもお部屋探しはエイブル、全店日本語でご案内します。

(株)エイブル

やっぱり**安心**できるね！

海外でも日本のサービスでお部屋探し！

ニューヨーク・ボストン・ロンドン
香港・台湾・北京・天津・上海
深セン・広州・ハノイ・マニラ
シンガポール・ニューデリー

お問い合わせ　株式会社エイブル　海外事業部
TEL：03－5770－2606
E-Mail：ibg@able-partners.co.jp
受付時間：日本時間/平日午前9時30分から午後6時30分(土日祝・年末年始は休業)

海外で幼児を育てる思い出のひとコマ

「チョコレート」 サウジアラビアより

　日本のアンパンマンのペロペロチョコをお友達のお母さんにもらって、大事そうに持って帰ってきた娘。すでに別のチョコレートが冷凍庫に入っていたので「どちらか一つ食べてもいいよ」と促すと「お母さん、サウジで日本のチョコレートは貴重なんだよ」とアンパンマンチョコを冷蔵庫に収めたあと、M&Mを大量に持参して去っていきました。

「先生の意地悪⁉」 アメリカより

　幼稚園から帰った娘が「今日、とても悲しいことがあったの。お歌が始まって先生がいすを並べたの。でも座ろうとしたらみんなが先に座って私のいすだけなかったの。先生は笑っていすを出してくれないから、Dちゃんが自分のいすを半分こしていっしょに座らせてくれたの」。私が「Dちゃんが優しくしてくれてよかったね」となぐさめると、小学生の兄がひとこと。「それはいす取りゲームだよ」。

「英語習得へのステップ」 アメリカより

　近所のスーパーで、支払いのとき子どもにステッカーをくれるところがありました。ある日、もともとシャイな息子が、まだ英語もほとんど話せないのに"Stickers Please!"とレジの人に話しかけたことにちょっと驚きました。また英語に少し慣れてきたころは、プレスクールの帰り道に、「おててがcold!」。日本語と英語が混ざっていて笑ってしまいました。

「My English」 アメリカより

　渡米間もないころ、友達と遊んでいた娘が、突然「麻衣ちゃーん」と叫んだ。日本にいる友達の麻衣ちゃんを呼んでいる？と思ったら「My turn」だった。勝手に置き換えて英語を覚えているようだった。また、「ビューティーナイス」という飛びきりのほめことばも勝手に合成して使っていた。

引用：『月刊『海外子女教育』』2013年2月号より

留守宅管理

海外赴任中の困りごと、ALSOKが解決します！
ALSOK

留守宅の管理、どうしよう

　海外赴任期間中留守になるご自宅には、郵便受けにチラシなどの広告物が溜まってしまい、留守であるのが容易に悟られてしまいます。このような状態になると、さまざまな心配があります。
- 第三者のいたずら　・ゴミの不法投棄
- 庭木や雑草が繁茂し、隣家へ越境
- 不審者の侵入による盗難・放火

　大切なご自宅を守るには管理が必要です。最低限の管理として、定期的な郵便受けの投函物の確認・整頓、敷地内の状況確認が必要です。また、万が一のために、宅内へ不審者の侵入対策もお勧めいたします。

ALSOKにお任せください！

　ALSOKの留守宅管理サービス「HOME ALSOKるすたくサービス」は、お客様に代わって、月一回「郵便受けの整頓」と「留守宅の見回り」を行うサービスです。留守宅の状況はEメールでご報告いたします。

　また、「るすたくセキュリティパック」ならリーズナブルな価格でホームセキュリティもご利用いただけます。

日本の家族の安心もサポート

　日本に残したご家族、特にご高齢者の生活もご心配のひとつではないでしょうか。「HOME ALSOKみまもりサポート」なら、ボタンを押すだけでALSOKのガードマンが駆けつけます。また、相談ボタンを押せば24時間いつでもALSOKヘルスケアセンターにつながり、健康・介護の関する相談ができます。

料金　2020年8月1日現在
- HOME ALSOKるすたくサービス（るすたくセキュリティパック）
  月額5,000円〜（消費税別途）
- HOME ALSOKみまもりサポート
  月額2,500円〜、初期工事費12,000円〜（消費税別途）

まずは気軽に問い合わせを　TEL:0120-39-2413

空き家の管理、ご負担になっていませんか？
長期不在住宅向けに、管理及びセキュリティをご提供します。お客様に代わって「敷地内の気になる箇所の確認」や「郵便受けの整頓」をおこない、犯罪の起こりやすいといわれている「空き家」をしっかり管理します。

「もしも」への備えといつでも相談できる安心をご高齢者の皆様へ
緊急通報と相談機能等を利用できる、ご高齢者にやさしいサービスです。オプションで火災、ガス漏れ等の警報の監視や、在宅中の安否情報のメール配信も可能です。

「海外赴任ガイド利用者特典」
5,000円キャッシュバック！

● 資料請求はこちら ●
ALSOK
TEL：0120-39-2413
URL：http://www.alsok.co.jp/

留守宅管理

リロケーションを進化させるダーウィンです
(株)ダーウィン

リロケーションといえばダーウィン

　リロケーションに特化した会社と一般の不動産会社とでは、物件管理や募集方法が異なります。自宅を預けるときには、目的にあった会社選びが大切です。

　ダーウィンは国内外へ転勤される方にご満足いただけるように、賃貸・管理及び売却に関するリスクを解消する独自のノウハウとサービスで対応しますので安心してご相談ください。

※リロケーションとは、転勤により生じた留守宅を管理したり、一定期間賃貸をしたりするサービスのことです。

高い法人契約

　提携企業への情報発信や住み替え・転勤時の社員の誘引で、他社よりも高い法人契約率がダーウィンの大きな特徴です。法人契約が高いと社員の方が入居されますので、入居者の決定が早く、利用方法も安定していますので安心です。トラブルが起きた際もダーウィンと法人との話し合いとなるため、オーナー様はご心配いりません。

独自の「あんしん保証」

家賃保証
ダーウィンが入居者と直接契約するため、家賃滞納の心配がありません。

明渡保証
入居者が退去しない場合、損害金をお支払いします。(定期借家契約の場合)

施設賠償責任保険付帯サービス
対人・対物ともに補償します。

退去支払保証サービス
入居者不払い分の原状回復工事費を負担。

減額あんしん補償
使用不能期間の賃料減額分を100万円まで保証します。(民法611条に対応)

買取保証
事故などで物件の市場価値が下がった場合は不動産鑑定士査定額で買取ります。

海外赴任時のリロケーションは
**日本にいなくても契約できる
ダーウィンの転貸借契約がいい**

☎ 0120-00-7771
東京：03-5565-7771
横浜：045-441-7171
京都：075-251-7771
大阪：06-6244-7771

DARWiN

留守宅管理

長期不在の大切なマイホームを定期的に維持管理します
ダイヤクリーンの「留守宅管理サービス」

ダイヤクリーンの「留守宅管理サービス」とは

ダイヤクリーンは、1996年に一般家庭のハウスクリーニング専門企業として設立。当社の「留守宅管理サービス」は、海外赴任などの理由でお住まいを空き家にされる方のマイホームを、定期的に訪問して通風や清掃を行います。ハウスクリーニングで長年培ったノウハウを生かして、お客様の留守宅を大切に維持管理し、お守りします。

主なサービス内容
(1) 通風（当社は2時間行います）及び通水
(2) 各室の掃除機かけ・床面の拭き清掃
(3) 水回り（キッチン・トイレ・洗面台・浴室）の水拭き
(4) 電気製品の試運転（エアコンなど）
(5) 外周りの点検及び清掃（戸建のみ）
(6) 自動車のアイドリング（10分程度）
(7) 各種点検やガス開栓の立会い
(8) 除湿剤等の設置・交換（有料）
(9) 郵便物の転送（有料）

当社では、個別のお客様のご要望に寄り添った作業内容に対応しております。おかげさまで当社のサービスをご利用頂いたお客様の口コミを中心に、多数のご依頼をいただいております。

お客様がお帰りの際には、『留守にする前と変わらない日常』をご用意できる、ダイヤクリーンの留守宅管理サービスに、ぜひお任せください。

料金（税別）
［マンション］
毎月1回　月額　11,000円
毎月2回　月額　20,000円
［一戸建て］
毎月1回　月額　13,000円
毎月2回　月額　22,000円
＊延床面積150㎡以上は、別途お見積り

営業地域
東京都全域、神奈川県・埼玉県の一部

ダイヤクリーンの留守宅管理サービス

料金（税別）	［マンション］	［一戸建］
毎月1回	月額 11,000円	月額 13,000円
毎月2回	月額 20,000円	月額 22,000円

■電話受付時間 9:00〜17:00（祝祭日を除く月〜土）
0120-450-171

有限会社 ダイヤクリーン
http://www.well.co.jp/
東京都八王子市千人町2-8-18 Tel.042-666-7348

留守宅管理

転勤時の持ち家賃貸
東急住宅リース

リロケーションプランでトータルサポート。

　転勤中の留守宅を貸したい方におすすめな賃貸管理サービス「リロケーションプラン」は、面倒なことは"おまかせ"のラクラク手続き。入居者様との契約は東急住宅リースが「貸主」として直接契約をするため、トラブルやリスクを回避することができます。

「転貸型」契約形態概念図

マンション・戸建を貸したい
オーナー様（貸主）

賃貸借契約　　賃貸業務委託契約

（借主）
東急住宅リース
（転貸人）

転貸借契約　　定期借家契約

マンション・戸建を借りたい
入居者様（転借人）

様々なトラブルにも、多彩な保証。

- 期間満了日までに明渡しされない場合に保証料をお支払いする「明渡保証」
- 故障・不具合が発生した場合、「設備フリーメンテナンスサービス※1」適用範囲内で無料修理・修繕。
  （※1　オプションサービス）
- 賃料等の滞納が発生しても、毎月一定の金額をお支払いする「滞納保証」

東急不動産ホールディングスグループの信頼と実績。

　グループ主要事業会社の一社・東急住宅リースが安定した賃貸経営をサポート。
- 賃貸管理戸数：約100,000戸超※2
- 年間約21,000件の賃貸借契約実績（2019年度実績）
- 法人社宅代行管理件数：約87,000件※3　／東急社宅マネジメント取扱い
（※2※3　2020年7月現在）

海外赴任中の留守宅管理は、東急住宅リースにお任せください。

想いも、資産も。叶えていく。

 東急住宅リース

フリーコール **0800-1001-109**　9:30〜18:00（水曜・祝日定休）

〒163-0913　東京都新宿区西新宿2-3-1　新宿モノリス13階

東急住宅リース

国土交通大臣(2)第8740号／不動産流通経営協会会員／(公社)首都圏不動産公正取引協議会加盟

CHAPTER

子どもの教育

海外で子どもを育てるときにはどんなことに注意したらよいか。学校はどんな選択肢があるか。まずは基本的な情報を踏まえ、赴任地の教育事情を調べよう。

CHAPTER 4　子どもの教育

01 海外で子どもを育てる

　最新の外務省の統計では、海外で学ぶ小学生・中学生の子どもは、実に82,000人以上にのぼり就学前の幼児や高校生を含めると、さらに多くの子ども達が、海外で学んでいる。貴重な海外での体験を親子で楽しむ気持ちと、子どもの将来を左右する重要な役割を担う緊張感のバランスを保ち、準備を進めよう。

まずは情報をあつめる

　海外赴任が決まったら、まずは赴任地の学校について調べよう。日本語の学校があるか、ない場合にはどんな選択肢があるか。就学前の幼児の場合は、受け入れ年齢を基準に、どのような施設が一般的なのかを把握しておくとよい。

　調べる際には、自らネットで調べることも可能だが、海外子女の教育を専門とする相談機関を是非、利用しよう。住居から近い学校の紹介や、転校手続きのアドバイス、さらに出発前の親子外国語セミナーや、子育て全般に関わる個別相談なども受け付けている。海外の子育てで特に気をつけるべきことなど、海外子女教育に携わった指導経験者や海外赴任経験者に直接話を聞くことができるのは心強い。

子どもの成長と各種サービス

　現地での学校が決まれば一安心だが、子どもが成長するにつれ進学や受験など、また別の選択が必要になる。受験対策では近年海外進出している日系の塾や、その説明会、民間の通信教育サービスが便利だ。また赴任の期間によっては子どもが単身で帰国して、学生会館やドミトリーで生活するというパターンもある。帰国後の進路選択では帰国子女の入学枠を特別に設けている学校があり、塾や教育機関、学校などに相談すれば情報が得られる。

母国語の発達

　学校と家庭、その他の日常生活の中で様々な文化や言葉に触れる機会がある海外生活は子どもの言語の発達にも大きく影響する。グローバルな社会にあっては、海外言語を使いこなせる力を期待したいところではあるが、もっとも大切なのは子ども自身が考え、自分を表現する土台となる母国語がしっかりと発達し身につくことだ。

　問題の一つにダブルリミテッドまたはセミリンガルと呼ばれる現象がある。これは一般的には2ヶ国語を同時に学習したために、両言語とも年齢相当の発達レベルに達しない状態を言い、自分の考えることがまとまらず、言語による表現ができなくなってしまう。母国語の発達過程における子どもの教育では十分に注意が必要だ。

準備をはじめる

　学校や教育方針が決まったら、具体的な準備をすすめる。まずは転校、入学に必要な書類の準備、そして学用品や家庭で使う絵本の購入など。また時間があれば、親子向け赴任セミナーに参加するのも良い。

表①教育関連の準備とスケジュール

出発前

3〜2ケ月前

教育方針を話し合う

教育機関の選択肢は赴任地によって異なる。まずは赴任地の教育事情を調べてみよう。その上で、学校、家庭でのフォロー、通信教育の利用など教育方針を話しあおう。

幼児期から小学生の場合は、母国語や習慣をどのように身につけていくかを両親がしっかり決める。中学生以上であれば、外国語で学ぶことも含め本人の希望する進路、帰国受験や海外大学の受験などを踏まえて方針を決めよう。

教育相談機関に相談する

各地の教育機関の情報や帰国後の進路を踏まえた学校選びなど、海外での教育に関する様々な相談を受け付けている相談機関がある。ネットだけでは自分の状況にあったアドバイスはわからないので、相談してみよう。

学校へ転校の連絡

1ケ月前

入学準備
- □学用品の購入
- □入学書類、英文訳の準備
- □教科書の入手

家庭教育の準備
- □日本語の本、DVDの購入
- □通信教育などの検討

日本の学校の転校手続き

滞在中

入学

無事入学後も子どもの成長と共に新しい選択が必要に。

海外学習塾

帰国後に大学受験が…

海外通信教育

現地校と日本のカリキュラムの違いが大きい…

ドミトリー

次男はまだ小学生。高校進学の長男だけ日本帰国させたい…

帰国後

受験や編入、帰国生枠の利用

帰国生枠での入学制度をもつ学校、全寮制の学校など、帰国生に対応したしくみをもつ学校が増えてきている。相談機関や塾の説明会などを利用して情報を集めよう。また、国際バカロレアなど国際的な資格を得て、海外の大学へ進学することも考えられる。

お役立ちコラム

専門機関問い合わせ先

海外子女教育に関する相談機関
- ●海外子女教育振興財団　https://www.joes.or.jp/

ボランティア相談機関
- ●フレンズ　帰国生母の会　http://fkikoku.sun.bindcloud.jp/
- ●Group With　https://groupwith.info
- ●関西帰国生親の会「かけはし」　http://www.ne.jp/asahi/kakehashi/kikoku/

赴任の準備

引越し

住宅

子どもの教育

医療と健康

現地の暮らし

97

CHAPTER 4　子どもの教育

02 幼児の教育

赴任地の幼児教育を知る

多くの国で幼児の教育は義務教育ではなく、国や地域で制度が大きく異なる。まずは現地の幼児教育事情を調べよう。在留邦人が選ぶ教育施設はアメリカまたはイギリスのシステムに影響を受けていることが比較的多いので、表①に示すアメリカのシステムも参考にしよう。また幼稚園は主に日系、国際系、現地幼稚園に分けられる。それぞれの特徴も踏まえておこう（表②）。

現地で情報収集

主な情報源は施設のホームページ、現地在留邦人向け情報誌、日本人会の婦人部ほか、住宅探しの際に現地不動産に問い合わせるのも良い。いずれも現地到着後の情報収集となるだろう。

情報が集まってきたら、説明会（Open House）に参加するか、直接訪問して見学を。確認したいポイントは通園のルート、所要時間、園付近の目印施設や設備。その他にも、クラスに空きがあるか、ことばを理解しない子どもの受け入れはどうか、日本人はどれくらいいるか、体験保育や慣らし保育があるかなども問い合わせよう。

また入園の際に海外では「出生証明書」を頻繁に求められる。日本では正式なものはないのでパスポートのコピーを提出しよう。予防接種証明書は母子手帳に記載されている記録を英訳して提出する。必要な予防接種が済んでいないと入園許可が下りないこともあるので要注意だ。

慣れるまでのケア

入園当初は体調の変化などに注意して観察を。もし、子どもが辛そうな時には慣らし保育を利用したり、親が一緒に園に通ったり、安心材料となるぬいぐるみを持たせたりするなど、園の協力を得て適応させよう。疲れがたまっているときには登園を控えることも試してみること。

お役立ちコラム

保護者の声

イタリアのNさん
　幼稚園に突然入れるのはかわいそうだと思って、最初はリトミックの体操教室のようなところに入れました。そこではイタリア語が耳に入ってくるものの、基本的にはことばに関係なくからだを動かすのが目的でしたので、現地の子供たちと運動をとおして触れ合いながら、さらには楽しみながら新しい国に慣れていきました。

アメリカのOさん
　日本に帰ってきて靴を脱ぐ生活に慣れるのに時間がかかりました。たとえばソファに靴のまま腰かけるとか、女の子なのに座る時はあぐらをかくとか。これもやはり現地の幼稚園で学んだ習慣だったようです。

引用：海外子女教育振興財団「月刊『海外子女教育』」2014年3月号より

表①アメリカでの就学時前児童を受け入れる教育施設の概要

名称		受け入れ年齢の目安	日本の類似した施設の例	特徴など
プリスクール	Preschool	2歳半〜4歳	幼稚園	就学前の幼児教育一般を指し、日本でいう幼稚園にあたる。2歳児からのトドラー（よちよち歩きの子ども）クラスや、5歳児のキンダークラスを設けているところもある。通常開園時間は正午までで、延長しても午後3時までが主。私立の場合がほとんどで、教育方針はさまざま。
ナーサリー	Nursery School			
プリキンダーガーテン	Pre-Kindergarten	3歳〜4歳	幼稚園（年少、年中）	Pre-KまたはPKとも呼ばれる。キンダーガーテンの前の段階に当たり、多くが3時間のプログラムだが、それ以上のものもある。地域によってはキンダーガーテンに上がる前にもう少し社会性を伸ばす準備段階として、貧困層の3歳児および4歳児の子どもを中心に設置されている。
キンダーガーテン	Kindergarten	5歳	幼稚園（年長）	一般的には小学校に上がる前の5歳児が対象だが、いつの時点から通うかは学区によって異なる。午前と午後のいずれか半日のところや、全日のところもある。たいていの場合はエレメンタリースクールの建物に併設されているため義務教育だと勘違いされやすいが、必ずしもそうではない。公立の小学校に併設されている園では地域の税金によって運営費の大部分がまかなわれている。学区によっては条件が整えばスクールバスがでるが、一般的には親が送迎する。
プレイグループ	Play Group	0歳〜3歳	乳幼児育児サークル	親と一緒に乳幼児を遊ばせる育児サークルを指し、だいたいプリスクールに上がる3歳児まで。親が主体となってプログラム作りをしており、育児情報の交換や、親同士のつながりの場として参加している人も多い。図書館や公共のコミュニティセンター、教会の一室などの場所で運営しており、参加費はおやつと場所代程度。
デイケア	Day Care Center	就学前	保育園学童保育	働いている親が預けている場合がほとんどなので早朝から夕方まで開園し、週末も開いているところがある。キンダーガーテンが終わった後、学童保育をしているところも。チェーン化していたり、大きな病院や会社に付属するなどほとんどが民間で、貧困層の家庭には補助金が国や州から出される。

表②主な幼稚園の特徴

日系の幼稚園	日本語	日本人学校や補習授業校の幼稚部、および日系私立の幼稚園。日本人の子どもたちのための日本人保育者の指導による幼稚園だが、アシスタントは現地の人で日本語を理解する人を雇っている場合もある。現地のイベントを祝うと同時に日本の文化、習慣、伝統を通したカリキュラムや行事（七夕、発表会、運動会、節分、ひな祭り、など）に重点がおかれ、在留邦人が多い都市部に集中している。
インターナショナル系の幼稚園	特定の言語	多国籍の子どもを受け入れるインターナショナルスクールの幼稚部、私立が多い。多くは2歳児から受け入れているが1歳半からなど学校によって異なる。そのため詳細について個別の確認が必要。
現地の幼稚園	現地語	現地の子どもたちが通う幼稚園で公立と私立の選択肢が考えられる。

CHAPTER 4 子どもの教育
03 学校を選ぶ

赴任地の学校情報を集める

学校の主な選択肢は、①日本人学校、②私立在外教育施設、③インター校（インターナショナルスクール）、④現地校、⑤補習授業校（補習校）の5つ（表②）。使用言語、教育制度などで特徴があるので、希望の学校を選びたいところだが、まずは赴任地にどのような選択肢があるか調べよう。在留邦人が多い地域であれば日本人学校が設置されている傾向にある。ただ、アジアなどの大都市では、日本人学校があってもインター校を選ぶ方もいるようだ。また、在留邦人が少ない地域では、現地校かインター校に入り、補習授業校や通信教育で日本語をフォローする、といった選択肢が主流。

学校情報は海外子女教育振興財団など、海外子女教育の専門機関に問い合わせる（P97）。学校情報の提供、入学手続きのアドバイスをうけられる。情報を集めたら、家族でよく相談して、選択肢を絞ろう。

選ぶポイント

言語、教育制度、費用、帰国後の進路を踏まえて検討する。

特に帰国後の進路は、出発前から情報を収集し、長いスパンで考えておこう。日本の学校の編入は、公立小中学校は随時可能だが、私立校・高校は欠員募集や受け入れ学年が限られるなど、各校で違いがあり、計画的に受験のタイミングで帰国した方がスムーズに進学できる場合もある。なお、海外子女が対象の帰国生入試は、渡

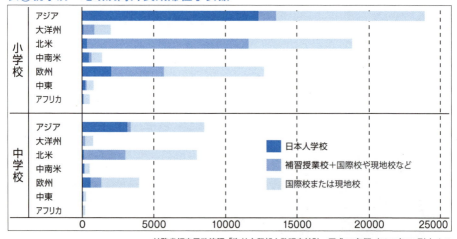

表①就学別・地域別海外長期滞在子女数

外務省領事局政策課「海外在留邦人数調査統計 平成30年版（2017年10月）」より

航期間・帰国後経過年数などが出願条件となっているので、事前に調べておこう。

また日本人学校は中学校まで（上海のみ高等部あり）。高校生の子女を帯同する場合、私立在外教育施設、現地校、インター校の選択肢がある。ただし私立在外教育施設は世界に数校しかない（7校：2020年8月現在）。現地校・インター校は、外国語の授業となる点、注意しよう。

費用の面では、インター校、私立在外教育施設は一般的に高め。日本人学校は、現地の日本人会や在留邦人、企業によって運営されているため、費用の他、規模、設備は各校で違いがある。

表②主な学校の特徴

名 称		概 要	生徒の国籍 使用言語	メリット　デメリット
日本の教育制度	日本人学校	日本国内の小・中学校と同等の教育を確保する目的で設立されている文部科学大臣認定の全日制の学校。日本の検定教科書を使用し指導する。現地の日本人会などが運営しており、在留邦人人口などによって、規模は大きく異なる。現地校との交流行事を組み込むなど、独自のプログラムがある学校もある。上海以外の日本人学校は中学校まで。	日本国籍 日本語	帰国後の編入、受験、日常生活への適応などがスムーズ。現地文化や国際的交流の機会が少ない。
	私立在外教育施設	日本の学校法人などが、海外で運営する文部科学大臣認定の全日制の学校。小中高一貫教育や寮制度がある場合が多い。	日本国籍 日本語	付属の大学への推薦枠があるなど帰国後の進路がサポートされる。費用が高め。
外国の教育制度	インター校（インターナショナルスクール）	個人や法人が運営し、生徒の国籍を問わず教育する。カリキュラムや使用言語はそれぞれ独自に決めている。使用言語を母国語としない生徒には別途言語習得クラス(ESLなど)を設けている場合が多い。 また、アメリカンスクール、ブリティッシュスクールと呼ばれる学校もあり、これらは特定の国の子どもたちの教育を目的に運営されている学校もあれば、特定の国のカリキュラムが実施されているものの、国籍を問わず生徒を受け入れる学校もある。学校名だけでは判断できない要素もあるので、詳細に確認を。	多国籍 英語、仏語等	国際的基準の教育が受けられ、多国籍な文化交流が可能。費用は他の選択肢よりも高額。ウエイティングがあることがある。教育方針は学校毎に異なる。
	現地校	現地の公立校または私立校。使用言語はその国の国語。公立校には学区があるので、居住場所に従って入学許可が下りる。	現地国籍 現地語	現地独自の文化、教育に触れることができる。学校に慣れるまでに時間がかかることがある。
	補習授業校（補習校）※週末や放課後のみ	日本の学校で学習する国語を中心に、土曜日や平日の放課後を利用して学習する。インター校や現地校に通いつつ利用する人が多い。日本に帰国した際のスムーズな学校への適応を助ける。	日本国籍 日本語	現地校に通いつつ、日本の教育要綱にそった補習が受けられる。放課後や週末に開講するため、子どもへの負担が大きくなる。

CHAPTER 4　子どもの教育

04 障害のある子どもの帯同

情報収集と判断

　障害のある子どもを帯同する場合、教育や医療など現地の状況をよく把握した上で、帯同が適切な環境か否か、判断する必要がある。十分な情報がより良い判断の手助けになる。根気よく情報を収集しよう。

　まず学校を選ぶ際は、必ず学校・教育委員会等に直接連絡して、障害のある子どもの受け入れ状況を具体的に確認する。

　日本人学校の場合は直接学校に問い合わせを。運営は現地の日本人会や在留邦人であるため、受け入れ体制・ノウハウなどは各校で異なっている。また現地校の場合は、現地の教育省・教育委員会等に問い合わせる。公式WEBで得られる情報もあるので、まずは検索を。インター校の場合は、直接学校へ問い合わせる。

　加えて障害のある子どもの場合、環境の変化が情緒の不安定さに現れることがある点も学校選びの際は念頭に入れておこう。

問い合わせるポイント

障害のある子どもの受け入れ状況
どのような教育が行われているか
学校の支援体制
施設・設備の状況
学校に対する家庭の協力
入学時の基準・条件
支援を受けるための手続き
持参した方が良い書類　　　　　等

現地の医療情報

　海外赴任者が多い一部の国や地域では日本語対応可能な医療機関がある。事前に調べておくと良い。また、現地の医療機関を利用する場合に言語に不安があれば、費用はかかるが通訳を利用しよう。薬や検査は日本と異なることが多いので診断書や処方箋の翻訳したものを必ず準備すること。また右記は発達段階別に注意点をまとめたチェックリスト。準備や情報収集の参考にしてほしい。

主な問い合わせ先

海外の学校の連絡先等
　・(財)海外子女教育振興財団　http://www.joes.or.jp/
医療関連
　・財団法人母子衛生研究会　http://www.mcfh.or.jp/
　・(財)海外邦人医療基金　http://www.jomf.or.jp/
　・JAMSNET　http://jamsnet.org/　海外で日本語での医療を提供するネットワーク。北米やアジアなどで活動。
ボランティア相談機関
　・Group With　http://www.groupwith.info　受け入れ状況なども紹介。
　・フレンズ 帰国生 母の会　http://www.ne.jp/asahi/friends/kikoku/
　・関西帰国生親の会「かけはし」　kakehashi@kansai.email.ne.jp

表①子どもの発達段階別チェックポイント

乳幼児期	親子のかかわりが重要な時期です。家族が揃って生活することが大切ですが、お子さんが医療的な対応を必要とする場合は、現地の医療機関情報を特に注意して集めることが重要です。病院に定期的に受診している場合や投薬がある場合などは、主治医に相談することも必要です。 また、滞在中は、母親にのみ子育てを任せないような父親の配慮が必要ですし、日本人会等に母子の子育てサークルなどがあるかどうかも確認することも必要かも知れません。
幼稚園段階	親子のかかわりを基盤に、子ども同士のかかわりを作っていく時期です。また母語となる言語の基礎もこの時期にできますので、子どもが将来的にどの言語を母語として生活していくのかを考えておくことが必要です。 また、幼稚園は集団生活です。お子さんの状態は、集団生活に十分参加できる状態なのか、支援が必要な状態なのかを考えることも必要です。医療的な対応が必要な場合は、乳幼児期と同様の確認が必要です。
義務教育段階	子ども同士のかかわりを深めると共に学習を積み重ねていく時期です。滞在予定年数や、義務教育段階終了後の進路を考えておくことが大切です。居住地域に日本人学校がある場合、お子さんの状態によっては、あるいは学校の状況によっては、日本人学校への転入学も可能です。実際は日本人学校と話し合って行くことが重要になります。医療的な対応が必要な場合は、乳幼児期と同様です。
義務教育段階終了後	自立に向けて、社会と関わることが重要になってくる時期です。日本では、特別支援学校の高等部や総合高校などで職業指導等が行われています。海外では、国によって制度が異なります。言語の問題や生活習慣などの違いを踏まえ、お子さんの状態に応じた判断が必要になります。医療的な対応が必要な場合は、乳幼児期と同様です。

表②赴任する際の準備・情報収集チェックリスト

	乳幼児期	幼稚園段階	義務教育段階
医療	□ 日本で受診した医療機関と検査結果の英訳 □ 英文の診断書等の作成 □ 渡航先の医療に関する情報の収集		
相談機関	□ 日本で受けた相談の整理 □ 心理・発達検査などの結果の英訳 □ 渡航先の相談機関に関する情報の収集		
教育機関		□ 今まで通っていた幼稚園での支援内容の整理 □ 渡航先の幼児教育の現状に関する情報収集 □ 渡航先の幼稚園に関する情報の収集	□ 在籍証明書（英文）の取得 □ 個別の支援計画、個別の教育支援計画や個別の指導計画の整理と英訳 □ 渡航先の日本人学校に関する情報収集 ・日本人学校の有無 ・障害のある子どもへの指導に関する情報 □ 渡航先の補習授業校に関する情報収集 □ 渡航先のインターナショナルスクールに関する情報収集 □ 渡航先の現地校に関する情報収集
その他			□ 帰国の予定時期と卒業資格 □ 海外在留証明書の発給申請（海外子女枠の受験で、学校に求められた場合）

国立特別支援教育総合研究所「障害のあるお子さんを連れて海外で生活をするご家族へ」

CHAPTER 4 子どもの教育

05 転校手続き

退学連絡と入学書類の準備

まずは日本で通う学校へ最終登校日を連絡する。現地の学校の入学手続きは到着後に直接行うのが一般的だが、事前に日本で用意する書類もある。各校のWebサイト等で調べ、確認でき次第、日本の学校に発行を依頼しよう。

現地校（公立）入学の手続き例

一般的に下記の書類が必要。①と②は日本の学校に発行してもらう。
① 日本の学校の在学証明書（英文）
② 過去2～3年間の成績証明書（通知表の英文）
③ パスポート等公式書類による国籍、生年月日等の証明書
④ その学校区に居住する旨を証明する書類（自宅契約書、公共料金の領収書等）
⑤ 予防接種の証明書（母子手帳等）

日本人学校入学の手続き例

一般的には下記の書類が必要。いずれも在籍校に発行を依頼する。
① 在学証明書（または卒業証明書）
② 指導要録の写し
③ 歯科検査表
④ 健康診断票

教科書は事前に取り寄せを！

日本人学校や補習授業校では原則、全世界共通で指定の教科書を使用している。ただし、新入生に配布する教科書は現地で用意されない。必要な教科書を確認の上、必ず出国前に入手して持参する。

教科書配付の申し込みは海外子女教育振興財団へ（右頁参照）。入手が必要なのは、出国前に使用している教科書と日本人学校の指定教科書が違う場合と、出国前に後期あるいは新年度の教科書が発行されている場合。例えば、出国が年末であれば、新年度教科書が配付されているので入手してから渡航しよう（表①）。

ただし、新規教科書の入荷時期（6月下旬・11月下旬）と、出国時期が重なる場合、入荷のタイミング次第で受け取れない可能性もあるので事前に相談を。なお、出国前に受け取ることができない場合、現地到着後に在外公館で申し込む。日本から国際宅配便での発送となり、梱包・郵送費は自己負担となる。

また、教科書の配付は、日本国籍を有し、1年以上の海外滞在を予定する学齢期の子どもが対象。日本人学校・補習授業校に通わない場合でも、自宅学習用として教科書を受け取ることができる。

学用品を用意する

日本人学校や補習授業校に入学する場合、国語辞典など日本の教育を現地で継続するために必要な学用品を持参する（表②）。在留邦人が多い地域では、現地で購入できる場合があるが、比較的高価なので、できるだけ出発前に揃えておこう。

教科書を取り寄せる

海外子女教育振興財団に申し込む。窓口は東京と大阪。出国2ヶ月前から申し込み可能で、受取方法は窓口受領または郵送。手続き方法・教科書一覧などは下記Webサイトで確認を。

参考Web:海外子女教育振興財団「日本の教科書の無償配付」
https://www.joes.or.jp/kojin/kyokasho

必要書類
①転学児童・生徒教科用図書給与証明書:在籍の学校に作成してもらう。
②申請書:財団窓口にある。郵送申請の場合、事前に上記Webサイトより出力するか郵送してもらう。

※①の証明書は、4月から新小学1年生の場合で入学前までに出国する場合は不要。また4月から新中学1年生の場合に3月または4月の入学前までに出国の場合は不要。

表①出国時期別・配布対象教科書

(1)小学校

○→配付可能　×→配付不可

出国する時期		4月初旬(始業後)～6月下旬頃(下巻入荷前まで)	下巻入荷後～9月末日	10月1日～11月下旬頃(新年度入荷前まで)	新年度版入荷後～2月末日	3月～4月初旬(新学年開始前まで)
教科書の種類	上巻	○	○	×	×	×
	通年	○	○	○	○	×※
	下巻	×	○	○	○	×※
	新年度	×	×	×	○	○

※複数年度使用する教科書は配付対象となる

(2)中学校

出国する時期		4月初旬(始業後)～6月下旬頃(下巻入荷前まで)	下巻入荷後～9月末日	10月1日～11月下旬頃(新年度入荷前まで)	新年度版入荷後～2月末日	3月～4月初旬(新学年開始前まで)
教科書の種類	通年	○	○	○	○	×※
	新年度	×	×	×	○	○

表②持っていきたい学用品類

項目別	学 用 品 類
通学用品	運動靴、弁当箱、水筒、箸(数校を除いて学校給食制度なし)、通学カバン、リュックサック、ランドセル(低学年)。
筆記用具	下敷、筆箱、色鉛筆、ボールペン、フェルトペン、鉛筆、消しゴム。
参 考 書	現在使用中のものを基準にプラスする。(現地での入手は比較的困難だし時間も要する、使用済みの教科書などすべて持ち込んでおいたほうがよい。)
辞 典	国語辞典、漢和辞典、漢字辞典、古語辞典、英和辞典、和英辞典、現地語辞典など現在籍学校の担任とよく打ち合わせて購入する。(滞在年限も考慮して計画を立てる)
図 書	学習百科辞典、学習図鑑(理科用のみ)、地図帳、日本地図(世界地図)など。子どもの発達段階に応じた図書を現地で購入するのはかなり困難である。
通 学 服	一部の日本人学校を除いて制服は決められていない。

CHAPTER 4　子どもの教育

06 家庭学習と帰国後の進路

家庭で必要な学習

　現地の学校選びと並行して、家庭学習についても用意しておく。特に日本語の継続的な学習については、各家庭で工夫が必要だ。例えば、子どもが現地校に通い、日本語以上に外国語を使う環境に置かれる場合、日本語の学習計画は各家庭でしっかり決めておく。日本語補習校に通うほか、通信教育や塾の利用が挙げられる。また「家庭内では日本語のみで会話する」とルールを決めることも工夫の一つだ。

　とはいえ、子どもは海外生活の中で現地の文化や言葉をどんどん吸収していく。それと並行して日本語を身につけるのは、子ども自身にとってなかなか大変なことだ。また現地校に入学すれば、日本語の学習より、学校で使用する言語の習得の方が、重要になってくる。赴任先の言語、学習環境によって、工夫の仕方は変わってくる。そのため、出発前には必ず専門の教育機関に相談し、家庭での教育や学習についても専門家のアドバイスを受けるようにしよう。

通信教育

　幼児から小学生、中学生、高校生までそれぞれの学齢に対応した内容のコースがあり、国語だけに集中したものから、日本の学習要項にそって多数の科目を組み合わせたものなどがある。さらに受験対策や小論文対策など特別な目的に合わせたサービスもあるので、帰国後に受験を控えている場合などはこちらも検討しよう。教材は国際郵便で送られてくるものや、インターネット経由でデジタル教材が提供されるものなど様々だ。最近ではインターネットを経由したテレビ電話によるマンツーマンレッスンなどもある。

海外学習塾

　一部の学習塾では海外でも教室を開いており、主に受験対策講座などが利用されている。また進学先や受験の仕組みなどの情報も豊富で、帰国生向けの進学説明会なども開催している。子どもが受験を控えている場合には利用するとよい。主に在留邦人が多い地域にのみ教室が設けられており、それ以外の地域では通信教育サービスを提供している塾もある。

一時帰国と帰国後の進路

　帰国後のことも可能な限り考えておく。その時々で、塾に通う、受験に合わせて帰国する、ドミトリーに住む…など、選択・行動する必要があるからだ。

　特に一時帰国は重要なチャンス（P176）。学校見学や学校祭に参加して、進学先の情報収集をしよう。例えば、帰国後も英語教育を受けたい場合、各校の帰国生教育の方針、留学制度など、どのような特色があるか十分に調べておく。また、幼少から海外で暮らす子どもの場合、日本の生活に慣れるには時間がかかる。日常生活のフォロー体制なども、確認しておきたい

ポイントだ。

なお、公立小中学校は常に編入が可能だが、私立校は欠員募集のみ・編入試験がある等々、各校で受け入れ制度に違いがある。志望校が見つかったら、編入・入学制度もよく確認し、必要な場合は受験に合わせて帰国することも検討する。

学校見学会の情報は各校のWEBサイトで確認を。予約が必要な学校もある。

また、子どもにとって一時帰国は、日本を体験できる貴重な機会。歴史的な建造物の見学や、お祭りの参加など、日本の文化に触れる機会を設けよう。将来、帰国する時に、少しでも日本に慣れておくと子どもの負担も軽くなる。

COLUMN

子どもたちの海外体験談

「海外子女文芸作品コンクール」より

海外で学ぶ子どもたちは、日々どんなことを思い、考えながら生活しているのだろうか。ここでは海外子女教育振興財団が主催する「第40回（2019年）海外子女文芸作品コンクール」の入選作品を紹介する。このコンクールは世界各国の日本人学校や日本語補習校に通う子どもたちや、現地校に通う子どもたちが応募している。毎年、入選作品は1冊の本にまとめられ「地球に学ぶ」として刊行されている。

日本語の力を育む目的で開催されているコンクールだが、各作品からは、外国の学校で子どもが苦労する姿や、それを乗り越える工夫、また海外の学校独自の教育の様子などが垣間見える。

参考URL:https://www.joes.or.jp/kojin/bungei

アミーゴと　声のする方　ふりむけば
　　ぼくの友達　となりのおじさん

小5　土井　悠登
（海外滞在年数10年9ヶ月/オランダ）

大音量　ずれる音程　苦笑い
　　陽気なベトナム　青空カラオケ

小5　岩佐　優日子
（海外滞在年数4年/ベトナム）

「地球に学ぶ　第40回海外子女文芸作品コンクール」より引用

CHAPTER 4　子どもの教育

07 母たちの海外体験談

初めての海外赴任となると、教育をはじめ、渡航後の生活については、なかなか予想ができないもの。ぜひ渡航前に、赴任経験者の体験談やアドバイスを聞く機会を持ちたい。一般的には、海外赴任セミナーに参加する、先輩社員を紹介してもらう、各種ボランティア団体に相談する、と言った方法で機会が得られるだろう。ここでも、一部の先輩赴任者の体験談を紹介。一般的な情報とは違うヒントになるだろう。

支えあって暮らす

I.Y

中国：香港　2002年〜2009年
上海　2009年〜2010年、2012年〜2016年
香港　2016年〜2018年

　私共の駐在経験は、2002年から2009年まで香港、2009年から2010年まで上海、2012年から2016年まで再び上海、2016年から2018年まで再香港と合計15年程の中国滞在でした。最初の香港生活から、2歳の娘を同行し、それ以来家族三人で支えあって暮らして来ました。私たち夫婦はアメリカの大学で出会い共に4年前後滞在したので、海外での生活には自信があったのですが、学生と子連れの家族では立場も違い、西洋とアジアの差も大きく不安や戸惑いは初めての海外体験と変わらないものでした。

　香港滞在二日目から日中は娘と二人、知人もいない生活が始まり、寂しさと生活の変化から、私は不整脈とパニック障害になりました。幸い、住んでいたマンションに多くの日本人がおり、娘を通してママ友が増えるにつれ不安もなくなり、徐々に慣れていきました。当時の香港駐在者は、広東省に夫だけ滞在し、週末香港の家族のもとに戻るというご家庭が多く、日中は夫のいない者同士助け合い、支えあって暮らしました。自分の仕事で手いっぱいの夫たちに助けも求められず、病気や子供の学校などの悩みや不安を友人たちと共有しなんとか乗り越え、最終的には帰任になっても香港を離れたくない人も多かったように思います。

　一方、上海生活は香港と異なり、日本人駐在員が広く分散して居住していた為、日本人コミュニティーが希薄で付き合いも少なくなってしまいました。娘の通っていたインターナショナルスクールにも日本人は僅かで、香港滞在当時のような支えあいはできませんでした。夫も慣れない中国語と文化の違いで相当苦労し、ここでの生活は、家族三人で結束して事態にあたるという、お互いの支えがなくては暮らせないという状況でした。

　支えあうというのは、海外駐在を乗り切るうえでの切り札だと思います。先進国でも発展途上国でも、知人や友人、会社の同僚、そして家族と情報を共有しつつお互い

の健康を気遣い、不安や困難を乗り越えて現地で生きるということが重要かもしれません。2002年と違い、現在はオンラインで情報を共有できますし、離れて暮らしている知人や家族にも情報通信アプリなどで電話が可能な便利な時代になっています。それでも家族が重病を患った時の不安や、日中の時間を共有して母国を離れている寂しさ・戸惑いを解決してくれるのは、家族と心の通った知人や友人たちだったと感じています。

2003年、香港ではSARSが発生し、大半の家族が帰国する中、軽い肺炎になった当時三歳の娘がSARS病院に強制入院させられた時には、夫の上司の奥さまに励まされ支えられました。幸い疑いも晴れ二晩で解放されましたが、その後も夫の協力もあり乗り越えることができました。

滞在当時を振り返り、大切な家族である夫と娘と、支えてくれた周りの方々に、今感謝するばかりです。

地球の裏側アルゼンチン

S.S　　　　　　　　アルゼンチン：ブエノスアイレス　2001年～2006年

　私が10歳と5歳の子供を連れて南米アルゼンチンに向かったのは、2001年9月のアメリカ同時多発テロのすぐ後のことでした。主人は先に赴任しており、数か月遅れての出発でした。ブエノスアイレスまでは、成田→ニューヨーク→サンパウロ→ブエノスアイレスの予定でしたので、一番初めの経由地ニューヨークでのテロ事件を知った時、アメリカ経由となる赴任には多くの困難が伴うであろうことや、出発自体がかなり遅れるかもととても心配になりました。それまでは、荷物はスルーでサンパウロまで送ったのが、この事件により、一旦アメリカに入国し、全ての荷物を受け取り、そのあと再度、サンパウロ経由でブエノスアイレスまで預け直さねばなりませんでした。旅行と異なり、赴任なので荷物の量がとても多く、一人でちゃんと手続きができるのか、不安で押しつぶされそうだったことを思い出します。ニューヨークまで12時間程度、そのあとサンパウロまで8時

間、目的地のブエノスアイレスまではそこからさらに3時間。はてしなく遠いところに来てしまったという思い、そしてそうそう日本には帰れないという覚悟がその時でできました。

　そして始まったブエノスアイレスでの生活。周囲に駐在員仲間も多く、生活に関しては、いろいろと教えてもらうこともでき、身近にいたアルゼンチンの人々もとても親切で、まずまずの駐在生活だなと感じたのも束の間、政府のデフォルト（債務不履行）によって深刻な経済危機がおこり、1ドル＝1ペソだったのが変動相場制に代わり1ドル＝3ペソとなりました。そして朝と夕方ではマーケットにある商品の値段が違うという事態が生じ、スーパーの商品は品薄になり、生活に必要なものを買うためにあちこちのスーパーを回りました。スペイン語もままならない状況での買い物は緊張の連続でした。

　ペソが切り下げられたことにより、貧困

人口が増え、「南米のパリ」といわれたブエノスアイレスでも中産階級から貧困層に落ちてしまった人々による「カセロッサ（鍋たたき）」という抗議運動も起きました。当時赴任して間もない頃で、状況をよく理解していなかった私たちは、毎日のように近くの道を鍋をたたきながら練り歩く市民たちの苦しみを理解できていなかったのです。銀行から一度におろせる金額も制限され、キャッシュが手に入りづらくなり、子供の習いごとの支払いにも窮しました。

そのような苦労もたくさんありましたが、アルゼンチンには日本と同じように四季があり、車で少し走るだけでエスタンシアといわれる宿泊施設をもつ大規模農園があり、友人達と週末に訪れ、馬に乗ったり、庭園を散策したりして大自然を満喫する生活をしました。子供は通っていた日本人学校の修学旅行で川でのマス釣りや、乗馬での長距離移動、アサードと呼ばれるバーベキュー、現地の学校の子供達とのサッカー交流等、日本では到底できない多くの忘れられない体験をしました。私は全くわからなかったスペイン語も4年半近く家庭教師の先生について勉強することで、多くの会話を現地の人々と楽しめるようになり、帰国が決まった時にはもう少しここにいてもいいなと思えるくらい、居心地のいい場所となりました。南北に長い国アルゼンチン。最南端の街、ウシュアイアから出港する南極に向かう船、カラファテのペリトモレノ氷河、北部の砂漠地帯の広陵とした風景、子供達の成長と共にみた景色は今はどれも皆、家族の良い思い出となっています。

世界最貧国で生活してみて感じたこと

A.F　　　　　　　　　　　　モザンビーク：マプト　2014年～2017年

モザンビークはアフリカ南東部に位置する国です。

世界最貧国の1つと位置付けられているだけあって調べて出てくる情報は病気、内戦、貧困等、厳しい現状を示す内容ばかりでした。夫が初めて長期出張でモザンビークに行くと決まった際には大量の食品やマラリア予防の虫除けグッズを買い込み、複数の予防接種を受け、さながら戦地に送り出す気分で見送りました。ところがいざ現地から送られてくる写真からは、綺麗な海と抜けるような青空、コロニアル調の豪華なホテル、など、イメージしていた悲惨さは一切感じられませんでした。聞けば外食も充実しており、旧宗主国のポルトガル料理は魚介中心で塩味、お米も良く使われ、日本人の口に合う料理が多いとのことでした。

夫を通して見るモザンビークからは危険は感じられず、出張に行く度に身支度も身軽になっていく姿を見ていたおかげで、いざ駐在と聞いた時、周りの驚きをよそに、帯同することへの迷いは一切ありませんでした。

モザンビークは生活物資や労働機会の多くを南アフリカに頼っていることから、首都マプトは南アフリカの国境に近いところにあります。地元の人は出稼ぎに、外国人は買い出しに南アフリカに行くことが多く、週末になると国境は大混雑、連休初日などは国境を越えるのに3時間かかるこ

ともありました。

娯楽がほとんどない生活の中、南アフリカへの小旅行は我々にとっても週末の楽しみでした。国境を越えて数十キロのところに150種もの動物が生息する巨大な国立公園のゲートがあり、その中をドライブしながら公園内の宿に宿泊。帰りは町の中心地で生活物資の買い物をしてから帰路につく、というのがお決まりのコースでした。

国境越えはヨーロッパ旅行でも経験したことがあり、国境を境に標識の言語や交通ルールが変わるのは、島国出身の日本人にとってはとても印象深く記憶に残りました。しかしアフリカでの国境越えはヨーロッパのそれとはちょっと違いました。それは世界最貧国から先進国への移動。国境を越えた途端、まるでタイムマシンで時代を超えた感覚を覚えました。見渡す限りの農作物や森林、整備された道路。広い国土と豊富な資源を持つ南アフリカは先進国であり、片田舎に当たる国境の町・ネ

ルスプリットでさえ、モザンビークから来る我々にとって、環境・物資両面において輝いて見える町でした。

モザンビークで過ごした3年間は、「当たり前」の尊さに気づく貴重な体験となりました。我々がいた間にもマプトでは道路の敷設とビルの建設が進み、その部分だけを見れば世界の都市部と変わらない景色が増えてきました。夫が最初に送ってきた写真のように、ある一部だけを切り取ってみれば、その貧しさは感じられません。しかし生活する中で感じる医療、インフラ、生活物資の質や不自由さは一言で表現するなら、まるで戦後間もない日本のようでした。見聞きする地元の人の苦労や我々が日常生活で困難に遭遇するたびに、この国の現状を思い知らされました。そんな時、以前ある講演会で聞いた「『ありがとう』の対義語は『当たり前』です」という話を思い出し、日本での「当たり前」の生活がいかに有難いかということを再認識するのでした。

アメリカの小学校で驚いたこと

子どもの
海外体験談

Y.O　　　　　　　　　　　　　　　アメリカ：2013年〜2015年

私はアメリカのワシントンD.C.に小学4年〜6年まで2年間住んでいました。引っ越す前は、英語は週一の習い事でしか使わなかったので、ほぼ何も話せないまま小学校に行きました。

私の小学校のESOL（英語を話せない外国人の子どもの英語を上達させるための補習クラス）は、あまり機能していなかったので、他のクラスメイトに混じって普通の授業をちんぷんかんぷんなまま受けて

いました。その小学校は、他学年には日本人が5〜6人いる学年もありましたが、私の学年は私を含めて日本人が2人しかおらず、英語が分からなかった時頼れる人はいませんでした。その分自分でなんとか理解しようとするようになり、2年目には授業が辞書なしでも大体理解できるようになりました。

アメリカの学校生活は日本とは違うところがたくさんあり驚きの連続でした。最初

驚いたのは、学校でハロウィンなどのイベントのパーティーがあったことです。日本では、10/31でも普通に授業だけをしてお菓子を持参するのも禁止されていますが、アメリカでは、生徒がハロウィンの仮装衣装を持って登校し、午後になると衣装に着替えて、生徒全員で校庭を歩きパレードをします。その後には教室でお菓子やゲームなどのパーティーがあります。先生方も仮装をしていました。校長先生や教頭先生も魔女やキャラクターの仮装をしていたのには特に驚きました。バレンタインの日にも同様にパーティーがあり、クラスメイト全員にキャンディーやチョコなどを配りました。

学校であった面白い行事で、Pajama Dayも印象に残っています。名前の通り、生徒はパジャマを着て登校しよう、という日でした。(任意でしたが、大多数の生徒がパジャマを着てきていました。)

また、毎日の学校生活で、日本では校則で禁じられていることが普通に行われているのも衝撃でした。たとえば、小学校で毎日10時くらいにSnack time(おやつの時間)がありました。先生が "Snack time!" と叫ぶと生徒はスナック菓子やレーズン、グミ、そして韓国のりといった多種多様な間食をとりだして食べます。

私が持って行った日本のお菓子の中で、圧倒的に人気だったのはハイチュウでした。ハイチュウを持っていくと毎回何人ものクラスメイトに「私にちょうだい」と声をかけられました。逆に、アメリカのお菓子の中で私の印象に残っているのはオレオとグミでした。白いクリームのオレオは日本にもありますが、アメリカにはピンクや緑のクリームが間に入った、物凄く甘いオレオが大きいパッケージにずらりと並んで売られています。しかも、当然の如く個包装ではなかったのですが、恐れていたほどには湿気ませんでした。グミは、スヌーピーの形の赤や緑などカラフルなグミが売っていて可愛いと思って買って食べたのですが、ぐにょぐにょで美味しくなく、それ以来アメリカでグミはハリボー以外食べないと決心したのを覚えています。

このように驚くことが山ほどあったアメリカでの学校生活でしたが、クラスメイトはみんなフレンドリーで優しく、私が先生の指示を理解できず困っているとジェスチャーを使ってゆっくり説明してくれたり、カフェテリアでご飯を一緒に食べようと誘ってくれたりしました。

たった2年の滞在でしたが、とても楽しく中身が濃く充実した2年間でした。

フレンズ 帰国生 母の会

1983年、海外在住体験のある母親たちが発足したボランティア団体。赴任地での生活や教育関係で知りたいこと、帰国後の学校選びや困りごとなどさまざまな相談を受け付けている。相談は電話、メール、フレンズオフィスでの面談が可能。

毎年発行している「母親が歩いて見た帰国生のための学校案内」は首都圏の中学校と高等学校の帰国生入試要項のほか、帰国担当の先生と在籍帰国生から入試や学校生活の様子をインタビューした訪問記などを掲載している。

問い合わせ先

電話：03−3212−8497　HP:http://fkikoku.sun.bindcloid.jp/

教育相談

海外在住体験のある母親たちのボランティア団体
フレンズ 帰国生 母の会

1983年10月設立。海外赴任のアドバイス、帰国生入試・編入など海外生活教育相談を中心に活動しています。

活動内容

●相談受付

赴任地での生活や教育関係で知りたいこと、帰国後の学校選びやお困りのことなどさまざまなご相談を承ります。
受付時間　平日10:30〜16:00
面談料　　○赴任前のご相談3,000円
　　　　　　（海外赴任用の冊子や資料をお渡しします）
　　　　　○その他のご相談1,000円
予めご予約ください。
電話相談・メール相談は無料です。

●赴任前セミナー

体験者の立場から海外赴任に関する心得や準備等、お話しします。首都圏の賛助企業またはフレンズオフィスにて、各国／各都市での暮らしについて赴任者のご質問にもお答えしながら、個別あるいはグループ別にお話しします。
料金　・企業へ出向1スタッフ5,000円
　　　・フレンズオフィス1回3,000円

●機関誌「フレンズだより」

帰国生を取り巻く教育や海外での学校体験などをテーマとした特集などをお届けします。毎年6月・12月発行

●「母親が歩いて見た帰国生のための学校案内　中学・高校編　首都圏版」発行

帰国入試要項と共に入試結果など必要な情報を網羅した1冊。スタッフが学校に赴いて、帰国担当の先生と在籍帰国生から入試や学校生活の様子をインタビューした訪問記、説明会時等のレポートはご好評をいただいています。
書籍のほかにPDF版があります。
毎年9月発行　定価3,400円

●シンポジウム・講演会

海外赴任や帰国生に関する問題を取り上げ、シンポジウムと講演会を開催しています。
第15回「海外の安全を考えるセミナー」
第16回「外国語！どう向き合う？どう学ぶ？」

■お問合せ先■

電話　　　03-3212-8497
受付時間　平日10:30〜16:00
E-mail　　ホームページの問合せ・申込・相談フォームよりご連絡ください。
HP　　　http://fkikoku.sun.bindcloud.jp/

活動参加のお誘い

海外で子育て経験がある女性で、一緒にボランティア活動をしてくださる方を募っています。

教育相談

公益財団法人
海外子女教育振興財団

海外子女教育振興財団

　1971年、外務省と文部省（現　文部科学省）の許可を受け、設立された財団法人。2011年に公益財団法人となった。

　教育相談事業、海外・帰国子女対象の各種教育事業をはじめ、海外赴任者とその家族に役立つ様々な教育支援事業、海外にある日本人学校・補習授業校に対する援助事業などを行っている。

　財団の事業は、おもに海外で経済活動を展開している企業・団体および学校が拠出する維持会費で成り立っている。

教育相談と教育情報提供

　渡航前、滞在中、帰国後の学校教育や学校生活に関すること、家庭教育、母語の問題などについて、専門の相談員が対応している。相談は予約制。また、海外・国内の学校情報についての電話やE-mailによる問い合わせに応じている。

日本の教科書の配付

　海外で使用する日本の教科書を、新たに出国する児童・生徒に配付している。

帰国生のための学校説明会・相談会

　帰国後の学校情報提供のために、小学生から高校生段階のお子さんと保護者を対象に、国内（東京・大阪・名古屋）と海外各地で毎年開催（2020年度はオンライン）。

各種講座・教室

◆渡航前配偶者講座
　駐在員配偶者を対象に、渡航前の不安を解消し、より充実した海外生活を送るための研修。実生活に役立つ英会話・中国語コースも併設されている。

◆現地校入学のための親子教室
　北米の現地校やインターナショナルスクールに入学する小学生から高校生段階のお子さんと保護者のために、学校生活に必要な実践的な研修を行っている。

◆渡航前子ども英語教室
　現地校など、英語で教育を行っている学校に入学する年長児から小学生を対象にした、英語の事前研修を行っている。

◆通信教育
①小・中学生コース（文部科学省補助）
　海外で学ぶ小・中学生に国語・算数/数学コースと理科・社会コースを提供。
　国語は、教科書とブック教材、ガイドブック等で日々の学習に取り組み、補助教材として朗読音声データや漢字力・語彙力が身につくWeb教材等もついてくる。
　算数/数学、理科・社会は、インターネット教材で、受講生専用サイトにログインし、授業動画と自分でプリントアウトする学習ノートで内容を理解し、様々な問題にチャレンジして日々の学習に取り組む。
　国語・算数/数学には毎月の学習確認に添削問題がついており、解いて返送する

と、丁寧に添削指導されて戻ってくる。

②幼児コース

　著者や出版社に偏りのない厳選された絵本と付録教材を定期的に海外へ送付。

◆外国語保持教室

　海外で身につけた語学力や文化的・社会的な思考力を保持させるための教室。首都圏に5カ所、中部地区に2カ所、関西地区に2カ所、webサテライトコースがあり、合せて約1,500名の小2〜高校生が学んでいる。またサマースクールも毎年開催している。英語以外にフランス語教室もある。

財団の刊行物

◆機関誌『海外子女教育』(月刊)

　1971年創刊の海外・帰国子女教育を中心テーマとした月刊総合情報誌。さまざまな角度から考察した特集をはじめ、海外や日本国内の学校、海外での子育てや帰国子女たちの体験にかかわるエッセイなど内容が豊富。海外駐在員をはじめ企業の人事担当者、教育関係者など必読の1冊。

◆『新・海外子女教育マニュアル』

　新たに出国される方の、渡航準備から滞在中の教育、帰国後の受け入れについてまで基本的な考え方とともに、具体的な事例を交えて解説している手引書。

◆『帰国子女のための学校便覧』

　帰国子女を受け入れる小学校から大学までを全国的に網羅し、入学・編入学の資格条件、選考方法等最新の情報を掲載した入学・編入学のガイドブックとして毎年刊行。

◆『地球に学ぶ─海外子女文芸作品コンクール作品集』

　財団が毎年開催する「海外子女文芸作品コンクール」の入選作品を掲載。海外で得た貴重な体験や感動を詩・短歌・俳句・作文に綴った子どもたちの目から見た作品集。

◆『サバイバルイングリッシュ』

　学校生活の中で「これだけは知っていて」「こんな表現はよく使う」というフレーズ、単語を場面ごとに集めた日英対訳集。

◆『ぬりえ　さばいばるいんぐりっしゅ─はじめて英語の幼稚園や小学校に通うお子さんへ』

　お子さんが絵を示すことによって、英語で最低限の言いたいことを伝えられるようになっている「ぬりえ」。

◆『英語ナビー算数・数学／理科用語集』

　現地校や国際学校で勉強する小・中学生のために、外国及び日本の教科書によく出てくる学習用語の対訳集。

◆『言葉と教育』(中島和子著)

　異文化の中で言語形成期の子どもを育てている方には必読の書。ことばの習得、海外子女の英語力、バイリンガルと年齢、ことばの保持などで構成。

◆『海外子女教育手帳』

　書き込み形式の日英両言語による自己紹介ファイル。英語圏の現地校等の先生が関心を持っている事項や帰国後の編入学にそなえ、海外での学校生活を記入するパートもある。また、手帳の中に英文の在学・成績証明書フォームも在中。

海外子女教育振興財団　https://www.joes.or.jp/
〒105-0002東京都港区愛宕1-3-4
愛宕東洋ビル6F
TEL 03-4330-1341 FAX 03-4330-1355
E-mail: service@joes.or.jp

関西分室　〒530-0001大阪市北区梅田3-4-5
毎日新聞ビル 3F
TEL 06-6344-4318 FAX 06-6344-4328
E-mail: kansai@joes.or.jp

海外生・帰国生向け塾

海外生・帰国生の中学・高校受験を応援します。
SAPIX国際教育センター

帰国生入試のエキスパート

　SAPIX国際教育センターでは、日本での受験をお考えの海外生・帰国生に対し、セミナー、情報提供などきめ細かなサポートを行っています。

●海外生向けサービス

■海外通信テスト（中学生対象）
　海外にいながら精鋭揃いのSAPIX生と実力の比較ができます。現状の成績を客観的に把握でき、学習の指針になります。

■帰国入試進学セミナー（小・中学生対象）
　SAPIXの講師が世界の主要都市にて、最新の受験情報から具体的な受験の流れまで詳しく説明します。

■海外パートナーシップ（中学生対象）
　海外の塾でもSAPIXオリジナル教材を使用して学習します。また、SAPIXの公開模試を日本国内と同時期に受験できます。

●帰国生向けサービス

■中学受験 帰国入試対策講座
　（小6生対象　2月開講）
　中学受験の帰国生入試対策として、入試問題演習や模擬面接を実施します。

■帰国生のための中学受験　英語集中講座
　（小6生対象　12月開講）
　難関中学の帰国生入試英語対策・エッセイの添削指導を行う集中講座です。

■帰国入試夏期準備講座
　（中3生対象　6月開講）
　帰国生が苦手としがちな分野を中心に、夏期までに習得しておくべき重要単元を学習します。

■高校受験 帰国入試対策講座
　（中3生対象　1月開講）
　授業、問題演習、模擬面接、模試など、受験に必要なすべてのプログラムを盛り込み、入試直前期対策を行います。

SAPIX国際教育センター

kokusai.sapix.co.jp

〒151-0053　東京都渋谷区代々木 1-32-7 1F
TEL 03-5388-6215　FAX 03-3370-6601

●お問い合わせ：土日・祝日を除く11：00～18：00【日本時間】

SAPIX YOZEMI GROUP

SAPIX YOZEMI GROUP

グローバル化する社会においては、海外経験を生かして活躍できる人材が求められています。海外で教育を受けることで、お子様の将来に向けての選択肢の幅は大きく広がるはずです。

SAPIX YOZEMI GROUPでは、海外渡航前・滞在中・ご帰国後の学習をサポートしております。サポート内容に関するお問い合わせ・教育相談など、随時受け付けております。

帰国生入試のエキスパート

SAPIXには、世界各国から帰国した多くの生徒が在籍しています。海外滞在中は、受験に関する情報が不足し、思うような受験対策ができなかったという方も少なからずいらっしゃいます。SAPIX国際教育センターでは、海外生・帰国生に対し、SAPIX YOZEMI GROUPの各部門と連携し、受験対策、セミナー、情報提供など、帰国生入試に関するあらゆるサポートを行っています。

海外生・帰国生向け塾

首都圏難関中学・高校を海外で目指すお子様をサポートします
（株）早稲田アカデミー

本気でやる子を育てる。

早稲田アカデミーでは、学習することを通して、本気で物事に取り組み、他に頼ることなく自分でやり通すことのできる子を育てることを目標としています。中学受験・高校受験に臨む海外生・帰国生の方のサポートも積極的に行っています。

≪海外在住生向けサービス≫

■志望校別通信添削講座
国内で行われている「志望校別コース」の教材をご家庭へお届けし、通信添削という形式で志望校合格をサポート！

【小6対象クラス／4～7月・9～12月開講】
開成・麻布・武蔵・桜蔭・女子学院・雙葉・駒場東邦・早実・早稲田・慶應義塾普通部・早大学院・渋谷幕張

【中3対象クラス／4～7月・9～12月開講】
必勝5科コース（筑駒・開成・国立）
※前期は国語を除く4科目のみ
必勝3科コース（早慶・難関）

■オープン模試の自宅受験サービス
海外にいながら日本国内のライバルと競うことができます！【小6・中1～3対象】

〈海外校・提携塾一覧/海外受験講演会過去実施都市一覧〉

中国	香港	シンガポール	シンガポール
	蘇州	マレーシア	クアラルンプール
	上海	インドネシア	ジャカルタ
	北京	タイ	バンコク
	広州		シラチャ
アメリカ	ニューヨーク	イギリス	ロンドン
	サンディエゴ	フランス	パリ
	アーバイン	ドイツ	デュッセルドルフ
	サンノゼ		ミュンヘン
	ワシントンDC	台湾	台北
	デトロイト	ベトナム	ハノイ
	シカゴ		ホーチミン
	トーランス	オーストラリア	シドニー
	ダラス		メルボルン
			ブリスベン

海外在住生の志望校合格をサポートします！

小6・中3対象
首都圏難関校を海外で目指すなら！
志望校対策通信添削講座

小6・中1～3対象
国内で頑張る生徒たちとの競争の機会！
オープン模試の自宅受験サービス

海外受験講演会を各地で毎年開催！詳細はHPにて

早稲田アカデミー　お電話で 国際部 03-5954-1161　スマホ・パソコンで

帰国後も早稲田アカデミーにお任せください。

早稲田アカデミーは首都圏に170以上の校舎を展開する学習塾です。ご帰国後はお近くの校舎や帰国生向け講座・イベントでサポートします。

≪国内帰国生対象サービス≫
■志望校対策英語講座（9〜12月開講）
帰国生入試における英語難関校志望生を対象にした志望校特化型の講座です
【小6対象】（3クラス）
　αクラス
　βクラス
　渋谷幕張クラス
【中3対象】（1クラス）
　渋幕・慶應義塾湘南藤沢高等部クラス
■無料講座・イベント（帰国生対象）
　・帰国生入試報告会
　・帰国生入試出願ガイダンス
　・帰国生集まれ講座
　・帰国生対象学校説明会・個別相談会
　・慶應義塾湘南藤沢高等部対策講座

　・無料カウンセリング　　など
≪一時帰国生対象講座≫
一時帰国中には、季節講習会参加の他に、受験生向け講座も用意しています。
（期間に合わせた宿泊先の紹介サービス有。）
■プレ夏期講習会
【小6・中3対象／7月／算(数)国英／10日間】
≪入試直前期帰国生向け講座≫
■プレ冬期講習会
1月の帰国入試難関校志望者向け
【小6対象／12月／算国英／10日間】
■入試直前対策講座
学科試験対策の他に、面接や作文対策を行い、入試本番に備えます。
【小6対象／1月／16日間】
　3科クラス：帰国入試難関校志望者対象
　4科クラス：御三家・難関中志望者対象
【中3対象／1・2月／20日間】
　3科クラス：早慶附属をはじめとする難関高校志望者対象
　5科クラス：国立高・開成高志望者対象

※詳細は早稲田アカデミーHPへ。

2020年 中学入試合格実績

開成 111	駒場東邦 31	慶應普通部 59	桐朋 80
麻布 67	筑駒 39	慶應中等部 61	渋谷幕張 157
武蔵 74	筑附 37	慶應湘南藤沢 41	豊島岡女子 108
桜蔭 69	早実 78	栄光学園 23	海城 112
女子学院 60	早大学院 79	聖光学院 79	灘 29
雙葉 31	早稲田 171	フェリス 3	ラ・サール 16

その他多数合格

2020年 高校入試合格実績

開成 103	早大学院 281	立教新座 379	中大附属 109
慶應女子 95	大大本庄 452	豊島岡女子 102	中大杉並 144
慶應志木 270	筑駒 28	青山学院 152	中大大附 80
慶應義塾 250	筑附 76	ICU 90	中渋谷幕張 104
慶應湘南藤沢 40	学大附 82	明大明治 121	市川 162
早実 118	お茶附 34	明大中野 201	日比谷 73

その他多数合格

通信教育

<世界中どこからでも入学して、いつでも卒業できる>
東京インターハイスクール

「自立力」が求められる子供たちの未来

「人工知能によるライフスタイルの変革」は、私たちの価値観に劇的な多様化をもたらします。就労環境で例えれば、今ある多くの仕事が無くなり、残った仕事も激変し、全く新しいジョブスキルが求められるなど、既存の価値観では想像できない状況が待ち受けています。

この変革に備えて動き始めたのが教育界です。現行の知識の詰め込みとテストの採点を基準にした画一的な評価制度から、今後は「思考力・判断力・表現力」及び「主体性・多様性・協調性」を重視する多面的な評価制度が実施されます。2020年までには「高大接続改革」のもと、大学受験が採点方式から多面評価を取り入れた選別方式に移行します。

つまり、子供たちには自分で考え、判断し、実行する「自立力」が求められているといえるでしょう。事実、中等教育では文部科学省が推進するスーパーグローバルハイスクールや国際バカロレアスクールなどの施策が実施され、教室ではアクティブラーニングとプロジェクトベーストラーニングを通して、生徒の「自立力」を高める学習環境作りが拡がっています。親世代が経験した画一的な学校教育から、多様な学び方に変革する過渡期に子供たちは生きています。

18歳で自立をさせる子育てと教育

帰国生も家族背景や海外生活歴の多様化、海外学習歴や日本語・外国語・学力の多様化などから、帰国後、日本の学校に馴染まないケースが増えています。すなわち前述で言及した「多面的な評価制度」を導入して帰国生を積極的に受け入れる学校が増えてはいるものの、多様化する帰国生の中のどの層を受け入れ、どう育てるのか、理念や方針、受け入れ戦略が明確でない学校と帰国生との間でミスマッチが起こっているのです。

一方、視点を転じれば、海外にいる子供たちは異文化の中で日々、「自立力」を育む体験を重ねています。日本の学校に馴染まなかった帰国生こそ、この教育変革期にあって「自立した人材」として高く評価されるようになります。海外では日本人学校、補習校、インターナショナルスクール、ローカルスクール、オンラインスクールなど様々な就学環境がありますが、重要なのはわが子の資質に合った多様な学びの環境を選ぶと共に、「18歳の自立」を目指す子育てを家庭で実践すること。それが「成功する子供」への道に繋がります。

東京インターハイスクール
学院長　渡辺　克彦

学院長の書籍 "学びに「成功する子供」教えに「失敗する大人」" がポプラ社より発売されました。全国書店・アマゾンで購入可能です。

東京インターハイスクール（TIHS）は米国ワシントン州認可校Alger Independence High School (AIHS)の日本校です。英語でも日本語でも学習が可能です。オルタナティブスクールなので毎月世界中から入学・編入できると共に、帰国後は東京渋谷キャンパスに通学することができます。帰国生に人気の進学塾トフルゼミナールのSAT、TOEFL、小論文などの受験対策講座を卒業に向けた履修科目として学習できるため、高校就学中に効率よく大学受験の準備ができます。医学部や理工学部志望で大学一般受験が必須の生徒は、高校卒業程度認定資格試験（旧大検）のための学習を科目単位に設定・履修できます。

TIHSは学校外（塾、資格専門学校、アルバイト、etc）の教材や学習機会を生徒個人の学習カリキュラムに取り入れる「生徒中心のOpen Education」を実施。在学中は生徒一人ひとりにTIHSの担任学習コーチがつき、生徒の興味関心に寄り添って手厚く個別サポートをするので安心です。また、渋谷キャンパスに通学する生徒はグループ学習やフィールドトリップにも参加

できます。当校ではこのようなアクティブラーニングとプロジェクトベーストラーニングを通して、「自立と自律」を目指す学習を実践しています。自由に学べる環境の中で帰国生たちは自分の才能や得意分野を大きく伸ばし、その多くが日本や海外の大学に進学しています。

-----近年の合格進学実績はこちら---
国際教養大、慈恵医大、山梨大（医）、琉球大（法）、東京外大（独）、千葉大（工）、東京理科大、早大、慶大、ICU、上智大、同志社大、成蹊大、立命館APU、青学大、中央大、Harvard U、New York U、UC Berkley、U of Washington、NU of Singapore、London U、Berklee Music U、Pennsylvania state U、ミネルバ大（米）

帰国後に慶大に進学した卒業生

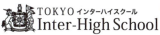

COLUMN

帰国後の進学先は、「アメリカの高校」

帰国後の高校選び体験談　Mさん（赴任地：アメリカ・オハイオ州）

「半年後に、帰任です。」

Mさんに帰任辞令がおりたのはアメリカ赴任5年目を迎えた2020年早春。ビザを更新したばかりで、もう少し続くかと思っていた矢先のことだ。

さて困ったのは、子どもの進学。当時、G11（高2）の長男とG10（高1）の長女は予定であればあと数年でアメリカの現地校を卒業。帰国子女枠で大学受験のつもりだった。しかしながら、このタイミングで帰国となると…学校はどうするか？

5月に現地校を修了。
6月に帰国、7月に編入したい、が。

とにかくこのスケジュールで、通学できる範囲の高校に問い合わせた。すると「1学年落としてであれば受け入れ可能」、「留年の可能性も含めてであれば」等、スムーズな編入・卒業は難しい、との回答だった。

カリキュラムの違いも、当然懸念があった。アメリカと日本の高校では、学ぶ内容も方法も全く違う。アメリカで継続してきた学習スタイルが急に変わってしまうのは、子どもたちに大きな違和感があるはずだ。その点、インター校ももちろん検討したが、学費の高さで候補から外した。

さらにもう1つ気になったのが、結局編入できても「日本の高校卒業資格」しか得られないことだ。子どもたちが、アメリカのミドルスクール・ハイスクールで学んできた経験が、証として残らなくなってしまう。

本当は現地校を卒業させてあげたいが、それは叶わない。何か良いソリューションはないか。いろんな学校に聞いてまわった。

通信制のアメリカの高校へ

そしてMさんが最終的に選んだのは、通信制高校の「東京インターハイスクール」。『アメリカの高校卒業資格_日本の高校_帰国生』のワードで検索し、見つけた。

この学校では検索ワードの通りアメリカの高校卒業資格が得られる。アメリカ現地校の単位振替も、もちろん可能。カリキュラムは自分で作るという特殊性があるが、Mさんの子どもたちにとっては嬉しいシステムだった。2人とも帰国前の4月から東京インターハイスクールに編入。アメリカからリモートで受講し、現地校とのダブルスクールで通い始めた。狙いは「挽回」だ。

「最初、アメリカの現地校に入るときに、子どもたちは学年を1つ下げたんです。なので帰国すると、日本の友達よりも学年が1つ下になる。それって、子どもにとっては、いやですよね。高校生であれば、大学受験もあるので、気持ちも下がってしまう。

その点、東京インターハイスクールは卒業までのカリキュラムを自分の目的に沿って計画できる。例えば長女の場合、本来あと2年必要な高校課程も、頑張って単位取得できれば1年で卒業できる。まあ、『しんどいですよ』とは言われていますけれど、本人は今、かなり追い込んできている。自分次第で進められるのは、1つのモチベーションになっています。」

取材協力:東京インターハイスクール

通信教育

海外子女(小・中・高)の算数・数学・国語
お家で学べるオンライン個人授業
Happy Study Support

Happy Study Supportは世界中のどこにでも十分な日本の教育をお届けします。

お子様に合わせた学習サポート

①フルオーダーの個別カリキュラム
お子様の学力や進路に合わせた個別のカリキュラム（授業内容・計画）で、学習指導いたします。

②マンツーマンの丁寧な指導
プロ講師との1対1の対話型授業に加え、小テストや定期テスト等の添削指導で学力の定着を図ります。

③定期的な保護者面談
学級担任や進路指導経験の豊富な担当者が保護者様とご一緒にお子様をサポートいたします。

◆算数・数学と国語の2教科専門◆

各教科別に専門の講師が担当します。国語は論理力・表現力を鍛える小論文指導も可能です。

◆経験豊富なプロ講師の指導◆

講師陣は日本の進学高校での指導実績のある元教師です。日本の受験や教育事情に詳しいので、帰国後の学校にスムーズに対応できるサポートをいたします。

海外での学習環境づくり

・海外では日本の書籍の入手が困難です。お子様に合う本や問題集を（渡航前）日本で入手することをお勧めします。

・日本語に触れる機会の少ない海外では、国語の学習を意識的に取り組むことをお勧めします。国語力は思考力に繋がります。

渡航前や海外滞在中の教育相談も承ります。お気軽にお問合せください。

Happy Study Support　ハッピースタディーサポート
海外在住のお子さまの学習をサポートする
オンライン・プライベート・ティーチャー
代表 小林美代子
https://www.happystudysupport.com/

通信教育／海外生・帰国生向け塾

【帰国子女】×【難関大生】の教師が約3,000名在籍！
海外子女専門オンライン家庭教師EDUBAL

EDUBALなら世界どこでも、帰国子女の先輩の指導が受けられる！

EDUBALは海外子女専門のオンライン家庭教師サービスです。
約3,000名の在籍教師は全員【帰国子女】かつ【難関大学生】
その中から、生徒様一人ひとりにピッタリの教師をお探しします。

- IB対策
- 帰国子女受験対策
- SAT対策
- TOEFL対策
- インターナショナルスクールフォロー

EDUBALブログでは海外子女・帰国子女のための教育情報を配信中。
情報収集にぜひご利用ください。

帰国子女の専任アドバイザーによる進路相談・学習相談も無料で
行っておりますので、お気軽にご連絡ください。

☎ 03-6756-8620　✉ ask@edubal.net

帰国生入試対策専門予備校
トフルゼミナール帰国生教育センター

帰国生・一時帰国生の大学・高校受験はトフルゼミナールにお任せください

コースラインナップ
- トップ私大受験コース
- 国際系大学受験コース
- ハイレベル私大受験コース
- トップ国公立受験コース
- 帰国生のAO入試併願コース
- 高校帰国入試コース
- 一時帰国生対策コース

◆ 2020年合格実績 ◆
早稲田大国際教養学部(AO)
72名 /定員125名中
上智大国際教養学部
103名 /定員100名中

さまざまな受験相談にお答えします。
下記よりお気軽に申し込みください。

http://tofl.jp/kikoku

☎ +81-3-3205-8015

トフルゼミナール海外帰国生教育センター

通信教育

京都美山高等学校
（インターネット通信制）

■〒602-0926　京都市上京区元真如堂町358番地■フリーダイヤル：0120-561-380■TEL：075-441-3401■FAX：075-441-3402■URL：http://www.miyama.ed.jp/■E-mail：nyushi@miyama.ed.jp

日本初の『インターネット通信制』高校

　京都美山高等学校は、日本で初めて本格的にインターネット教育システムを導入した普通科の高等学校です。オンラインでの在宅学習が中心で、リアルタイムで行う「在宅ライブ中継授業」やいつでも好きな時に学習できる「在宅ビデオ学習」、年間5回程度の「日帰りのスクーリング」を受講し、オンライン上でレポートを提出、定期考査を受験することによって単位が認定されます。毎年多くの生徒が、卒業（卒業率93％以上）していきます。2014年、最新設備の新校舎が完成しました。2019年度からは、スマートフォン・タブレットにも対応しました。

学校法人　自由学園
幼児生活団通信グループ

■〒203-0021　東京都東久留米市学園町1-11-17■TEL：042-422-1098■FAX：042-423-9844■E-mail：tg-info@jiyu.ac.jp

「やってみたい」「やってみよう」好奇心や、やる気を引き出します。

　自由学園幼児生活団幼稚園で実際に行われている教育をもとにした幼児のための通信教育です。

　就学前に必要な「生活」のひとつひとつのことに丁寧に取り組みます。美術、歌、体操、植物を育てる事など、子ども達の好奇心を育てる、手作り教材をお送りしています。子ども宛の「おてがみ」では、丁寧なことばで語りかけ、興味や関心が深まるようにこころがけています。

　通信グループの教材と共に、幼児期の成長の過程をより一層楽しみませんか。

東京インターハイスクール
（インターナショナルオルタナティブスクール）

■〒150-0002　東京都渋谷区渋谷1-23-18　ワールドイーストビル 4F■TEL：03-6427-3450■FAX：03-6427-3451■E-mail：info@inter-highschool.ne.jp

世界中から入学可能・インターナショナル通信制高校

　当校は主に英語力で国内外の大学に進学を検討している海外生と帰国生のために、大手進学英語塾・トフルゼミナールのTOEFLや、TOEIC対策講座を卒業単位に認定している。英語に加えて、受験小論文対策など全ての受験準備が卒業に向けた科目となる。

　また当校の特徴として、世界中から入学して卒業ができるので、海外生と帰国生を積極的に受入れている。米国で開発された学習コーチングメソッドを活用して、担任のコーチが日本語または英語で個別サポートする。卒業時には、米国ワシントン州認定校の高卒資格を取得する。

SAPIXの通信教育
ピグマキッズくらぶ

■〒151-0053　東京都渋谷区代々木1-27-5-3F■TEL:0120-6565-41（携帯からは:03-5333-1200）■FAX:0120-5577-19　■E-mail：sapix-pigma@sapix.jp

中学受験で定評あるサピックス・メソッドを海外で！

　ピグマキッズくらぶは、中学入試で必要とされる言語理解・空間把握・推理などの力の養成を目指して開発された小学1年生から4年生のための通信教育システムです。「学ぶ楽しさ」「発見する驚き」「わかる喜び」がいっぱいの教材で、海外で学習する子どもたちをサポートします。

　帰国後にサピックスに入室される場合、入室金割引特典がございます。海外へも入会案内書とお試し教材を無料でお届けします。詳しくはピグマキッズくらぶのホームページをご覧ください。
https://www.pigmakidsclub.com

教育相談／ドミトリー

ALOE (Association of Ladies with Overseas Experiences)
アロエ・海外生活体験のある女性の会

■代表　石川桂子　■URL：https://aloenagoyavol.com

≪海外へ赴任する方やその家族への生活情報提供、帰国時の相談≫

海外滞在中に、現地の人々との交流から学んだボランティア精神を日本の社会でも活かしたいという思いで1985年より活動を始める。
(1)日本語を第一言語としない人々の為の日本語教室「あかさたな」を開催
(2)会員の海外生活や帰国時の体験などを活かして、
・海外へ赴任する方やその家族への学校・教育・医療・生活情報提供
・帰国生のための学校情報の提供
・帰国直後の子供達の心のケアや母親の悩み等を話す交流の場を提供

関西帰国生親の会かけはし

■TEL：090-6060-0812 ■E-mail：kakehashi@kansai.email.ne.jp
■URL：http://www.ne.jp/asahi/kakehashi/kikoku/

海外赴任前から帰国後まで、教育・生活情報を提供

1984年結成の海外生活経験者によるボランティア団体です。
関西の教育情報や海外の生活情報の提供を通じて、赴任前・滞在中・帰国後の方々をサポートいたします。
・学校情報誌『帰国生への学校案内《関西》』の出版（毎年秋）
　※但し2021年版は休刊。2021年秋までは2020年度版を継続発売中
・会報の発行（年2回）
・月例会、教育セミナー、おしゃべり会などの開催（大阪梅田にて）
・メールによる無料教育相談

国分寺女子ハイツ

■〒185-0012　東京都国分寺市本町4-12-19 ■TEL：042-325-4182
■FAX：042-321-9884 ■E-mail：azalea-kbj1@k-jh.co.jp

歴史の街・国分寺でゆとりと安心の生活を

［国分寺女子ハイツ：138室］全個室・インターネット無料Wi-Fi
［国分寺女子ハイツ2：85室］全個室・インターネット無料Wi-Fi
高校生、学期途中の入館等ご対応いたします。
〈環境〉JR中央線・西武線国分寺駅から徒歩2分～5分の住宅地に位置し、夜道も安心。〈設備〉エアコン、ユニットバス（ウォシュレット）、ミニキッチン、机など〈食事〉専用食堂にて家庭的な食事を朝・夕の2回提供しております。〈安心のために〉防犯はもとより急病などの緊急事態に備えています。

海外で幼児を育てる 思い出のひとコマ

「初めてのことば」アメリカより

　幼稚園でまず覚えるのは「My turn!」だと先輩ママから教えられ、いつ口にするようになるのかと思っていたら、「ヘルオケ」と、なぞのことばを言うようになった。しばらくして、それは「Are you OK?」だと判明。幼稚園では、きっと心優しい人たちに囲まれて過ごしているのだろうと感謝。

「昆虫の名前」サウジアラビアより

　日本語が怪しくなっているので、「これは何という名前？」とアメンボを指したところ、「アカンボ」。モンシロチョウを指すと、ただ「チョウチョウ」と言うので「白いチョウチョウだよ」とヒントを出したところ「ホワイトチョウチョウ」。

引用：「月刊『海外子女教育』」2013年2月号より

CHAPTER

医療と健康

心身の健康は海外赴任の基本。健康診断や、ワクチン接種、常備薬の準備、英文診断書の用意など、入念に準備をしておこう。

※本書に掲載している医療機関が個別に扱っている海外製（輸入）ワクチンについては、副作用発生時の医薬品副作用被害救済制度の対象になりませんので、ご注意ください。接種を依頼する医師とよくご相談ください。

CHAPTER 5　医療と健康

01　海外赴任前の医療対策

―寄稿―
航仁会　西新橋クリニック
理事長
大越　裕文　先生

1981年東京慈恵会医科大学卒、同大病院助手、米国留学後、日本航空健康管理室主席医師。2008年より現職。日本渡航医学会理事、日本産業衛生学会代議員など。

海外赴任中の健康対策は事前の準備が最も大切。ポイントを押さえて、計画的な対策を。

海外滞在中の健康対策は、事前の準備が最も大切です。赴任が決まったら、すぐに準備に取りかかりましょう。

1. 渡航先の情報収集

海外渡航中は、気候や衛生状態などの環境の変化により健康問題が発生しやすくなります。まず渡航先の情報を入手してください。
①収集すべき情報：気候・大気汚染・交通事情・衛生状態・感染症流行・必要な予防接種・医療事情など
②情報の収集方法
　＊前任者や赴任経験者からの情報
　＊インターネット情報（チェック①参照）

2. 健康診断の受診

赴任が決まったら、すぐに健診を受診し、再検査、精密検査が指示された場合は、できるだけ日本で解決しておきましょう。
①海外赴任者：6ヶ月以上海外に赴任される方は、健康診断は義務です。赴任が決まったらすぐに健診を予約してください。その他、渡航先によっては就労ビザや就労許可のための検診が必要になります。
②帯同成人：健康診断の受診は義務ではありませんが、できるだけ健診を受けましょう。女性の方は、婦人科検診の追加を検討してください。なお、中国に渡航する場合は、居留許可のための検診が必要です。
③帯同小児：乳幼児健診、学童健診で問題を指摘された項目につき、かかりつけの先生と相談してください。
④全員、歯科医のチェックを受けて、出発前に治療が終わるようにしましょう。

3. 予防接種と接種記録

渡航に必要なワクチンや推奨されているワクチンを外務省の情報などを参考に確認してください。
①推奨ワクチン：渡航先で推奨されているワクチンの接種を受けてください。医療レベルに問題がある国へ渡航する際は、日本で接種し、一時帰国の際に追加接種を受けてください。
②黄熱ワクチン：渡航国が入国時に黄熱ワクチン接種を義務付けているかを確認してください。接種を義務付けている場

合や感染のリスクがある場合は、最寄りの検疫所あるいは関連施設で接種してください。有効期間は、1回接種後10日目から生涯有効です。また黄熱ワクチン接種後27日間はほかのワクチンが接種できません。黄熱ワクチン以外のワクチンを接種する場合は、まず医療機関で接種スケジュールを相談してください。

③帯同小児の予防接種：年齢相応の日本の定期予防接種とおたふくかぜワクチンを接種してください。お子様が入園・入学の際に要求されるワクチンを接種し、所定のフォームを用いて接種証明書を作成してもらってください。合わせて接種記録を作成しましょう。「英語/日本語母子健康手帳」の利用をお勧めします。（チェック①参照）。

4. 持病の対策

海外渡航中は、生活習慣の変化や治療の中断などによりに持病が悪化しやすくなりますので、しっかりと準備をしてください。

①主治医から海外渡航時の注意をうける。
②持病のコントロールを改善しておく。
③英文医療情報を用意する。
・基本情報：名前・生年月日
　　　　　　アレルギー・既往歴など
・疾病情報：病名・内服中の薬・データのコピー、緊急時の対処法
④発作性疾患やアレルギーなどがある場合は「緊急用カード Medical alert card」を準備しましょう。基本情報・疾病情報・緊急連絡先・対応方法を記載したcardを常に携帯してください。
⑤可能であれば、渡航前に海外のクリニックに問い合わせしましょう。
・クリニックの診療内容・担当医師の情報
・内服中の薬剤の処方の可否、処方できない場合の代替薬の確認。

チェック①

海外の医療情報を探す

外務省世界の医療事情　https://www.mofa.go.jp/mofaj/toko/medi/index.html
外務省海外安全ホームページ　https://www.anzen.mofa.go.jp/
厚生労働省検疫所FORTH　https://www.forth.go.jp
海外邦人医療基金　　　https://www.jomf.or.jp
Care the world（出産・子育て情報）http://www.caretheworld.com/

予防接種を受ける・調べる

黄熱病の予防接種について「FORTH」https://www.forth.go.jp/useful/yellowfever.html
予防接種医療機関を調べる「FORTH」https://www.forth.go.jp/moreinfo/vaccination.html
※海外製のワクチンが必要な場合はトラベルクリニックを受診してください。
日本渡航医学会トラベルクリニックリスト　http://jstah.umin.jp/02travelclinics/

英文の母子健康手帳を用意する

公益財団法人　母子衛生研究会　https://www.mcfh.or.jp/

赴任の準備

引越し

住宅

子どもの教育

医療と健康

現地の暮らし

⑥常用薬は長期処方（3ヶ月分くらい）をしてもらい、入国時のトラブルを避けるために、薬剤が個人使用である証明書を持参されることをお勧めします。なお、一部の薬剤は、持込めないものがありますので、渡航国の在日大使館に確かめてください。

これらの対策の他にも、市販薬や衛生用品の購入や、ストレス対策、さらに現地の医療機関を受診するために必要な情報の確認など、健康な海外赴任生活を維持するためにしておくべき準備が、まだまだあります。チェック②を参考に対策をしておきましょう。

まずは必要な対策を確認し、漏れのないようにひとつひとつ準備をしましょう。

チェック②

チェック1　市販薬と衛生用品の準備

①解熱鎮痛剤・総合感冒薬・胃腸薬、うがい薬など
　注意）デング熱流行地では、解熱鎮痛剤はアセトアミノフェン系薬剤を持参
②消毒液、包帯、ガーゼ、絆創膏、生理用品、湿布薬、虫刺され薬、浣腸、体温計、氷のう（アイスノン）など
③スポーツドリンク、経口補水塩ORS(粉末)、
④殺虫剤、昆虫忌避剤、蚊取り線香

チェック2　生活習慣病・ストレス対策の準備

①渡航先の情報入手：歴史・文化・習慣・食事・気候・医療など
②簡単な会話の勉強あるいは準備
③現地でできる運動（屋内、屋外）・趣味・リラクゼーション方法を確保
④相談相手の確保：元同僚・友人・産業保健スタッフ
⑤体重測定で健康管理

チェック3　海外の医療機関受診のための準備

①渡航先の医療制度や医療文化の違いを確認
②医療費の支払い方法を勤務先と確認：旅行保険、渡航先の保険、立て替え払いなど
③かかりつけ医候補の情報を入手
④受診の準備
　＊基本情報の整理：持病、内服薬、既往歴、薬剤アレルギー・家族歴など
　＊指さし会話集や翻訳ソフトの用意

チェック4　飛行機搭乗の際の注意

　海外赴任中は、飛行機での移動が多くなります。飛行中の機内は、地上とは異なり、低酸素で乾燥した環境です。
①航空会社の注意事項を守りましょう。
②飛行機に搭乗すると悪化する疾患があります。健康状態に不安がある場合は航空会社に相談してください。
③具合が悪くなったらすぐに乗務員に申し出てください。

02 海外医療制度の基礎知識

―寄稿―

医療法人社団TCJ
トラベルクリニック新横浜院長

古賀　才博　先生

1992年産業医科大学卒、長崎大学熱帯医学研究所等で研修し松下電器（現パナソニック）の海外医療対策室勤務、2002年より労働者健康福祉機構　海外勤務健康管理センター勤務。2010年トラベルクリニック新横浜を開設。

医療制度の違いに注意を
～日本の医療はガラパゴス？～

日本はかつて"水と医療はタダ"と言われた時代もありましたが、現在でも一部有料化されたとは言っても医療機関へのアクセスはそれほど大変ではありません。一方、海外では良質な医療を受けたい場合、医療制度の違いを知っておかなければ様々なトラブルにつながることがあります。

事例Aは米国の皆保険制度（オバマケア）が導入前の事例ですが、ほぼ実話にもとづいており、米国に限らず海外へ赴任・帯同する方々には知っておくべき内容が多くご紹介させていただきました。

ここでは、日本と海外の医療制度の違いを説明するとともに、トラブルを避けるために注意したい点をご紹介します。

1. 高額な医療費

海外で良質な医療を受ける場合、一般に医療費は日本に比べ高額になります。特に

事例A：ニューヨークで勤務するAさんの場合

中小企業の社員で海外勤務となりましたが、初の海外進出ということもあり仕事に追われる毎日を過ごしていました。そのため自身の健康保険に関しては、現地の民間医療保険に加入することもなく、日本の健康保険に継続して加入しているため大丈夫と考えていました。以前より時々虫垂炎を患うことがありましたが、日本ではその度ごとに病院を受診して抗菌薬を内服し、手術を受けるような状態にはなりませんでした。

ある週末、同様の症状が出現し医療機関へ受診しようと考えましたが英語が堪能なAさんでも医療用語は難解なため躊躇し翌日まで様子をみることにしました。翌日の明け方、下腹部の激痛と発熱で目が覚め、これまで経験したことのない痛みのため日本では119番に電話し救急車を呼ぶところですが、救急車を呼ぶ電話番号も分からず、やっとの思いで通勤途中にある総合病院の救急外来へタクシーに乗りたどり着きました。

救急外来ですぐに医師の診察が受けられると思っていましたが、病状により優先順位が決定されるため廊下の簡易ベッドで数時間待つことになりました。その間、医療保険の有無や医療費の支払い方法について問われ、無保険であることが分かると支払い能力を証明するか、前金として一定額を支払わない限りこれ以上の医療を提供できないと言われました。幸い仕事上のパートナーが電話で交渉し、日本の会社が医療費を負担することで決着しましたが、虫垂炎から腹膜炎を来たしており開腹手術となり最終的な医療費の合計は1000万円近い金額が必要となりました。

米国では医療保険に加入してない場合、個人で支払うことが不可能な額を請求されることがあります。また途上国であっても、外国人が利用する医療機関で支払う医療費は日本に比べて高額になります。

海外では低所得者や高齢者へ最低限の医療を提供する公的な医療制度はあっても、高度な医療や快適で清潔な医療はサービスの1つと考えられています。それらのサービスを受けるには、相応の費用負担が必要になるため"支払い能力の有無"が問われることになります。

また途上国では日本国内と同程度の医療を受けたい場合、近隣の医療先進国へ搬送しなければならない場合もあります。医師や看護師の同乗の有無や医療搬送専用機と民間の航空機のいづれを使用するかなどで費用に違いがありますが、通常数百万円のコストがかかります。そのような費用をカバーするためには、保険の加入が必要ですがその内容により享受できるサービスに違いがあるため確認が必要です。中東の産油国で現地の国籍を有する者は医療費無料というところもありますが"海外では医療はお金がかかるもの"と思って間違いはないでしょう。

2. 医療保険の違い

日本から海外に赴任する場合、先進国では、現地の民間の医療保険に加入することが一般的です。その場合でも加入した医療保険の契約内容によって、受診できる医療機関や受けられる医療サービスに違いがあります。米国では医療を受ける場合、通常事前に家庭医と契約しておくことが必要ですが、その際に加入している保険により契約の可否が問われます。

一方、途上国では海外旅行保険に加入することが多いと思いますが、既往症は担保されないことが多く、注意が必要です。すなわち日本国内で既に高血圧や脂質異常症などの内服治療を受けており、海外で既往症の治療を継続する場合、海外旅行保険ではカバーされないことが一般的です。

日本の健康保険に加入を継続していると海外で支払った医療費を還付する制度もありますが、書類の和訳等手続きが煩雑な上、一旦は自分で全額を支払い、同様の医療を国内で受けた場合に相当する費用が戻るのみのため現実的ではありません。

3. 救急車の違い

日本で救急車を呼ぶ場合は、119をコールし費用は一般的に無料です。米国では911にコールし、費用は有料となります。路上で具合の悪い人がいて親切心で救急車を呼び、その方が利用を拒否した場合、呼んだ者が費用を負担しなければなりません。日本国内でもタクシーの代わりに救急車を呼ぶようなケースが社会問題になったりしますが、海外では有料が普通です。

また途上国では救急車は最低限の医療機器さえも備え付けられていない場合もあり、搬送先はどこの医療機関となるかも分かりません。そのため救急車が必要な場合は、現地のプライベート病院が所有する専用の救急車を呼ぶか、自家用車で搬送することになります。

4. フリーアクセスは日本だけ

日本では患者が自由に医療機関を選択することが可能です。大学病院や高度な医療を提供する専門病院でも一般的に医療機関からの紹介状があり、医療保険の範

囲内であれば自由に医療を受けることが可能です。先進医療を受ける場合は自費治療となりますが、このようなシステムは世界的にはまれで、米国では先の家庭医が医療のゲートキーパーとなり、必要があれば専門医へ紹介します。そのため加入している医療保険により受診できる医療機関や治療内容さえも左右されることになります。先の事例のように救急受診が必要な場合は、家庭医に電話をするか、保険会社の専用ダイアルに電話をする、救急車を呼ぶなどの対応になりますが、米国では救急外来を受診するほどの病状ではないがすぐにでも医療機関にかかりたい場合は、Urgent Care ClinicやWalk-in Clinicと呼ばれるような施設を利用することも可能で近所の施設をあらかじめ探しておくことも良いでしょう。

途上国では良質な医療を受ける施設は限られるため、外国人が利用する医療機関は民間の医療機関となることがほとんどです。日本国内では国公立病院などは医療機器も人材も高いクオリティーが確保されていますが、海外では公的医療機関は低所得者を対象にし、医療機器も不十分なことも多く、必要最低限の医療を提供する施設であることが一般的です。

5. ドクター選び

日本国内でも転勤などで見知らぬ土地に住むことになった場合、どこの医療機関へかかるか迷うこともあるでしょう。ましては海外ではなおさら主治医選びは大変ですが、一般的には前任者からの紹介や日本人コミュニティのなかでの口コミ、帯同家族がいればお子様の学校入学のための健康診断や予防接種の必要性から自然に決

まることが多いと思われます。一旦決まった主治医は固定されるものではなく、相性や考え方の違いから主治医を変更することも可能です。また日本でも一般的になってきましたが他の医師に意見を訊くセカンドオピニオンを活用するのも良いでしょう。

6. 日本が1番？

言葉の壁やこれまで慣れ親しんできた医療制度から日本の医療が1番と思いがちですが、一概にそうとも言えません。日本は皆保険制度のもと医師の経験や技術によらず一定の医療費が医療機関に支払われるため医師間の競争原理が働かず、医療をサービスという視点でとらえることに違和感を持つ医療従事者もいます。かたや米国では高額な医療費が問題となっていますが、移植医療に代表されるような日本国内では一般的ではない先進医療で助かる邦人もいます。

一方、医療ツーリズムで脚光を浴びるタイのバンコクでは、ホテルのような医療施設で日本語による医療サービスを受けることも可能であり、海外旅行保険に加入していれば窓口での支払いはありません。そのため過剰な検査、医療になる問題も指摘されていますが日本以上に快適な環境で無痛分娩を経験した奥様にとって評価は高くなるかもしれません。

以上のように海外では日本と異なる医療制度である事を理解していないと十分な医療を受けることが出来ないだけでなく、結果的に多額の医療費が必要となることもあります。健康でトラブルなく赴任期間を過ごせることが何よりですが、事前の準備が大切です。

赴任の準備

引越し

住宅

子どもの教育

医療と健康

現地の暮らし

133

CHAPTER 5　医療と健康

03 感染症の対策

―寄稿―
東京医科大学病院
渡航者医療センター　教授

濱田　篤郎　先生

1981年に東京慈恵会医科大学卒業後、米国に留学し渡航医学を修得。2004年より海外勤務健康管理センター長。2010年7月より現職に着任し、海外勤務者や海外旅行者の診療にあたっている。

主な感染症と感染経路

　海外でも発展途上国（途上国）では感染症が日常的に流行しており、日本からの渡航者が現地で発病するケースも数多くみられます。海外渡航者にリスクのある感染症を表①に示します。流行地域の詳細は厚生労働省検疫所のホームページなどをご参照ください。以下に主要な感染症を紹介します。

①経口感染症

　飲食物から経口感染する旅行者下痢症やA型肝炎は、途上国であればいずれの地域でも高いリスクになります。経口感染症の予防には、ミネラルウォーターや煮沸した水を飲用すること、食品はなるたけ加熱したものを摂取することなどが重要なポイントです。また、外食をする場合は衛生状態の良い店を選ぶようにしましょう。

　旅行者下痢症はとくに頻度が高く、1ヶ月間の途上国滞在で半数近くの渡航者が発病するという調査結果もあります。多くは大腸菌が原因で、命にかかわることは少ないのですが、かかってしまうと大変に辛いものです。もし下痢をおこしたら、水分や糖分の補給に努めましょう。これには経口補水液を用いると効果的です。下痢の回数が多い時は、下痢止めを服用してください。ただし、下痢とともに血便や高熱をきたしている場合は、下痢止めの使用を控え、早めに医療施設を受診しましょう。

②蚊が媒介する感染症

　蚊が媒介する感染症は、滞在する地域によってリスクが異なります。デング熱は東南アジアや中南米で毎年雨期に流行が発生しており、日本人の感染例も数多く報告されています。マラリアの流行は、アジアや中南米では特定の地域に限定されており、日本人が行動する範囲での感染リスクは比較的低くなります。その一方で、赤道周囲のアフリカ（タンザニア、ガーナなど）では都市や観光地でも感染リスクがあります。とくにアフリカでは重症化する熱帯熱マラリアが流行しており、注意が必要です。

　デング熱やマラリアを予防するためには、蚊の吸血を防ぐことが最も大切です。蚊の発生する場所では長袖、長ズボンを着用して皮膚の露出を少なくするとともに、皮膚には昆虫忌避剤を塗布しましょう。屋内への蚊の侵入を防ぐためには、殺虫剤や蚊取り線香を用いてください。なお、デング熱を媒介するネッタイシマ蚊は昼間、マラリアを媒介するハマダラ蚊は夜間に吸血します。蚊の対策を実施する時間帯はそれぞ

れの流行状況に応じて調整しましょう。

③性行為感染症

性行為で感染する梅毒、尿道炎、B型肝炎、HIV感染症も、途上国では注意が必要です。また、途上国の医療施設の中には、医療器材の消毒が十分に行われてない施設もあり、院内感染としてB型肝炎やHIV感染症に罹患するリスクがあります。さらに、ピアスの穴開けやタトゥーなどの美容行為で感染するケースもあるので、ご注意ください。

④動物が媒介する感染症

狂犬病は途上国を中心に流行しており、発病すると致死率は100％に達します。海外の流行地域ではイヌなどの動物に接触しない注意をするとともに、動物に咬まれた場合は、狂犬病の発病を予防するための予防接種を迅速に受けましょう。

最近話題の感染症

世界各地で新しい感染症が流行しています。海外に滞在中は、日頃から流行情報を入手し、予防に心がけてください。最新の流行情報は厚生労働省検疫所のホームページなどから入手できます。

・新型コロナウイルス感染症（COVID19）

2019年12月に中国から全世界に流行が拡大した感染症です。患者の飛沫や唾液などから感染し、発病すると発熱や咳などの症状が約1週間続きます。多くの人はそれで回復しますが、2割ほどは肺炎をおこし重症化します。致死率は約2～3％で、高齢者や慢性疾患があるとさらに高くなります。2020年9月の時点で特効薬はなく、ワクチンも開発中です。流行している国に滞在する際には、手洗いの励行、マスク着用、三密を避けるなどの注意をしてください。また、入国制限や入国前検査を義務付けている国もあるので、出国前に外務省や在外公館のホームページを確認してください。

・ジカ熱

中南米やアジアで流行がおきているウイルス疾患で、蚊が媒介します。感染すると発熱や発疹がみられるとともに、妊娠中に感染すると胎児に奇形を生じる可能性があります。

・エボラ出血熱

2014年には西アフリカで、2018年からはコンゴで流行が発生しています。患者は発熱とともに激しい下痢や嘔吐をおこし、ショック状態になります。出血症状をおこすこともあります。

表① 海外渡航者にリスクのある感染症

主な感染経路	感染症	主な流行地域
経口感染	旅行者下痢症、A型肝炎	途上国全域
	腸チフス	途上国全域（とくに南アジア）
	ポリオ	南アジア、熱帯アフリカ
蚊が媒介	デング熱	東南アジア、南アジア、中南米
	マラリア	熱帯・亜熱帯地域（とくに熱帯アフリカ）
	黄熱	熱帯アフリカ、南米
	日本脳炎	東アジア、東南アジア、南アジア
性行為感染	梅毒、HIV感染症	途上国全域
	B型肝炎	アジア、アフリカ、南米
動物が媒介	狂犬病	途上国全域
患者から感染	結核、麻疹	途上国全域
	髄膜炎菌	西アフリカ、中東
	新型コロナウイルス感染症	全世界
皮膚・傷口から感染	レプトスピラ症、破傷風	途上国全域

赴任の準備

引越し

住宅

子どもの教育

医療と健康

現地の暮らし

どのワクチンを接種する?

感染症対策の要となる予防接種。ワクチンを選ぶ場合には、まず表②で予防接種が推奨される感染症の特徴を確認します。

次に表③と表④を参考にしながら、滞在期間、滞在地域、現地での行動パターンなどに基づいて選びます。ワクチン接種の計画や問い合わせ先はP138を参照しましょう。

表②ワクチン接種を推奨する感染症

渡航者全員に推奨

破傷風	破傷風は土の中に病原体が潜んでおり、大きな怪我をすると傷口から感染します。発病すると強い痙攣をおこし、死亡することも多い病気です。日本であれば、怪我をしてから医療施設を受診し、破傷風ワクチンの接種を受けることができます。しかし、海外で生活していると医療施設を手軽に利用できないため、国内よりも発病のリスクが高くなるので出国前の接種をお勧めしています。

途上国に滞在する渡航者に推奨

A型肝炎	A型肝炎は飲食物からかかる病気で、日本人が好む海産魚介類から感染するケースが多くみられます。日本では近年になり患者数が減少しましたが、途上国では今でも流行がつづいています。死亡することは稀ですが、1ヶ月近い入院生活を強いられます。このため、途上国に渡航する場合は滞在期間にかかわらずワクチン接種をお勧めしています。
B型肝炎	B型肝炎は性行為や医療行為などから感染します。途上国で広く流行しており、とくに中国や東南アジアは高度流行地域です。発病すると長期の入院を強いられるだけでなく、一部は劇症型となり、命を失うこともあります。高度流行地域に滞在する場合は、ワクチン接種を受けておくようにしましょう。
狂犬病	日本では狂犬病が根絶されましたが、インドやフィリピンなどの途上国では、多くの患者が発生しています。イヌやネコなどの動物に咬まれて感染しますが、発病すると100%死亡する恐ろしい病気です。ただし、咬まれた後に予防接種を受ければ発病を予防できます。このため、信頼できる医療施設が少ない場所に滞在するケースでは、事前のワクチン接種をお勧めしています。
日本脳炎	日本脳炎は中国、東南アジア、南アジアで流行しています。蚊に媒介される病気で、発病すると意識障害や麻痺をおこし、死亡することも少なくありません。ただし、都市部では稀な病気で、郊外の農村地帯などで流行しています。こうした場所に立ち入る機会が多い方は、ワクチンの接種を受けてください。
黄熱	黄熱は蚊に媒介される病気で、熱帯アフリカや南米が流行地域です。通常はジャングルの中で流行しているため、日本からの渡航者が感染することは稀です。しかし、発病すると死亡率が高いことから、流行国に滞在する際には、たとえ短期間であってもワクチンの接種をお勧めしています。流行国やその周辺諸国の中には、入国する際にワクチン接種証明書(イエローカード)の提示を求める国もあります。
髄膜炎菌	熱帯アフリカや中東では、乾期に髄膜炎菌による髄膜炎が流行します。この病気は飛沫感染するため、流行地域に滞在する方には髄膜炎菌ワクチンの接種をお勧めしています。また、米国などに留学する際も、学校側から髄膜炎菌ワクチンの接種を要求されることがあります。
腸チフス	飲食物から感染する病気で高熱をおこします。途上国全域で流行していますが、とくにインドなど南アジアで感染するリスクが高くなります。このため、南アジアに滞在する方には、ワクチンの接種をとくにお勧めしています。腸チフスワクチンは日本で未承認のため、輸入ワクチンを扱う医療機関で接種を受けてください。
麻疹	麻疹は空気感染する病気で、アジア、アフリカ、ヨーロッパなどで流行しています。日本では現在30歳代から40歳代の人の麻疹免疫が弱いため、この世代の人で流行地域に渡航する人には麻疹ワクチンの接種をお勧めしています。

※ワクチン接種以外の対策が必要な感染症

マラリア	熱帯や亜熱帯地域に広く流行している熱病で、有効な予防接種は今のところありません。媒介する蚊に刺されない対策が必要です。マラリアを媒介する蚊は夜間吸血性なので、夜間の外出を控え、室内に侵入する蚊を殺虫剤などで駆除しましょう。どうしても夜間外出する際には、皮膚が露出しない服装を選び、防虫スプレーを塗ってください。薬剤(マラロン®やメファキン®など)を定期的に服用して予防する方法もありますが、副作用もあるため、感染症専門の医師に相談してから実施するようにしましょう。

136 海外赴任ガイド 2021

表③ 海外渡航者(成人)に推奨する予防接種

16歳以上の成人に推奨している予防接種です。子どもの予防接種についてはP140を確認しましょう。

ワクチン	滞在期間*		対象となる滞在地域	とくに推奨するケース
	短期	長期		
破傷風ワクチン	△	○	先進国、途上国全域	外傷を受けやすい者
A型肝炎ワクチン	○	○	途上国全域	70才未満の者 (70歳以上は免疫のある者が多いため)
B型肝炎ワクチン		○	アジア、アフリカ など	医療従事者
狂犬病ワクチン	△	○	途上国全域	動物の咬傷後すみやかな処置が困難な地域に滞在する者
日本脳炎ワクチン		△	中国、東南アジア 南アジア	農村地帯に滞在する者
黄熱ワクチン	△	○	熱帯アフリカ、南米	接種証明書の提出を要求する国に滞在する者
髄膜炎菌ワクチン		△	熱帯アフリカ、中東	乾期に滞在する者
腸チフスワクチン	△	△	途上国全域	南アジア(インドなど)に滞在する者

＊短期：1ヶ月未満の滞在　○：推奨する、△：必要に応じて推奨する

表④ 地域別に推奨する予防接種

該当する地域に長期(1ヶ月以上)滞在する成人に推奨する予防接種。

地域名 ＼ ワクチン名	破傷風	A型肝炎	B型肝炎	狂犬病	日本脳炎	黄熱	髄膜炎菌	腸チフス
東アジア (中国、韓国など)	○	○	○	△	△			△
東南アジア (タイ、ベトナムなど)	○	○	○	△	△			△
南アジア (インドなど)	○	○	○	○	△			○
中近東 (サウジアラビアなど)	○	○	○	△			△	△
アフリカ (ケニアなど)	○	○	○	○		○ (赤道周辺)	△	○
東ヨーロッパ (ロシアなど)	○	○	○	△				△
西ヨーロッパ (イギリス、フランスなど)	○							
北アメリカ (合衆国、カナダなど)	○							
中央アメリカ (メキシコなど)	○	○	△	△				△
南アメリカ (ブラジルなど)	○	○	○	△		○ (赤道周辺)		△
南太平洋 (グアム、サモアなど)	○	○	○	△ (島による)				△
オセアニア (オーストラリアなど)	○							

○：推奨、△：必要に応じて推奨

ワクチン接種を計画する

ワクチンとは、感染症の原因になる病原体を弱くしたり（生ワクチン）、殺したり（不活化ワクチン）したもので、これを接種すると感染症への抵抗力が獲得できます。生ワクチン（黄熱など）は1回接種するだけで充分な効果がありますが、不活化ワクチンは一般に2回以上の接種が行われます（表⑤）。また、ワクチンの効果は次第に弱くなるので、数年毎に接種を繰り返す必要があります。

破傷風、A型肝炎、B型肝炎、日本脳炎はいずれも3回の接種が必要です。通常は2回目まで接種した時点で出国し、3回目は現地か一時帰国して接種するようにスケジュールを組みます。

このように、予防接種を完了するには一定の期間が必要になるため、出発の1ヶ月前には開始しておくことをお奨めします。もし時間がない場合は無理をせずに、現地で受けることも検討してください。なお、医師の判断で複数のワクチンの同時接種を行うことができます。また、生ワクチンを接種すると1ヶ月間は次のワクチンの接種ができなくなるので、ご注意ください。

副作用は？アレルギーなどは事前に相談を

ワクチンの副作用を心配する方もいるようです。接種後の腫れや痛みといった軽い副作用は時々おこりますが、ショック症状やケイレンなどの重篤な副作用は大変に稀です。ただし、アレルギー体質があったり、以前に予防接種で副作用をおこした方については、事前に医師とご相談ください。

なお、日本で承認されていないワクチン（腸チフスなど）は、副作用発生時の医薬品副作用被害救済制度の対象になりません。

表⑤各ワクチンの接種回数

	種　類	接種回数	一般的な接種間隔	有効期間
破傷風[#1]	不活化ワクチン	3回	0日、4週後、半年〜1年後	10年間
A型肝炎	不活化ワクチン	3回	0日、2〜4週後、半年〜1年後	10年間
B型肝炎	不活化ワクチン	3回	0日、4週後、半年〜1年後	10年以上
狂犬病	不活化ワクチン	3回	0日、1週後、3〜4週後	2年以上
日本脳炎[#2]	不活化ワクチン	3回	0日、4週後、1年後	4年間
黄熱	生ワクチン	1回	0日	一生
髄膜炎菌	不活化ワクチン	1回	0日	3年〜5年間
腸チフス	不活化ワクチン	1回	0日	3年間

#1.破傷風：1968年以降に生まれた方は小児期に三種混合ワクチンとして接種を受けていることが多く、その場合は1回の接種のみを行います。　#2.日本脳炎：成人の場合、通常は1〜2回の接種のみを行います。

お役立ちコラム

ワクチン接種がうけられる医療施設を探す

海外渡航者向けワクチンの接種が受けられる医療施設は限られています。事前に医療施設に電話をして、接種が受けられるかを確認しましょう。以下のWEBサイトには、接種可能な施設が掲載されています。

●厚生労働省検疫所：http://www.forth.go.jp/ ●日本渡航医学会：http://jstah.umin.jp/
さらに感染症に関する情報を集める場合は以下のサイトも参考にしましょう。
●東京医科大学病院渡航者医療センター　海外の感染症流行情報を毎月掲載
http://hospinfo.tokyo-med.ac.jp/shinryo/tokou/
●海外旅行と病気　海外でリスクのある感染症を分かりやすく解説
http://www.tra-dis.org/

COLUMN

中国での滞在を健康に過ごすために

関西医科大学総合医療センター　三島　伸介　先生

大規模な人と物の国境を越える移動は毎日世界各地でみられており、各国・地域との様々な交流が盛んです。日本と中国においても物理的な距離の短さも手伝い、少なくとも2000年以上の交流歴があると推測されます（後漢書「東夷伝」）。現代の両国間の交流も活発で、12万人以上の在留邦人がいます（平成30年10月1日現在）。それでは、中国滞在に際し注意すべき健康問題について記述していきます。

①感染症

日本の厚生労働省に当たる衛生部発表資料によると、法定伝染病ではウイルス性肝炎が最多で、中でもB型肝炎は年間100万人前後の罹患者が報告されており、一見元気だが感染力のある方（キャリア）が中国には1億5000万人いると推計されています。在留形態を問わず、邦人感染例も発生しており、血液だけでなく汗や涙、唾液などの体液にもウイルスが存在するため、性的接触以外にもサッカーやラグビー、格闘技などの活動や、日常生活においても十分感染の恐れがあります。B型肝炎患者に噛みつかれて罹患した、というケースもあります。ワクチンで予防可能な疾患なので、中国渡航に際しては最も重要視すべきワクチンの一つです。B型肝炎ワクチンは3回接種が基本で、渡航前に2回接種完了したものの3回目を忘れているケースが見受けられますので、必ず3回接種を完了するようにしてください。

その他、肺結核、梅毒、細菌性・アメーバ性赤痢、淋病なども要注意です。特に華東、華南地域ではマラリアやデング熱も発生しています。狂犬病も南方を中心に発生しており、渡航・滞在状況によってはワクチン接種を考慮すべきでしょう。

②生活関連

脂っこい中華料理を食しているとアルコール摂取機会も増えてしまうものです。白酒などの高濃度アルコールも要注意です。日本では飲酒習慣はなかったが、中国に駐在して以降は毎日飲むようになった、とはよく耳にする話です。摂取カロリー増加ならびに、運動不足に陥りやすいため、特に体重、血糖、コレステロール、尿酸、血圧については健診などで定期的なチェックが必須です。症状がないから平気というわけでは決してありません。食・飲酒習慣に十分に注意し、例えば運動は週1回のゴルフだけというのではなく、毎日30分以上歩くような持続的な運動習慣をつけることが大切です。

③その他、日常生活でも注意を

日常生活で気をつけるべき点は、中国における交通事情を理解しておくことです。特に沿岸部を中心とした都市部では、自動車数の増加は著しく、道路事情やルールの違いなどもあり、外国人にとって大きな健康被害の原因になります。車は交差点の信号の色に関わらず何時でも右折可能です。車や自転車などの動きにも十分注意が必要です。また、近年増えている電気自転車ですが、車と比べるとほぼ無音で、しかも時速30km程度とかなりの速度で移動しています。電気自転車の関係する事故も多発していますので、移動の際には周囲に十分な注意を払う必要があります。

海外では予期せぬことが発生するものです。様々な危険性を理解した上で渡航に臨み、渡航前には渡航医学の専門家へご相談いただき、渡航前の健康管理について助言を受けて下さい。

CHAPTER 5 医療と健康
04 子どもを帯同する時の準備

―寄稿―
東京医科大学病院 渡航者医療センター

福島 慎二 先生

1999年に産業医科大学医学部を卒業し、産業医科大学病院や横浜労災病院/海外勤務健康管理センターで勤務の後、2010年からは現職。専門は、渡航医学、感染症学、小児科学。

子どもの海外滞在。
健康を保つために必要な
知識と準備。

子どもを帯同して海外赴任する場合に、皆様がとくに心配するのは、現地の治安、教育、健康の問題です。本項では、子どもの健康管理に関するポイントをまとめました。

1. 海外でおこる健康問題は？

海外でかかりやすい病気は、かぜ、胃腸炎です。その他、気管支炎や肺炎、手足口病、みずぼうそう、おたふくかぜなどがあります。また成長の過程で、虫歯や、視力低下などが顕在化することもあります。このように、海外でも子どもがかかりやすい病気は「日本にいる場合とあまり変わらない。」と考えられます。

重篤になりやすい健康問題の一つに事故があります。日本でも海外でも、事故は子どもの健康をおびやかす最大の要因です。子どもの発達に応じて的確に対応することにより、事故を予防することが可能です。たとえば、乳幼児期の子どもは誤飲、転倒、やけどなど家庭内の事故がみられます。また海外では住宅にプールが備えてあったりするので、溺れないように注意をしてください。

2. 基礎疾患の管理

治療中の病気がある子どもは、まず早めに担当医と相してください。「今の状態で、海外で生活できるかどうか」、「フォローや治療の継続を海外で行うのか、日本国内で一時帰国時に行えばよいのか」などを相談します。そして出発前には、担当医から英文の診断書を書いてもらいましょう。現地で医療機関を受診する際の大切な情報になります。診断書には病名と簡単な経過、服用している薬の名前などを記入してもらってください。

3. 現地で病気やケガをした時のために

子どもは、発熱や嘔吐、咳といった突発的な症状やケガの頻度が多いため、簡単な育児書もしくは医学書を持参すると、現地で調べたり、応急処置をしたりする時に役立ちます。

そして、普段から受診しやすいかかりつけ医を決めておきましょう。もちろん、病気やケガは平日の昼間だけにおこるとは限りません。夜間や週末に受診可能な病院も調べておくと安心です。

海外赴任したばかりの時期は、環境の変化に伴い、子どもも病気やケガをしがちです。さらに、生活に慣れるまでは、医薬品

を現地で入手することも困難であるため、解熱剤など頻繁に使う薬は、日本で使い慣れた薬を持参するようにしましょう。赤ちゃん用の爪切りや綿棒などの衛生用品も数個持参していくと便利です。

4. 子どもの予防接種

日本で接種できる月齢・年齢相応の定期接種を実施することが基本です。また、日本では、「おたふくかぜワクチン」は任意接種ですが、海外に渡航する場合には年齢相応に接種してください。さらに、余裕があれば海外渡航者向けワクチン（トラベラーズワクチン）の接種を行いましょう。

1　定期予防接種の記録を持参する

母子手帳に記載された予防接種記録を英訳して持参してください。現地で接種を継続したり、学校に入学したりする際に必要です。文書の作成はかかりつけの医師に依頼するのが理想的ですが、難しいようならトラベルクリニックや母子手帳の英訳を業務とする会社に依頼する方法もあります。

2　定期予防接種を海外で継続する

日本では2歳頃までにBCGや四種混合ワクチンなどの主な定期予防接種を終了しますが、その途中で子どもを海外に帯同する場合でも、現地で接種を継続することが大切です。

3　トラベラーズワクチンの接種

海外渡航者向けワクチンの子どもへの接種は大人に準拠して行います（「感染症の対策（P137）」参照）。ですが、以下のワクチンについては特別な注意があります。

①破傷風トキソイド

定期接種の「三種混合ワクチン（ジフテリア、百日咳、破傷風）」もしくは「四種混合ワクチン（ジフテリア、百日咳、破傷風、ポ

リオ）」で接種しているので、子どもには、破傷風トキソイドのみで追加接種をする必要はありません。

②A型肝炎ワクチン

A型肺炎は、子どもでは感染しても症状が軽いと考えられていますが、かかりやすい経口感染症であることから、A型肝炎ワクチンの接種を推奨します。主に1歳から接種します。

③狂犬病ワクチン

生活環境（とくに動物との接触頻度）や現地の医療事情により接種を検討します。子どもの方が動物に近寄っていく可能性が高いため、狂犬病ワクチンの接種が推奨されています。主に歩き始める1歳から接種します。

④日本脳炎ワクチン

日本では定期接種であり海外渡航の有無にかかわらず年齢・月齢相応に接種しましょう。とくにアジアの流行地域へ渡航する場合には、積極的に日本脳炎ワクチンの接種をお奨めしています。生後6ヶ月から接種が可能です。

⑤髄膜炎菌ワクチン

髄膜炎菌感染症は重篤な感染症です。アフリカに渡航する場合や先進国でも学校に入る思春期の子どもには接種が推奨されています。

⑥黄熱ワクチン

アフリカや南米の一部の国に渡航する小児には接種が推奨されます。生後9か月から接種が可能です。

以上、子どもを帯同して海外赴任する際のポイントを示しました。

子どもと一緒に、皆さんが海外でも健康に過ごせる一助になれば幸いです。

赴任の準備

引越し

住宅

子どもの教育

医療と健康

現地の暮らし

CHAPTER 5 医療と健康

05 歯とお口の健康管理

寄稿
社会福祉法人鶴風会
東京小児療育病院
歯科診療担当科長

萩原　麻美　先生

海外邦人医療基金（JOMF）が実施する海外専門医療相談において2006年よりマレーシア、タイ、ドイツ、フランスを担当。在留邦人の歯の健康に関する悩みをサポートしている。

海外滞在中も歯を健康に保つために

海外で生活するほとんどの方は「歯や口腔に悩みや不安」を経験しているようです。口腔内の悩みはある日突然起こり、慣れない海外生活のストレスが歯科疾患を引き起こすこともあります。

歯科の2大疾患はむし歯と歯周病ですが、歯科疾患のほとんどは予防可能で、高額な歯科医療費は、予防によって抑制できます。ここでは海外で生活するうえでの歯科口腔管理に関するポイントを紹介します。

出発前にしておくこと

①すぐに歯科を受診する。

かかりつけ歯科を定期的に受診していても、赴任が決まったらすぐにチェックを受けましょう。出発の時期やおおよその期間を必ず伝えてください。通常では、早急に治療の必要がないことでも、海外赴任で、すぐには来院できなくなる場合、治療をしておいた方が良いケースもあります。期間を要する治療もありますので、余裕をもった受診をお勧めします。

お子さまの場合、むし歯の有無だけでなく、永久歯への交換が近い歯の有無、歯並び・かみ合わせについてのチェックやアドバイスも受けましょう。

②歯ブラシなど口腔ケアグッズを準備

赴任地でも購入可能ですが、特に歯ブラシは日本のもののほうが、質が良いようです。おおよそ1ヶ月に1本と考え（学童期のお子さまは、学校や園でも必要です）必要数を持っていきましょう。その他、必要に応じて歯磨剤、デンタルフロス、歯間ブラシ、高濃度フッ化物ジェル、含嗽剤などを準備しましょう。

2017年3月、薬事法が改正され日本でもフッ化物濃度が1450ｐｐｍも歯磨剤が購入できるようになりました（6歳以上）。う蝕リスクが高い方は使用をお勧めします。

③予防処置を受けましょう。

海外では、治療だけでなく予防処置も非常に高額で、子どものフッ化物塗布は数万円（ドイツ）かかることもあるようです。歯石の除去、歯のクリーニング、フッ化物塗布などの予防処置は出発前に済ませて、以降は一時帰国時のタイミングになさることをお勧めします。

④相談可能な連絡先を確認

十分に準備をしても口腔内のトラブルはある日、突然生じます。そのような場合、慌てたり不安にならないために、かかりつけ

歯科医院や相談可能な歯科の先生の連絡先（電話番号やメールアドレス）を確認しておきましょう。

海外で多い相談内容

①根管治療か。抜歯をしてインプラントか。

海外でインプラントを勧められた、という相談を多く受けます。日本に比べて根管治療（神経の消毒・治療）を繰り返さずに抜歯をしてインプラントを勧められることが多い印象を受けます。中には日本なら、インプラントを選択しないのではないか、あるいは早急性はなく帰国後にじっくり考えても良いのではないか、と考えられるケースもあります。

インプラント治療は非常に高額で、海外で受けた場合には、帰国後にトラブルが生じた際にアフターケアがスムースに受けられないこともあります。慎重に検討しましょう。

②矯正治療

ドイツの歯科医院では日本の子どもたちのほとんどが歯並びの悪さを指摘され、矯正治療を勧められているようです。確かに外国の子供たちはみな歯並びが良く、笑顔が素敵な印象がありますし、歯並びは良いにこしたことはありません。

ただし、数年間の海外生活の中で矯正治療を『今、やるべきか』という判断は、お子さまの状態によって異なります。是非渡航前の歯科検診で、歯並びについて一度ご相談されることをお勧めします。現状を踏まえてある程度の予測、アドバイスがいただけると思います。

③子どもの全身麻酔下での歯科治療

小さなお子さまや発達障害のお子さまなどは、歯科治療に対する恐怖が大きいために治療に協力できないことがあります。この場合、日本では歯科スタッフやご両親がお子さまを抑えて治療することが多いですが、海外では全身麻酔下での治療を勧められることがあります。

高額であることに加え、虫歯治療で全身麻酔が必要なことに日本では馴染みがないため、保護者はびっくりされますが、全身麻酔下での歯科治療には、お子さまの恐怖感によるストレスを与えることなく、一度に多数歯の治療ができるというメリットもあります。このような事態にならないよう、予防を心がけましょう。

海外での歯科受診
感染症の予防をふまえて

唾液中には非常に多くの感染源が存在しています。加えて、回転切削器具を使用し

お役立ちコラム

自分で調べる歯と口腔ケア　参考資料

●JOMFニュースレター「海外派遣者のオーラルケアをサポートして」
　https://www.jomf.or.jp/include/disp_text.html?type=n100&file=2016100101
　海外邦人医療基金（JOMF）が実施している海外専門医療相談のレポートを中心に、実際の在留邦人の歯の健康に関する悩みやアドバイス、おすすめの口腔ケアグッズの紹介を掲載しています。また、JOMFの会員である場合には、会員専用サイトの情報の閲覧や、会員サポートなどがうけられ、現地でも出張相談会に参加することができます。
●厚生労働省HP：　健康日本21（歯の健康）
　https://www1.mhlw.go.jp/topics/kenko21_11/b6f.html

た歯科治療や、超音波を利用した歯石除去を行うため、飛沫物が生じて感染症を拡大するリスクが非常に高いことが報告されています。

したがって、COVID-19の感染拡大予防の観点から、全くトラブルがない場合の定期健診など、不要不急の歯科受診は控えてもかまいません。しかしながらどうしても歯科受診が必要になった場合は十分な感染対策をした歯科医院を受診することが大切です。

歯科ユニット、ホース類はカバーがされており、患者ごとに交換していること、術者はゴーグル、フェイスシールド、マスク、ガウン、グローブを着用していること、処置の際に口腔外バキュームを使用していること、充分な換気がなされていること、などが目安となります（図①参照）。

生活習慣としての口腔ケア

むし歯と歯周疾患は生活習慣病です。糖尿病、低出生体重児をはじめとする全身の健康状態にも影響します。

海外生活では、水道水を容易に口に入れることができないため、日本のように手軽に歯みがきやうがいができません。しかしながら、お菓子類は日本に比べて甘く、カロリーも高いものが多くみられます。「外から帰ったら、手あらい・うがい。食べたら、歯みがき。」を心がけ、口腔にも良い生活習慣を身につけましょう。

図①　歯科治療における感染対策

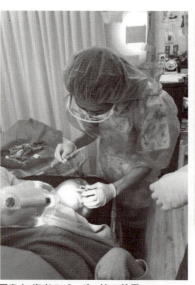
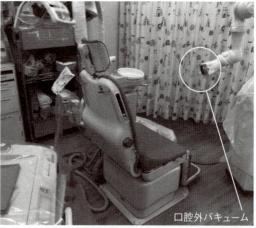

写真左：術者のゴーグル等の着用
写真右：歯科ユニット、ホース類のカバー、口腔外バキューム

全国の病院・クリニック一覧

海外赴任に専門的に対応できる、本誌掲載のクリニックです。

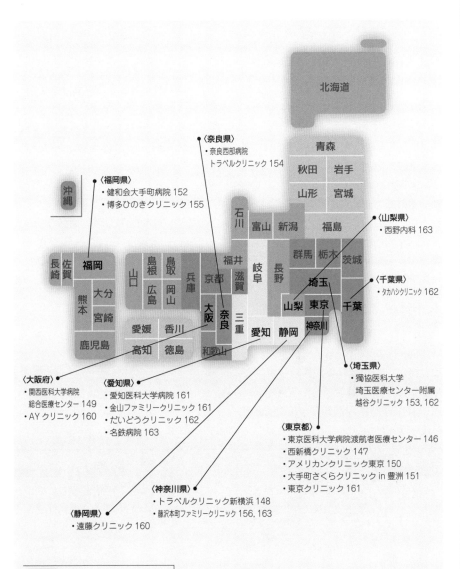

トラベルクリニック

大学病院のトラベルクリニックだからできる海外渡航者の総合的健康サポート
東京医科大学病院 渡航者医療センター

予防接種からメンタルヘルスまで
渡航医学の専門医が総合サポート

　大学病院という総合的な医療環境のもと、渡航医学（トラベルメディスン）のエキスパートが、小児から高齢者まですべての海外渡航者を対象に予防接種、健康診断、メンタル対策などを提供します。
●一般外来（一般的な健康診断、各種書類作成、予防接種など）：黄熱ワクチンも含め、ほとんどの予防接種が可能です。
●登山者・高山病外来：登山医学の専門家が高所に滞在する方の健康相談に応じます。

家族帯同の不安を解消
お子様は小児科医が対応します

　成人だけでなく小児も対応可能です。小児に対しては、小児科専門医が健康診断や予防接種、渡航に関連した健康相談に応じ、英文予防接種証明書など各種書類作成も行います。

オンラインによるワクチン相談

　海外渡航にあたり最適なワクチンを担当医が提案します。詳細は当センターHPをご覧ください。https://hospinfo.tokyo-med.ac.jp/shinryo/tokou/index.html

お電話にてご予約ください。

●予約受け付け●
電話：03-5339-3726（電話のみ）
月曜日〜金曜日　9：00〜12：00
　　　　　　　　13：00〜16：00
土曜日（奇数週のみ）9：00〜12：00
●黄熱ワクチン予約●
専用電話：03-5339-3137
月曜日〜金曜日 16：00〜17：00
●診療時間●

	月	火	水	木	金	土*
9：00〜12：00	一般外来	一般外来	一般外来	一般外来	一般外来	一般外来
13：30〜16：30	一般外来	一般外来 高山病外来	一般外来	一般外来 高山病外来 レジリエンス外来	一般外来 黄熱ワクチン外来	

*土曜日は第1、3、5週のみ診療。
休診日：日曜日・祝日・第2・4土曜日
健康診断：月曜日〜金曜日の午前中のみ実施（土曜日は不可）。

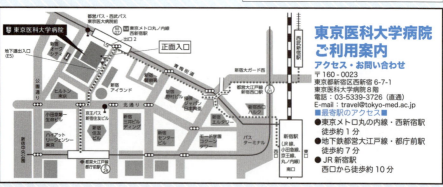

**東京医科大学病院
ご利用案内**
アクセス・お問い合わせ
〒160-0023
東京都新宿区西新宿6-7-1
東京医科大学病院8階
電話：03-5339-3726（直通）
E-mail：travel@tokyo-med.ac.jp
■最寄駅のアクセス
●東京メトロ丸ノ内線・西新宿駅
　徒歩約1分
●地下鉄都営大江戸線・都庁前駅
　徒歩約7分
●JR新宿駅
　西口から徒歩約10分

トラベルクリニック

年間約4000人の海外赴任者と帯同家族の健康をサポート
医療法人社団 航仁会 西新橋クリニック

虎ノ門駅・新橋駅・
内幸町駅から徒歩数分
予約制　当日予約も可！

- 海外医療情報の提供
- ワクチン接種（国産・海外製）・接種記録発行　海外製ワクチンにも国産同様の補償付
- 薬（マラリア薬・旅行者下痢症等）の処方
- 留学に必要なワクチン接種・書類の作成
- 健康相談（ワクチン・持病・医療機関など）
- 「健康ガイド」を無料で進呈
- 赴任前／一時帰国／帰任時健康診断
- 英文予防接種証明書・母子手帳翻訳

など、承ります。ご予約はWEBから
http://www.tramedic.com/

東京の中心でアクセス良好

海外18カ国62以上の医療機関と提携
海外勤務者の健康管理をサポート

- 赴任の健康適正評価
  渡航医学・産業医学の専門家が現地の環境や医療事情を考慮し評価します。
- 国別推奨ワクチンの設定
- 現地提携医療機関の紹介
- 医師の面談・健康指導・健康相談
- 赴任前赴任中健診の事後措置・報告

クリニック医師と産業医契約を結ぶことも可能です。

【㈱トラメディック担当サービス】
- 各種セミナーへ講師を派遣
- 国内での健診と予防接種のアレンジ
- 海外での健診をコーディネート
- 海外医療機関情報の定期的な提供

2018年実績：セミナー講師派遣34件、国内健診アレンジ666件、海外健診アレンジ294件、健康リスク評価319件、面談267件、産業医／アドバイザリー契約企業数28社

　当院利用企業の担当者の方々を当院主催の勉強会・情報交換会にご招待いたします。

医療法人社団 航仁会 西新橋クリニック
院長：大越裕文
元日本航空主席医師・日本渡航医学会理事
東京都港区西新橋2-4-3, 2F
Tel：03-3519-6677　　Fax：03-3519-6678

■健康管理サポート窓口
㈱トラメディック
問合せ窓口：松本
Tel：03-3519-7575　　Fax：03-3519-6678
URL：http://www.medi-s.net/

トラベルクリニック

海外赴任時の健康診断と予防接種をサポート
トラベルクリニック新横浜

海外赴任者と帯同されるご家族すべての方々をサポート致します

健康で充実した海外生活を安心して送って頂けるよう、必要な健康診断と予防接種を提供する専門的な医療機関です。

健康診断と予防接種を同日に受診可能なため短時間で効率的な渡航準備が可能です

◆予防接種の種類によって複数回の接種が必要です。当院では、日本製ワクチンに加え海外製ワクチンの使用により、渡航後も引き続き同じ製品での接種が可能です。お子様の予防接種も承っております。

◆留学・転校の際に必要な書類を英文でご提供致します。学校によっては予防接種や抗体価の証明書の提出を求められます。英文証明書の作成も承っております。

国際渡航医学会や日本渡航医学会の認定資格を持った海外経験豊富な医師達がご相談にお応えします。英語の話せる医師／スタッフも常勤しております。

渡航先、滞在期間、現地での生活環境に応じて必要なワクチンをご提案し、急な渡航にも対応できるよう効率的にスケジュール致します。

診療内容
●海外赴任前後の健康診断：英文での健診結果作成が可能
●予防接種：世界各国の渡航に対応できる、国内製／海外製ワクチンを多数常備
●留学時の健康診断・英文書類の作成
● VISA 取得・ボランティアの健康診断
●抗体検査及び証明書の発行
●ツベルクリン反応検査
●母子手帳（接種歴）の英文翻訳
●処方箋の英文翻訳
●高山病・マラリア予防薬の処方

トラベルクリニック新横浜

https://www.travelclinics.jp

TEL：045-470-1011　　FAX：045-470-1012
e-mail：secretariat@travelclinics.jp
〒222-0033　横浜市港北区新横浜2-13-6第一K・Sビル3F

診療時間　※月・日・祝、第3水曜午後は休診、△土曜午後は13:00～16:00

	月	火	水	木	金	土	日・祝
9:00～12:00		○	○	○	○	○	
14:00～18:00		○	○※	○	○	△	

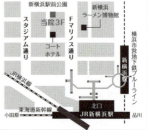

トラベルクリニック

プレトラベルからポストトラベルまで完備した渡航専門外来
関西医科大学総合医療センター
海外渡航者医療センター

**渡航中はメールで健康相談が可能。
出発前から帰国まで一貫して支援。**

平成19年に渡航医学のすべてを網羅した専門外来として開業。大阪府では初めて、プレトラベルからポストトラベルまで完備した医療設備として、日本渡航医学会から認定されております。

渡航前の健康状況審査から渡航先での健康維持管理に必要な知識の啓発。さらに、渡航中の健康障害に関するメール相談および渡航後の熱帯病などの治療に至るまで、出発前から帰国後まで一貫したサポートを実施しています。

また外国語の診断書の作成は英語に加え中国語でも対応可能です。

**ワクチン接種・マラリア予防薬処方
各地の疾病流行情報も詳細に提供**

海外での疾病流行状況や医療機関情報提供をはじめ、予防接種などを行っています。気候や衛生環境が異なる海外では、発熱や下痢などを起こすことが多く、原虫やウイルスによる感染症であることも少なくありません。

予防接種は、二種混合（DT）、四種混合（DPT/IPV）、破傷風、狂犬病、A型肝炎、B型肝炎、日本脳炎、腸チフス、髄膜炎菌などのトラベラーズワクチンを受けることができます。

海外渡航者医療センターご案内

診療内容
・海外渡航健康相談
・マラリア予防内服薬処方
・トラベルワクチン接種
・渡航者病の診断、治療
・外国語健康診断書作成（英語・中国語）

診療日
毎週月・火・木・金、及び第1・3・5週目の土曜日
午前9時〜11時30分（原則、予約診療ですが当日受診も受け入れ可）

予約時間
平日　9:00〜15:30
土曜日（第2・4を除く）9:00〜11:00

予約電話（外来受診予約・変更窓口）
0570－022－455（直通）

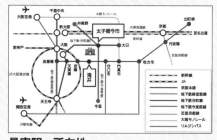

最寄駅・所在地
・京阪電車「滝井駅」徒歩3分
・地下鉄谷町線、今里筋線「太子橋今市駅」（2番出口）徒歩6分

〒570-8507
大阪府守口市文園町10番15号

トラベルクリニック

小さなクリニックにしかできないホスピタリティー
アメリカンクリニック東京

★概要★

アメリカンクリニック東京は1954年に設立され、アメリカ人により受け継がれているトラベルクリニックです。海外赴任の健康医療をサポートします。

★診療概要★

1. 海外赴任に関連した健康相談および感染症情報の提供（海外派遣企業）
2. 海外赴任前（海外旅行, 留学、出張など）の各種ワクチン接種（国産・輸入対応）
3. 予防内服薬の処方（マラリア予防薬、高山病予防薬、CDC推奨トラベルパック）
4. 健康診断（麻疹、ムンプス、風疹、水痘、HIVなどの抗体検査および証明書の発行）
5. 英文診断書の発行（世界保健機関WHO公認国際予防接種証明の発行）

　目的や赴任先により必要なワクチンを米国疾病管理予防センターCDCの資料に基づきご説明します。

ポイント

完全予約制で待ち時間ゼロを目指しております。診療時間も十分確保しております。プライバシーや時間を重視される方におすすめです。

院内の様子

AmericanClinicTokyo
1-7-4 Akasaka, Minatoku, Tokyo 107-0052
海外赴任・アメリカ留学・海外旅行
【贈呈】WHO公認国際予防接種証明書
腸チフス・髄膜炎・狂犬病・日本脳炎・ポリオ
成人用Tdap・A型肝炎・マラリア予防
☎ 03-6441-0969　✉ info@americanclinictokyo.com
www.americanclinictokyo.com

トラベルクリニック

渡航前健診受診時にワクチン接種を！
医療法人社団TIK大手町さくらクリニックin豊洲

渡航前健診受診時にワクチン接種を。多様ながん検診やオプション検査も可能です。

　当院は予防医療を中心にしており、年間通じて午前中に健診・人間ドックを行っています。「同じ働くなら健康で前向きに」という思いで、仕事を持つ方々の心と体の健康を支えられるように精進してきました。

　最近は海外で働く方も多いことから、赴任前健診、多様ながん検診も行っています。またオプション検査も各種ございますので、ご相談下さい。

- 乳房用自動超音波画像診断装置（ABUS）での乳がん検査
- 膵臓がんなどの早期発見が可能なミルテル検査
- 血液中のアミノ酸濃度を測定し、がんであるリスク（可能性）を評価するアミノインデックス検査

健診同日のワクチン接種も可能で、常備しているワクチンで急なご予約にも対応しています。予防医薬（マラリア、高山病など）の処方(自費)もいたしますので、お気軽にご相談下さい。

ワクチン接種のご案内

　月・水・金の12:30及び内科診療の時間内で、完全予約制にて承っております。

　新型コロナウィルス感染症のPCR検査と証明書の発行も行っています。

　詳しくはお問い合わせ下さい。

ご予約はお電話・WEBから
東京都江東区豊洲3-2-20
豊洲フロント2F
東京メトロ有楽町線豊洲駅1C出口
TEL:03-6219-5688
FAX:03-6219-5689
http://www.oscl.jp/

医療法人社団TIK 大手町さくらクリニック in 豊洲

		月	火	水	木	金	土
9:00～12:30	健康診断	●	●	●	●	●	▲
14:30～17:30	内科診察	●		●		●	
14:30～17:30	心療内科					●	
14:30～17:30	婦人科	●		●	●		

※完全予約制　※土曜日は第2・4のみ

トラベルクリニック

北九州市で唯一のトラベル外来。帰国後の健康障害も24時間サポート
健和会大手町病院　海外渡航・ワクチン外来

北九州市で唯一の海外渡航者専門外来

　健和会大手町病院は、海外渡航者様への渡航前の健康相談・現地での健康維持・帰国後の健康障害の治療まで一貫して診療することを目標として「海外渡航・ワクチン外来」を2015年に開設いたしました。帰国後の健康障害については、通常の外来以外でも救急外来にて24時間対応しております。海外への渡航がお決まりになりましたら、まずはご相談ください。

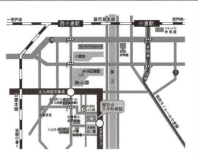

アクセスのご案内
●JR小倉駅●
西鉄バス「小倉駅バスセンター」【1番乗り場】
110番・134番・138番・(急行)貫(都市高速)小倉線「大手町」下車徒歩約1分 (所要時間18分)。タクシーで約10分。
●JR西小倉駅●
西鉄バス「西小倉駅前」
110番・134番・138番・(急行)貫(都市高速)小倉線「大手町」下車徒歩約1分 (所要時間13分)。タクシーで約5分
●八幡方面より●
西鉄バス　4・22・25・43・96番
「木町2丁目」下車徒歩約5分
都市高速：大手町ランプ　出口左折すぐ
●若松・戸畑方面より●
都市高速：勝山ランプ　降りて約2分

海外渡航者様への主な診療内容

◎渡航先の情報提供と予防接種・予防薬の推奨と接種・処方を行います。
◎国産のほぼ全てのワクチンと、狂犬病・A型肝炎・A型/B型肝炎混合・腸チフス・髄膜炎菌・成人用三種混合(Tdap)・麻疹/風疹/おたふく混合(MMR)の各種輸入ワクチンを常備して幅広いニーズに対応します。
◎マラリア予防薬・高山病予防薬・旅行者下痢症治療薬の処方。
◎英文診断書・英文ワクチン接種証明書・WHO予防接種証明書の発行。
◎帰国後の体調不良・健康障害は24時間救急外来にて診療します。
◎海外での動物咬傷後の狂犬病発症予防ワクチン接種は、時間外でも対応可能です。

健和会大手町病院
海外渡航・ワクチン外来
〒803-8543
福岡県北九州市小倉北区大手町15-1
www.kenwakai.gr.jp/ootemachi/information/kaigai-wakutin.html

電話による御予約（病院診療日の午前9時〜午後5時）
　個人の方：093-592-5511（病院代表電話番号）
　企業・団体の方：093-592-5530（医療連携室）

| 海外渡航・ワクチン外来予約時間（病院休診日は除きます） ||||||||
日	月	火	水	木	金	土
−	9:30〜11:30	9:30〜11:30	9:30〜11:30	9:30〜12:30	9:30〜13:00	9:30〜12:00
−	−	−	14:30〜16:00	−	−	−

上記以外でも診療可能な日・時間帯があります
お電話にてお問い合わせ下さい

トラベルクリニック

東武スカイツリーライン 越谷駅東口から徒歩1分

獨協医科大学埼玉医療センター附属越谷クリニック
渡航外来(トラベルクリニック)

海外渡航にあたって

海外に渡航する目的は大きく分けて観光、留学と就労になると思われます。観光の場合比較的短期間のことが多く、就労の場合長期にわたることが多い傾向にありますが、短期間の就労やバックパッカーのように渡航が長期にわたる場合もあります。また渡航先も先進国から途上国まで、気候も熱帯から寒帯までと多岐にわたります。海外渡航時の健康を管理するにあたってこれらを考慮し個人個人にオーダーメードの対策を立てることが肝要です。

渡航外来部門の紹介

当クリニック渡航外来は2人の感染症専門医で診察を行っています。うち1名は国際旅行医学会認定資格を有しています。毎週月、水、の午後13:30より診察を行っております。場所は東武スカイツリーライン越谷駅から徒歩1分に位置しております。また医療センターのある南越谷は東武スカイツリーラインとJR武蔵野線が乗り入れており交通の便が非常に良い場所にあります。

診療内容

診療は個人個人の渡航目的、場所、時期、気候、ご本人の持病、予算などを考慮しオーダーメードのワクチンスケジュールを組み、医療情報も個々の状況にかんがみ提供いたします。また日本人の診療を行っている各地の医療機関の紹介、脱水予防の電解質溶液の紹介や虫除けの衣服などの紹介も行っています。

メディカルサーティフィケートの発行

海外に渡航するにあたって個人個人の医療情報は重要です。糖尿病がある場合や高血圧傾向にあるといった情報は渡航先での健康を管理するに当たって重要です。帰国後糖尿病が非常に悪化するといった事態は避けることが賢明です。メディカルサーティフィケートは現地医療機関受診の際、医療情報を提供する上で重要なものです。なんという薬をどれだけ飲んでいるか、その病気がコントロールできているかについて健康診断書を作成したり母子手帳の翻訳も行います。

獨協医科大学埼玉医療センター附属越谷クリニック
Dokkyo Medical University Saitama Medical Center Koshigaya Clinic
Travel Clinic

所在地●〒343-0816　埼玉県越谷市弥生町 17-1 越谷ツインシティ A シティ 4F
予　約●048-965-1117　【FAX】048-965-1123
交　通●東武スカイツリーライン越谷駅東口より徒歩１分
URL●http://www2.dokkyomed.ac.jp/dep-k/jyc/index.html

トラベルクリニック

京阪奈エリアのトラベルクリニック
医療法人 拓生会
奈良西部病院 トラベルクリニック

豊富な経験と幅広い対応

　当院の前身である櫻井病院は、官公庁に隣接していたこともあり、1964年から約40年間、奈良県で唯一海外渡航時の種痘・コレラの国際予防接種証明書(イエローカード)発行医療機関に指定されていました。その経緯から2005年に当時まだ日本では珍しかったトラベルクリニックを開設いたしました。以後200社以上の企業様をはじめ、観光や留学での渡航の方に御利用いただいております。
　取り扱いワクチンは多岐にわたり、黄熱ワクチン以外は当院で完結可能です。

効率のよい受診

　予防接種や健康診断は同じ日に実施できます。渡航前や帰国時の限られた時間の中、できるだけ少ない受診回数で済むように協力いたします。もちろん乳幼児も含め御家族で一緒に受診いただけます。

意外と好い立地

　奈良県北西部に位置し、実は大阪や京都からもアクセス良好のため、近畿各地から受診いただいております。
　近鉄奈良線東生駒駅からバスにて5分
お車なら阪奈道路「富雄」ICすぐ
第二阪奈道路「壱分」ランプから10分

充実の診療体制

　日曜・祝日を除き毎日診療しています。
　予約制ですが、当日の御依頼でも可能な限り対応いたします。国際渡航医学会(ISTM)認定の渡航医学専門家(CTH©)二人が常駐し、様々なニーズに対応いたします。

	月	火	水	木	金	土
午前	○	○	○	○	○	○
午後	○	○	○	○	○	

医療法人拓生会
奈良西部病院
トラベルクリニック

各種予防接種　予防薬の処方
赴任前・赴任後健康診断　健康相談
英文診断書発行　予防接種証明書発行
小児の定期・任意接種　その他

日・祝を除き毎日診療

所 在 地	〒631-0061 奈良市三碓(みつがらす)町 2143-1 (帝塚山大学東生駒キャンパス前)
	TEL 0742-51-8700　FAX 0742-51-8500　http:// naraseibu-hp.com/
最 寄 駅	近鉄奈良線「東生駒駅」からバス「74・75番」にて5分
お車の場合	阪奈道路「富雄」ICすぐ　または第二阪奈道路「壱分」ランプから10分　<駐車場完備>

トラベルクリニック

博多駅から徒歩5分。平日は夜7時まで、土日診療も受け付けています。

博多ひのきクリニック

博多駅筑紫口より徒歩5分
九州各地からアクセス良好

　九州の玄関口博多駅近くのトラベルクリニック。九州の玄関口博多駅筑紫口の近くにある一般診療（外科・内科・小児科）・渡航外来・人間ドック・外国人向け診療所を行うクリニックです。企業に対しては、産業医契約も受け付けております。

　博多駅付近の企業様に対して嘱託産業医もお受けしております。各種健診・企業健診・人間ドックも受け付けております。日常のちょっとした不調でもかまいません。皆様お気軽に当院をご利用下さい。

　院長は勤務医時代に外科・小児外科を専攻し、その後海外での在留邦人に対するプライマリケアの経験を積んできました。小児から大人まで年齢や臓器にとらわれない種々の疾患に対応可能です。

健診・ワクチン接種の同日実施可能
出発1ヶ月前までの来院で渡航準備

　渡航外来では、海外に旅行・留学・赴任などで行かれる方を対象とした専門外来です。出発1ヶ月前までのご来院で、しっかりした準備を行えます。出発までに各個人にあったワクチン接種、健康診断、渡航先情報等を提供いたします。さらにワクチン接種と健診を同日に受け、低コスト・短期間・高品質のサービスを提供いたします。

平日は夜7時まで診療受け付け
土日診療も行っています。

　小児ワクチンも取扱っておりますので、ご家族揃っての診療も可能です。また、土日も13時まで診療を行っております。提携駐車場完備。

福岡市博多区博多駅南1丁目8-34
博多駅FRビル7階
TEL:092-477-7215(日本語)
　　092-477-7216(中国語・韓国語)
E-mail：postmaster@hinoki-clinic.com
日曜診療は完全予約制

	月	火	水	木	金	土	日
9:00~ 13:00	○	○	−	○	○	○	○
15:00~ 19:00	○	○	−	○	○	−	−

155

トラベルクリニック

湘南地域のトラベルクリニック
医療法人社団 孝誠佑覚会
藤沢本町ファミリークリニック

地域の会社・企業の皆様の海外赴任を支えて15年以上の実績

　当院は、2005年の開業当時より、輸入ワクチンの接種が受けられるトラベルクリニックとして、湘南・西湘・三浦半島など、神奈川県内多くの会社・企業の皆様の海外渡航を支えてきました。帯同されるご家族様のみの受診も多く、お子様が渡航先の学校に入学される際の健康診断や、英文予防接種記録の発行などもご相談いただいております。

　診察はトラベルメディスンを専門とする医師が担当し、海外渡航時に要求される予防接種や健康診断の内容を踏まえた上で、受診者お一人おひとりに合わせた対応を心がけています。

　人の移動に伴う感染症の拡大も懸念され、様々な不安も伴う時代ですが、当院はグローバルな視点を持ちながらも、地域の診療所として「人を診る」ことを大切に、今後も診療を提供してゆきます。

渡航先に合わせた英文健康証明書の発行

　新型コロナウイルスの世界的な蔓延により、海外や国内の移動の際には、PCR検査の陰性証明書等の提出が求められるようになりました。必要な検査・診察の内容、書類記載事項は、渡航先となる国の定めにより異なりますが、当院では、ビジネス渡航を再開される皆様のご要望に応え、必要な診療が提供できるよう、臨機応変な対応を心がけています。今までに受診頂いた方も、ご新規の方も、どうぞご相談ください。

　院内は換気・消毒を徹底し、待合も距離を保ってお待ちいただけるよう椅子を配置しています。ビジネス渡航前のPCR検査は、感染予防対策を行った専用の個室にて実施しています。

湘南・西湘地域のトラベルクリニックとして 15 年以上の実績！

医療法人社団 孝誠佑覚会
藤沢本町ファミリークリニック
FHFC　http://www.fhfc.jp

- 予防接種（各種輸入ワクチンあり）
- 予防薬処方
- 赴任前の健康診断・健康相談
- 英文診断書等作成
- 新型コロナウイルス関連 PCR検査・英文証明書発行

診療時間（予約制）

	月	火	水	木	金	土
9:10〜12:00	●	●	●	●	●	●
14:00〜17:50	●	●	—	—	●	—

ご予約・お問い合わせ
トラベルクリニック専用ダイヤル
080-3500-2826
（平日10:00〜17:00）

小田急江ノ島線 藤沢本町駅から徒歩5分
専用駐車場11台完備

医療アプリ

体調不良を現地の言葉で伝えることができる
症状翻訳アプリ"Dr.Passport"

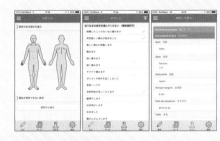

症状を現地の言葉で伝えるアプリ

言語が異なる環境で、症状を可能な限り細かく伝えることが出来れば、受診、処方に対する不安は大きく解消されます。「Dr. Passport」は、日本語で症状、既往、体質などを入力し、外国語に翻訳表示することができる症状伝達に特化した翻訳アプリです。

●症状を部位別に簡単入力

身体部位を76箇所に細分化、部位別の症例をえらぶことで、2,000以上の症状を表現可能としています。付帯状況として、発症状況・経過・程度・想定される原因も記録可能です。

●個人の健康情報も記録し翻訳

名前、国籍、身長、体重、血液型、既往歴、アレルギー、予防接種暦、常用薬種など、受診に必要な情報を事前に入力しておき、症状と併せ提示することで、受付、問診時に伝えるべき殆どの情報を翻訳提示することが出来ます。

●13種類の言語に対応

日本語⇔中国語簡体字・韓国語・スペイン語・フランス語・ドイツ語・ロシア語・ポルトガル語・タイ語・インドネシア語・ヴェトナム語・マレー語

●病院など通信できない場所でも単独動作
●患者⇔医療スタッフ相互会話集を収録
●価格

パーソナル版　日本語・英語　¥840　他言語1言語につき　¥240（アプリ内課金）
法人契約向けのコーポレート版、冊子形式のご用意もございます。詳しくは株式会社マイス03-5367-2119　dpinfo@mais.co.jp　までお問い合わせください。

赴任先で体調が悪くなった時に役立つ
症状伝達サポートツール

Dr.PASSPORT

スマートフォンアプリ版

2000以上の症例から簡単に入力！
入力データを一括翻訳！アレルギーや病歴などの健康データも保存可！
主言語・副言語を併記で一覧表示！

日本語→英語　¥840（税別）　他言語1言語につき　¥240（アプリ内課金）

冊子版

海外で病気や怪我をしたときに、病院等で症状を伝えるための複写式会話集です。海外在住の方にご愛用いただいています。

【複写式】日本語→英語　中国語簡体字　ドイツ語　スペイン語
【併記式】日本語→ベトナム語

各¥700（税別）ご注文は弊社まで

https://dr-passport.com

mais

海外現地病院

ニューヨーク・パリ
東京海上日動海外提携病院

　海外駐在員や旅行者にとっての心配事の一つは、海外で病気にかかったときのことであろう。

　海外で病気になった場合、まず言葉の問題があり、そのうえに日本とは異なる医療システムとなると「どの病院に行けばよいのだろうか……日本語の通じる病院はあるのだろうか……日本語が通じなかったら誤診されてしまうのではないか」など、次々と不安が生じてくる。

　東京海上日動では、駐在員や旅行者が海外でも安心して健康な生活を維持できるよう、日本語の通じる海外の病院と提携している。

外来診療

　日本語を話す医療スタッフがいるので、一般の診療や健康相談が、日本語でできる。微妙な症状についての説明も日本語が通じるので、言葉の問題を心配する必要はない。

病院の一部紹介　※各院とも診療科目・時間は予告なしに変更する場合があります。お電話にてお問い合せ願います。

ニューヨーク	東京海上記念診療所 マンハッタン・オフィス（本院）　　　　（2016年10月現在） JAPANESE MEDICAL PRACTICE MANHATTAN OFFICE

＜診療科目＞
　内科・各科初期診療

＜専門外来＞
　その他の各専門科目についてはMount Sinai Doctors内（同一建物）の専門医に紹介いたします。

＜健康診断＞
　人間ドック・定期検診・生活習慣病・入社時・移民（ビザ）等

＜予防接種＞
　各種

＜診療時間＞
　（電話による予約受付制）
　月曜～金曜　内科　8:00am～4:00pm
　土曜・日曜・祝日：休診

＜所在地＞
　Beth Israel Medical Group 55 EAST 34TH STREET, 2nd Floor, NEW YORK, NY 10016 U.S.A
　TEL (212)889-2119（日本語対応可）

健康診断

　一通りの健診が1カ所でできるので、数カ所の病院に行く必要がない。健康診断の結果も日本語で説明されるし、フォローアップ健診の案内も行っている。
※東京海上日動の提携病院につきましては海外旅行保険ハンドブックでご確認下さい。

病院の一部紹介
※各院とも診療科目・時間は予告なしに変更する場合があります。お電話にてお問い合せ願います。

ニューヨーク　東京海上記念診療所 ウェストチェスター・オフィス（分院）　（2016年10月現在）
JAPANESE MEDICAL PRACTICE HARTSDALE OFFICE

<診療科目>
内科・小児科・老年医療科・各科初期診療
　その他の各専門科目については近隣の専門医に紹介します。

<健康診断>
人間ドック・定期健診・生活習慣病・入社時・移民（ビザ）等・小児健診・入園・入学・キャンプ・移民関連の健診

<予防接種>
各種

<診療時間>
（電話による予約受付制）
月曜〜金曜：9:00am〜5:00pm
土曜・日曜・祝日：休診

<所在地>
141 SOUTH CENTRAL AVENUE SUITE,
#102 HARTSDALE, N.Y. 10530 U.S.A
TEL （914)997-1200　（日本語対応可）

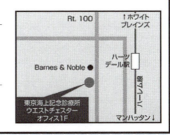

パ リ　東京海上日動提携病院（アメリカン ホスピタル）　（2016年10月現在）
AMERICAN HOSPITAL OF PARIS

<診療科目>
総合病院

<診療時間>
（予約受付制）各科異なった診療時間、ER24時間・緊急時予約不要
日本語対応可能時間　月曜〜金曜：9:00am〜6:00pm

<所在地>
63.Boulevard Victor-Hugo
B.P.109- 92202 Neuilly-sur-seine Cedex
TEL （01)46-41-25-15　（日本語直通）

トラベルクリニック

海外渡航前の健診・予防接種はお済みですか
AYクリニック

海外渡航前に予防接種はお済みですか？
大阪四ツ橋のトラベルクリニック

- 渡航前健診・健康診断
- 海外感染症：各種予防接種お取り扱い
- マラリア予防薬・高山病お予防薬お取り扱い
- 英文証明書発行・帯同家族（乳児含む）対応
- 母子手帳翻訳

医療法人 瑠璃会
AYクリニック

〒550-0014
大阪市西区北堀江 1-2-19
アステリオ北堀江ザ・メトロタワー5F

06-6110-7005

火曜・日曜・祝日／休診

静岡県での海外赴任、留学、渡航時のワクチン接種と医療相談
富士市　遠藤クリニック

静岡県富士市で、海外赴任、留学、
海外旅行時のワクチン接種と健康管理をサポートします

日本渡航医学会認定医療職、日本旅行医学会認定医の院長と日本渡航医学会認定医療職看護師が専門的な相談にのります。お気軽にご連絡ください。

- 各種渡航ワクチン
- 小児渡航ワクチン
- 留学時英文証明書
- 赴任者、帯同家族健康診断・診療
- マラリア予防薬、高山病予防薬常備
- 国際予防接種証明書（標準書式は無料）

お問合せ
ENDO CLINIC

ご相談は、お電話・Fax・E-mail・ホームページからお問い合わせください。
TEL：**0545-34-0048**　FAX：**0545-38-0285**
E-mail：staff@endo-cl.jp　URL：https://endo-cl.jp

医療法人社団 敬和会 遠藤クリニック
〒417-0821　静岡県富士市神谷527-1

富士市　遠藤クリニック 🔍

トラベルクリニック

海外渡航前から帰国後までの健康をサポートします。
東京クリニック　渡航者外来

医療法人財団 健貢会
東京クリニック　渡航者外来

海外赴任・旅行・留学の準備にお役立てください
JR東京駅丸の内北口徒歩5分・地下鉄大手町駅B3出口直結

- 予防接種（各種）・予防薬処方（高山病・マラリア等）
- 健康診断（渡航前・中・後）
- 英文証明書発行
- 医療情報の提供・医療相談

高度先進医療に基づく診療・診療科23科の外来、健診
お気軽にお問い合わせください　（予約制・当日対応可能）
TEL　03-3516-7151
〒100-0004　東京都千代田区大手町2-2-1　新大手町ビル1F，B1F，B2F
http://www.tokyo-cl.com/

愛知医科大学病院　感染症科 ワクチン外来

■〒480-1195　愛知県長久手市岩作雁又1番地1■TEL：0561-62-4683（受付13：00〜16：30,月〜金※祝休日・年末年始を除く）■FAX：0561-62-4683■E-mail：vaccine@aichi-med-u.ac.jp（受付後、折り返しご連絡）■URL：QRからアクセス可能

成人および小児の渡航者予防接種はお任せください。

ワクチン外来では、海外渡航・留学予定の方、定期接種の時期を過ぎてしまった方、その他任意・定期の予防接種、渡航前COVID-19PCR検査等を希望される方を対象としています。海外渡航される方には出国先・滞在期間に応じて、ご相談の上接種計画を立て必要な予防接種を行いますが、早めにご相談ください。本外来は、感染症科医師が担当します。小児科専門医資格を有する感染症専門医も常勤として在籍しております。抗マラリア薬予防投与も実施可能です。英文の予防接種済証明書にも対応いたします。ワクチン研究のためのアンケートをお願いする場合があります。

金山ファミリークリニック

■〒456-0002　愛知県名古屋市熱田区金山町1丁目5-3トーワ金山ビル6F■TEL：052-678-7700■FAX：052-678-7733■E-mail：info@kanayamafamily.com

金山総合駅南口より、徒歩1分のトラベルクリニック

・渡航に必要なワクチン接種や海外で健康に過ごすためのインフォメーションを随時しています。
　　（狂犬病、旅行者下痢症、蚊に刺されてかかる疾患などの説明）
・常備しているワクチンは世界各国に対応出来るよう取り揃えています。
・海外で必要な予防薬の処方　（マラリア薬、高山病薬など）
・渡航者、ご家族の渡航前、渡航中、渡航後の健康診断も行なっております。
　　（内容は事前にお知らせください）
・法人契約もお受けしています。(接種者がキャッシュレスで接種可能です)

トラベルクリニック

だいどうクリニック 予防接種センター

〒457-8511　名古屋市南区白水町9番地　TEL：052-611-8650（予防接種センター直通）　FAX：052-611-8651（予防接種センター）　E-mail：yobou@daidohp.or.jp　URL：http://www.daidohp.or.jp/01kanjyasama/yobousesshu/index.html

小児から成人までの渡航ワクチン接種ができます

・渡航先に合わせ、小児を含めたご家族皆様の接種計画を立て、接種します。名古屋市外の方も在住市町村に申請して定期接種も接種できます。
・狂犬病、A型肝炎、A型B型肝炎混合、三種混合（Tdap）、ダニ脳炎、腸チフスの輸入ワクチン、抗マラリア薬、高山病予防薬にも対応。
・留学等では健康診断も行い、英文健康診断書・予防接種証明書を発行。
・母子手帳、検査結果の英訳、英語紹介状も対応。

医療法人社団 成風会 タカハシクリニック

〒270-0001　千葉県松戸市幸田2-72　TEL：047-394-2211　FAX：047-394-2212　URL：http://www.takahashi-clinic.biz/

千葉県松戸市　小金本土寺近くのトラベルクリニック

当院は、地域に根ざした安心して受けられる医療を目指しております。大学病院や大きな専門病院とは異なり、病気だけを診る医療ではなく、お一人お一人に合った人を診る医療を心がけている内科系医院です。
■各種渡航ワクチン　時間節約のため同日複数接種推奨
■渡航前健診・診療・英文診断書・英文ワクチン証明書
■高山病・マラリア　予防薬の準備できます。ご相談下さい
■漢方　生薬煎じ薬（保険・自由診療共）・外用薬の漢方軟膏
■アクセス：千代田線北小金駅南口よりバスで10分駐車場3台分完備

獨協医科大学埼玉医療センター 附属越谷クリニック

〒343-0816　埼玉県越谷市弥生町17-1　越谷ツインシティAシティ4F
TEL：048-965-1117
FAX：048-965-1123
URL：http://www2.dokkyomed.ac.jp/dep-k/jyc/　東武スカイツリーライン越谷駅東口徒歩1分

＜渡航前の予防接種＞完全予約制、来院初日より接種可能

◆国産ワクチン：A型肝炎（エイムゲン）、B型肝炎、破傷風、日本脳炎、ポリオ、DPT、麻疹、風疹、流行性耳下腺炎、麻疹風疹混合、水痘、髄膜炎
◆輸入ワクチン：狂犬病（VERORAB、Rabipur）、腸チフス、三種混合（Tdap）、ダニ脳炎、A型肝炎（AVAXIM）、A・B型肝炎（TWINRIX）、コレラ
◆予防薬：マラリア、高山病、旅行者下痢症　◆緊急治療薬：マラリア
◆渡航後外来は獨協医科大学埼玉医療センターにて診療（新越谷、南越谷駅）
◆虫よけ商品パーカー・パンツスプレー　◆経口補水液　◆人間ドック施設と併設。

着任して実感！日本から持ってきてよかったもの　　シンガポール在住　Jさん

●収納ケース
　引越業者さんに教えてもらった裏技。収納ケース（引き出しタイプ）に衣類を入れて、引越しして、そのまま現地で使いました。段ボール箱から入れ替え不要なのでだいぶ楽です。小さめの収納ケースなら、洋服用のクローゼットにそのまま入れて、引き出し代わりに使っています。建てつけのクローゼットは引き出しがないので、小物入れとして大活躍です。ケースは海外でも手に入りますが、引越しの段階で使うと荷物の入れ替えの手間が省けて一石二鳥です。

●物干し
　シンガポールの自宅は日本のように洗濯干し場がないので、乾燥機か部屋の中で干します。自立するタコ足の物干しがあるとたくさん干すことができて便利です。あまり売っていません。

トラベルクリニック

医療法人　西野内科医院

■〒409-3845　山梨県中央市山之神2389-1■TEL：055-273-6656　西野■FAX：055-273-9831■URL：nishino-naika.com■E-mail：nishihno@juntendo.ac.jp

山梨県で渡航ワクチン接種を行っています

海外留学、海外旅行、海外赴任される方に大人から子供まで渡航ワクチン接種を行っています。
○渡航ワクチン：国産、輸入ワクチンを揃えています。出発までの時間が短い方もご相談ください。
○予防薬：高山病、マラリアなどございます。
○証明書：英文診断書、英文ワクチン接種証明書の発行が可能です。
○来院前に必ずお電話ください。

医療法人社団 孝誠佑覚会
藤沢本町ファミリークリニック

■TEL：
080-3500-2826（トラベル外来専用）
0466-80-5815（代表）
■FAX：0466-80-5823
■〒251-0875
神奈川県藤沢市本藤沢1-1-8
■URL：http://www.fhfc.jp

湘南地域のトラベルクリニック

海外赴任・海外出張前の予防接種や健康相談などを行っております。赴任に帯同されるご家族のみでもご相談下さい。
・診療内容：
　渡航前の予防接種（輸入ワクチン各種取扱いあり）、健康相談、健康診断、予防薬の処方、英文書類の作成、新型コロナウイルスに関連するPCR検査
・ご予約：
　左記のトラベル外来専用ダイヤルまでお電話下さい。（予約受付時間：平日10:00～17:00）

名鉄病院　予防接種センター

■〒451-8511　愛知県名古屋市西区栄生2-26-11■予約電話：052-551-6126■URL：http://www.meitetsu-hpt.jp■http://vc.kkch.net■相談電話：090-1417-9005■相談FAX：052-551-6308■相談E-mail：mmiyazu@meitetsu-hpt.jp

〈予防接種の専門機関です〉

●渡航先に応じ、海外赴任、留学、旅行等の海外渡航で必要なワクチンを検査と組み合わせて計画を立て接種いたします。マラリア予防薬、高山病予防薬もあります。
●留学等で必要な英文の接種証明書も作成可能です。
●国内未認可のTdapや狂犬病、腸チフス、ダニ脳炎等も輸入しています。
●接種内容の相談は電話やメール、FAXで受け付けています。
●名鉄名古屋から急行か普通で1駅の栄生駅の名鉄病院改札口に直結しておりアクセス便利な病院です。

「野菜不足の対策」　社会福祉法人鶴風会東京小児療育病院　萩原 麻美 先生

　最近では食育ということばをよく耳にします。海外でのお子さまのお食事に関する悩みも多いようです。厚生労働省が2002年に発表した「健康日本21」では、「健康維持のためには野菜は1日に350g以上、果物は200g（可食部150g）以上をとりたい」としています。わかりやすくすると、野菜は両手を合わせて、そこに山盛り1杯、この中で120g（ほぼ片手盛り1杯）の緑黄色野菜が目安です。海外生活では、ほうれん草、小松菜など、日本ではおなじみの葉物が手に入りにくく、お子さまがいらっしゃるご家庭では苦労されているようですが、栄養面から考えると他の緑黄色野菜（かぼちゃ、にんじん、トマト、ピーマン）などを摂れば特に心配はいりません。食物繊維は、切り干し大根、海藻（ひじき、わかめ、こんぶ）にも多く含まれています。これなら、日本からも持っていきやすく、長期保存が可能ですね。

COLUMN

海外に持っていきたい市販薬

出発前に準備を

海外で販売されている市販薬は、その効果が強すぎて日本人には向かない場合も多い。急な腹痛や頭痛などに備え、普段服用している市販薬があれば日本から持参するようにした方が無難です。

①薬の持参、服用については医師・薬剤師とご相談ください。

②市販のかぜ薬は解熱剤や咳止めを含んでおり、他の薬と併用できない場合があります。

③一般市販薬の有効期限はほとんどが3年間なのでかぜ薬などは多めに持参しても大丈夫です。

④下痢止めは感染性腸炎の病原体や毒素を体内に停滞させてしまいますが、非常時の単回使用は可です。尚、下痢に対する抗生物質の使用については、かかりつけ医、トラベルクリニックにご相談ください。

⑤海外から帰国後の体調不良には思わぬ感染症が潜んでいる可能性があります。早めに医療機関を受診しましょう。受診の際は、旅行日程(渡航先、滞在日数、滞在目的、滞在場所、そこで何をしたかなど)をできるだけ詳しく医師へ伝えましょう。

⑥海外赴任者の性交渉による感染は増加しておりコンドームを持参するのも良いでしょう。

≪海外に持っていくと便利な市販薬≫

No	薬の種類	症　状
1	総合感冒薬	かぜ全般
2	鎮痛剤	頭痛などの痛み止め
3	胃腸薬	食べすぎ・胃もたれ
4	整腸薬	消化不良　便秘や軟便
5	下痢止め	下痢
6	酔い止め	乗り物酔い
7	ビタミン剤	疲労回復
8	目薬	目の乾き、洗浄
9	うがい薬	のどの炎症
10	外傷薬	切り傷や軽いやけど
11	虫さされ	かゆみ止め
12	湿布	筋肉痛、筋肉疲労など

≪海外に持っていくと便利な医療品・器具≫

No	アイテム名	No	アイテム名
1	リップクリーム	11	日焼け止め
2	除菌用のエタノール入りのウェットティッシュ	12	冷却ジェルシート
3	滅菌ガーゼ	13	くっつく包帯
4	サージカルテープ	14	電子体温計
5	使い捨てカイロ	15	使い捨てコンタクトレンズ
6	バンドエイド	16	血圧計
7	綿棒	17	傷処置用ハサミ、毛抜き
8	マスク	18	生理用品
9	プラスチック手袋	19	ピンセット、爪切り
10	電解質と糖質の配合された経口補水液（下痢による脱水症状時のために）		

監修：医療法人社団佳有会 品川イーストクリニック

CHAPTER

現地のくらし

いよいよ海外生活が始まる。到着後に必要な手続きや、快適な現地生活を送るために必要な知識は出発前から蓄えておこう。海外で利用出来る便利なサービスにも注目。

CHAPTER 6 現地の暮らし

01 到着後の手続き

いよいよ海外赴任の始まりだ。家のインフラの整備、銀行口座の開設、学校入学の手続きなど生活の立ち上げには3ヶ月ほどかかるとも言われる。慌てず1つ1つ進めていこう。ただし、公的な手続きとして在外公館へ「在留届」の提出は到着後できるだけすぐに行うこと。「在外選挙人名簿登録（P168）」も合わせて済ませておくとよい。

在留届

旅券法第16条の規定により、海外に3カ月以上滞在する日本人は、日本国大使館または総領事館に「在留届」を提出するよう義務付けられている。これは在外公館が在留邦人の緊急連絡先等を把握し、邦人の安全を守るべく必要な対応ができるよう、居住者自身が現地に滞在している事実を届け出るものだ。住所や緊急連絡先、勤務先などを伝える。内容に変更が生じた場合はもちろん、その旨早急に届け出よう。緊急時にもかかわらず、古い電話番号に大使館からの連絡が行ってしまい安否が確認できなかった、などという事態はさけたい。

また、メールアドレスを登録すると治安に関する情報や注意喚起のほか、大使館での行事や在外投票の案内などのメールを受信することができる（P22）。

在外公館の利用

日本国内に住んでいる限りあまり馴染みのない日本大使館や総領事館などの在外公館。ここでは、パスポートの更新や、現地で出産した時の出生届の受理など、各種行政サービスを行っている（表①）。

また、事件・事故や様々なトラブルに遭った場合相談に応じ、案内や助言、支援等を行い、大規模災害や情勢不安など緊急事態発生時には安否確認の他、最新の現地安全情報の提供なども行っている。ただし、所在国の法律・主権との関係があって、できないことがあることに留意。出発前に一度、確認しておこう。

日本人会

現地には「日本人会」とよばれる在留邦人の親睦を目的とした組織が置かれている場合がある。これらは、基本的には、会員登録している企業や個人が資金を出し合い運営しているものだ。そのため、各地域で規模が全く異なる。

日本人会では現地の日本人学校や補習授業校を運営したり、交流行事として運動会や遠足を行っている。シンガポールや、タイ、中国の大都市では比較的規模が大きく、在留邦人向けの図書館やラウンジなどを設けている場合もある。赴任者の多くが会員登録して、現地情報の交換などに活用しているようだ。入会は日本人会に直接問い合わせるか、Webサイト、または到着後に在外公館などに確認し、連絡してみよう。

166 海外赴任ガイド 2021

「在留届」を提出する

在外公館窓口、または郵送、FAX、インターネットで届け出る。到着後できるだけ早く届け出るようにしよう。届け出後に住所や連絡先などを変更した場合は、その旨必ず届け出る。また帰国時も「帰国届」を忘れずに届け出る。いずれも在留届を用紙で出した場合は用紙での届出、インターネットの場合はインターネットでの届出のみ受け付けられる。

届出方法

①インターネット「オンライン在留届（ORRnet）」で届け出る
②在外公館の窓口　窓口にて所定の用紙に記入し届け出る。
③郵送またはFAXで在外公館に送付する。

　遠方で窓口まで出向いて届け出できない場合、外務省Webサイトからフォーマットをダウンロードして印刷し記入の上、管轄の在外公館へ郵送、FAXする。または「オンライン在留届（ORRnet）」を利用すればインターネット上で届け出ができる（但し、現地到着前の届け出は不可）。
参考Webサイト:外務省「オンライン在留届」（右QRからもアクセス可能）
https://www.ezairyu.mofa.go.jp/RRnet/index.html

在留届の基本的な目的

①海外での大規模な事件、事故、自然災害等の緊急事態が発生した際、大使館や総領事館等の在外公館が在留邦人の安否確認等を行うため緊急連絡先を確認する資料となる。
②大使館や総領事館等の在外公館から在留邦人に対し、緊急時を含む連絡を行う必要が生じた場合、在留邦人の連絡先を確認する資料となる。
③在留邦人のための各種支援対策を政府が検討する際の基本的資料となる。

表①在外公館が行っている主な領事行政サービス

分類	項目	内容
各種証明書発行	在留証明	和文／日本国内で使用するもので、外国のどこに住所を有しているかを証明する。
	署名証明	和文／日本国内で使用するもので、印鑑証明の代わりとなる。
	出生証明	外国語文／いつ、どこで出生したかを証明する。
	婚姻証明	外国語文／誰といつから正式な婚姻関係にあるかを証明する。
	公文書上の印鑑の証明	外国語文／日本の官公署又は学校などが発行した文書に押印された印章の印影が真正であることを証明する。
	自動車運転免許証抜粋証明	外国語文／日本の自動車運転免許証を有していることを証明する。
パスポート	新規発給	海外で出生し初めて取得する方、有効期限が切れた方、紛失・盗難・焼失し粉焼失届を提出した方、氏名などの記載事項に変更がある方
	切替発給	残存有効期間が1年未満となった方、査証欄に余白がなくなった方
	帰国のための渡航書	パスポートを紛失・盗難・焼失したが、新規にパスポートを発給してもらう時間がなく、早急に帰国する必要がある方
戸籍		出生届、婚姻届、死亡届、離婚届、認知届、養子縁組届、養子離縁届など
国籍		国籍選択届、国籍喪失届、国籍離脱届、国籍取得届など

各種証明書発行などにかかる手数料、必要書類、所要日数等は事前に管轄の大使館・総領事館に確認を。
参考資料:外務省ホームページ「在外公館における証明」https://www.mofa.go.jp/mofaj/toko/page22_000554.html
　　　　外務省ホームページ「パスポート（旅券）」https://www.mofa.go.jp/mofaj/toko/passport/pass_5.html

CHAPTER 6 現地の暮らし

02 在外選挙

在外選挙

　海外赴任中に日本の国政選挙に参加することができる。

　投票するためには、事前に在外選挙人名簿に登録し、在外選挙人証の発行を受ける（登録されれば、国民投票にも投票可能）。登録手続き完了までに数ヶ月と時間がかかるので、渡航直後に済ませるよう計画しておこう。オススメは、日本出国前に市区町村で申請を済ませておく「出国時申請」。2018年6月から導入された制度だ。詳細は次ページのコラムを参照。なお、転出届を提出していないと在外選挙人名簿への登録はできない。

投票方法

　投票方法は「在外公館投票」、「郵便等投票」、「日本国内における投票」から選ぶ。

①在外公館投票

　居住地にかかわらず、投票記載場所が設置されているいずれかの在外公館において、在外選挙人証、及び旅券等の身分証明書を提示の上、投票する。

　投票できる期間・時間は、原則として選挙の公示・告示日の翌日から在外公館ごとにきめられた日までの、午前9時30分から午後5時まで。ただし、投票できる期間・場所は、在外公館によって異なり、また、補欠選挙では投票期間は原則として1日になる。詳細は最寄りの在外公館に照会する。

投票用紙は封筒に入れ封緘して送致されます。
裸の状態で送付されることはありません。

②郵便等投票

　あらかじめ登録先の市区町村選挙管理委員会に対して「在外選挙人証」と「投票用紙等請求書」を送付の上、投票用紙等を請求しておく。当該選挙管理委員会から投票用紙等の交付を受けたあと、公示日（補欠選挙の場合は告示日）の翌日以降に記載した投票用紙等を再度登録地の市区町村選挙管理委員会に、日本国内の選挙期日（国内投票日）の投票終了時刻（原則午後8時）までに投票所に到着するように直接郵送する。

③日本国内における投票

　選挙の時に一時帰国した場合や帰国後国内の選挙人名簿に登録されるまでの間は、在外選挙人証を提示の上、国内の投票方法を利用して、投票することができる。

在外選挙人名簿への登録申請

　申請方法は2つ。日本を出発する前に市区町村へ提出する「出国時申請」と、国外転出後に在外公館で申請する「在外公館申請」の、何か1つの方法で申請する。「出国時申請」と「在外公館申請」の二重申請が必要、ということではないので、特に注意する。

　なお「出国時申請」は2018年6月から導入された。従来の在外公館申請では、国内の選挙管理委員会・外務省と、海外の在外公館の間でやり取りの上、手続きがなされたために時間を要した。今回、導入された「出国時申請」では、手続きが簡素化されるため、登録所要時間が短縮される。

　「出国時申請」を利用する際は、市区町村選挙管理委員会に改めて詳細の確認を。

出国時申請（日本出国前・国外転出届提出時）

　最終居住地の選挙人名簿にすでに登録されている場合にのみ可能。国外転出届を提出した時から、届け出た転出予定日までの間に市区町村選挙管理委員会の窓口で申請する。

申請必要書類

①本人確認書類（旅券、マイナンバーカード、運転免許証など）、②申請書
※本人の委任を受けた代理人による申請が可能。本人と代理人双方の本人確認書類に加え、本人が委任する旨の申出書及び申請書（本人の自署）の提出が必要。事前に市区町村選挙管理委員会に問い合わせを。

申請後の手続き

　赴任地に渡航後、すみやかに在留届（P166）を提出し、住所を届け出る。これにより、海外に確かに転居したと確認され、登録手続きが進められる。

在外公館申請（海外渡航後）

　国外転出後、住所所在地を管轄する在外公館で申請する。海外赴任者の場合、渡航直後に在留届と一緒に申請するとスムーズ。

申請必要書類

①旅券、②申請書、③3か月住所要件を証明する書類（以下の「申請後の手続」参照）
※代理申請は、在留届の氏名欄に記載された者及び同居家族の欄に記載された者（日本国籍者に限る。）のみ可能。本人と代理申請者の旅券に加え、本人自署の署名が入った申請書、申出書が必要。事前に管轄在外公館のWEBサイト等でダウンロードして準備する。

申請後の手続

　在留届と一緒に申請手続をした場合、居住3ヶ月を経過した時点で、在外公館から郵送・電話等で居住確認を受ける。その後、登録手続が開始されるので、忘れずに。

　なお、すでに3ヶ月以上居住している場合は、申請時に3ヶ月間の居住を証明する書類（賃貸契約書など）を追加で提出するか、3ヶ月以上前に在留届を提出していることを確認する。

参考WEBサイト

　上記の申請手続きの詳細や、各種申請書のダウンロード、あるいは在外選挙制度の詳細（投票が出来る選挙、一時帰国中の投票方法など）は、以下のWEBサイトを参考にしよう。

外務省「在外選挙・国民投票」
https://www.mofa.go.jp/mofaj/toko/senkyo/index.html
総務省「投票制度　在外選挙制度について」
http://www.soumu.go.jp/senkyo/netsenkyo.html

CHAPTER 6 現地の暮らし
03 海外生活メンタルヘルス心得

―寄稿―
在タイ日本大使館　参事官・医務官

鈴木　満　先生

精神科医師、医学博士。英国国立医学研究所研究員として1987-1992年ロンドン滞在。世界各地の在留邦人メンタルヘルス支援に携わり、2009年より外務省勤務。世界120都市以上を来訪。外務省内に日本初の「在外ストレス相談室」を開設。

はじめに
- 異国でこころを病んだとき -

　海外在留邦人数は増え続け、139万人を超えました。これは地方の県人口に相当する人数で、日本であれば大規模の基幹総合病院に加えて1,000カ所を超える医療施設を要する規模です。海外赴任先において身体の具合が悪くなった場合、先進国であれば現地での治療選択肢が多数あります。しかしメンタルヘルスの領域では、言葉と文化の理解度が「診たて」を大きく左右しますので、海外での治療の場は限られています。そして介入が遅くなれば症状は重くなり「待ったなし」の状況になりえます。その結果、心ならずもメンタルヘルス不調のために帰国する方が恒常的に発生しています。赴任先が先進国であったとしても、海外は大半の邦人にとって「精神医療過疎地」なのです。
　メンタルヘルス不調のために帰国治療に至った方々は、「たまたま調子を崩したのが海外滞在中だった」、「赴任前から心の問題を抱えていた」、「海外生活に適応できなかった」、「海外で惨事に巻き込まれて心の傷を負った」等、様々ですが、早期発見、早期治療ができていればここまで悪化しなかったのに、と思う事例を多数経験してきました。海外勤務者ご自身とご家族には、より高い「セルフケア能力」が、海外勤務者を送りだす事業場には、「メンタルヘルスケア体制の整備」が求められます。
　海外邦人のメンタルヘルスにおいて最も多くの人が援助を必要としているのは「文化適応関連事例」、最も早急な援助を必要としているのは「精神科救急事例」、より専門的な援助を必要としているのは「トラウマ関連事例」です。以下にそれぞれについて解説します。

文化適応関連事例
- 海外生活・勤務ストレスへの不適応 -

　文化適応関連事例とは、環境変化への心身の不適応反応で、誰にでも起きえます。海外生活における予想と現実とのギャップがしばしば引き金となります。
　日本ほど便利で清潔で安全な国はなかなかありません。日本で当たり前にできる生活の立ち上げがうまく進まず、腹が立ったり途方に暮れたりすることはよくあります。日本に居るころから持っていた夫婦や親子間の葛藤が顕わになることもありますし、現地雇用や国際結婚での二重規範による苦悩もよく耳にします。
　中でも日本人社会での人間関係に悩んで行き詰まるケースが多いことは是非知っていてほしいと思います。小規模な邦人コ

ミュニティの中で肥大化した対人葛藤は、国内でのそれよりも深刻なものとなりやすく（愛憎は倍増！）、噂話が一人歩きしやすいので注意が必要です。

　一口に海外勤務と言っても、多様化する海外生活を一般化することはますます難しくなっています。海外赴任に伴う生活勤務環境によるストレス要因には共通するものと、その赴任先特有のものがあります。単身赴任か、家族を帯同しての赴任かによっても大きな違いがありますし、小さな駐在所であれば上司や同僚との相性も勤務環境を大きく左右します。その他にも派遣元の海外勤務慣れ、派遣先地域の治安情勢、現地採用職員の多寡など、複数の要素が影響してきます。また激変する政治経済状況や気候変動など予測不能の環境変化にさらされることもあります。

　とはいえ、大半の方は自分自身で、あるいは周囲の支援を得て乗り越えることができます。困難を克服する人々に共通して見られる要素は「希望を見つける力」です。日々の生活においては、自文化中心主義（日本が一番、わが社が一番）、過度の一般化（海外勤務なんてどこでも一緒）、二分法的考え（白か黒か）に陥らぬことが大事です。多様な生活習慣や価値観を柔軟に受け入れ、それでいて自文化の価値を再評価するというのが熟達の駐在員の方々に共通して見られる姿勢です。運動や趣味といったマルチチャンネルの生活習慣も推奨されます。

海外での精神科救急事例
– 速やかな医療的介入が必要な事態 –

　精神科救急事例とは、「いつもと違う」「何をするかわからない」といった切迫した精神症状を示します。気分が高揚しすぎて周囲とトラブルを起こしたり、幻覚や妄想に左右されて予想もつかない行動に走ることがあります。一番困るのは、ご本人に病気の自覚がなく「病院に行きたがらない」ということです。時には「死にたいと言う」「興奮して怒りやすい」という症状が夜間休日にも発生し「明日まで放っておけない」という状況を引き起こします。

　この場合、速やかな医療的介入が必要ながら海外での対応には限界があります。ほとんどの事例では薬がよく効きますので、何とか地元の専門医につなげることができれば、数週間で落ち着きを取り戻します。ただし、現地で入院すると国によっては高額の治療費を請求されます。残念ながら海外旅行保険に入っていないケースが多いのが実情です。また、運悪く発展途上国で救急事例化した場合には、近隣の先進国や日本に搬送しなければならないことがありますが、症状が落ち着かないと飛行機に乗せてもらえないので対応に難渋します。

　わたしどもの調査では、日本国内で治療歴のある方の「服薬中断」による症状再燃が多いので、国内の主治医からの服薬指導と家族の理解・協力がとても重要です。加えて、海外で精神科救急の症状をきたした場合には、本人のみならず支援者に多大な負担がかかります。身体の病気と同じ様に、症状悪化（精神科救急化）の予防のためには早期発見・早期介入が第一です。また派遣元の事業場には赴任地の最新の現地情報提供を含めたきめ細かい渡航前教育が求められます。

トラウマ関連事例
– 大規模緊急事態に巻き込まれた場合 –

　海外ニュースを見ると毎日の様に世界の

赴任の準備

引越し

住宅

子どもの教育

医療と健康

現地の暮らし

171

あちこちで大きな事件や事故が発生しています。大規模緊急事態には暴動、クーデター、紛争、大規模事故、自然災害、テロ、人質事件・ハイジャック、大規模感染症、原子力災害などがあります。

外務省では、海外で邦人が事故や事件に巻き込まれた時に様々な援護活動をしています。外務省の邦人援護統計によると年間約2万人の邦人が援護を受け、犯罪被害、交通事故、水難事故の合計件数は年間約5,000件です。この中には重傷者、死亡者も含まれており、多くの場合、日本からご家族が現地に来られます。これらの集計は在外公館が援護した事例のみで、ご家族や職場が対応した事例は含まれていないので氷山の一角といえましょう。邦人援護件数（2018年）は、北米地域が最も多く、在外公館別でみるとタイが最多で、フィリピン、ロサンゼルス、上海、英国、ホノルルがこれに続きます。

トラウマ（心的外傷）とは、圧倒されるような精神的衝撃で、強い恐怖や不安を伴い、個人がその対処に困難を感じるような出来事による体験です。上記の大規模緊急事態に巻き込まれた方々の一部には心的外傷後ストレス障害（PTSD）の症状が認められます。PTSDは3ヶ月以内に多くが回復しますが、重症の方には専門的治療が必要です。PTSDの症状は、現地で救援や医療に携わった警察官、消防隊員、医師、看護師などに見られることもあります。「隠れた被災者」である支援者へのケアも忘れてはなりません。

子ども、高齢者、障がい者、外国人は「災害弱者」と呼ばれます。災害弱者は、時々刻々と変化する状況を正確に把握することが出来ず、いざというときに自分の意思で逃げ出すことが困難な方々です。海外在留邦人もまた災害弱者ということができます。普段から赴任地および国内での支援体制を備えておくことが益々重要となっています。

日本語によるメンタルヘルスサービスの需要と供給

東南アジアと中国に住む邦人駐在員を対象とする調査で、「日本語で心の問題を相談できる機関が必要だと思いますか」という問いに対して、全体の約6割が「非常にそう思う」「そう思う」と回答しました。「必要とされる専門家・体制は？」という問いへの回答をまとめると、「日本語と日本文化を理解できる精神科医、心療内科医、臨床心理士、カウンセラーによる、秘密を守ってくれる相談体制」という結果でした。

上述した通り、海外で診療をしている邦人精神科医はごく少数であり、発展途上国では精神医療機関自体が少なく、日本語による対応を期待することは困難です。それでも30年前に比べれば状況は好転しています。欧米の大都市であれば、複数の言語に対応した精神科サービスがあり、最近はシンガポールなど一部の大都市において、条件付きで海外邦人を対象とした邦人医師の診療が認められるようになってきました。まだまだ少数ですが、現地で医師免許を取得する邦人医師や国際結婚カップルの子女が現地で医師となる例も増えています。新型コロナウイルス感染拡大に伴う行動制限によりインターネットを活用したオンライン医療や相談サービスが急速に普及することが予想されます。なお世界各地の邦人コミュニティにおけるボランティアによるメンタルヘルス・ケア活動もそれぞ

れの国の医療福祉制度に合わせた形で行われています。詳細については参考資料（文末「お役立ちコラム」）をご覧下さい。いずれも篤志に支えられている素晴らしい活動ですが、運営基盤が不安定で活動休止となる団体もありますので日本からの手厚い支援が必要です。

まとめ

最後に、大多数の海外邦人は健やかで実り多い生活を送っておられ、海外生活は家族の絆を深める好機であることを強調させて下さい。

海外生活者のメンタルヘルス対策は、個人にとどまらず、組織、国家それぞれのリスク・マネジメントです。そして、それには「平時のケア」と「有事のケア」があります。前者には、国内でも発生しうるメンタルヘルスの問題に加えて、海外生活勤務ストレス要因への心身の反応があります。後者には、精神科救急事例に代表される個人的な危機と、邦人コミュニティが遭遇する大規模緊急事態があります。派遣前・派遣後を通したセルフケア能力の向上、現地医療資源の活用、日本からの遠隔メンタルヘルス支援、被災者・被害者のケア、国際医療連携の強化などの課題に対して、組織的な「備え」を怠らぬことが大事です。

2020年初頭から世界中に拡がった新型コロナウイルス感染により、グローバリゼーションの概念が激変しました。パンデミック特有の「見えない恐怖」は社会不安のみならず2次的な経済活動低迷も引き起こしており、海外赴任のスタイルもリスク回避かつ効率重視型に変容せざるをえないでしょう。長期にわたる行動や移動の制限は、災害弱者をさらに弱者化させます。また大きな生活環境変化がもたらす不安は、不満や怒りに形を変えて人間関係をギクシャクさせることがあります。深刻な事態に発展する前の気づきと早期対応がメンタルヘルス対策の一つとなります。（本稿の内容は筆者の個人的見解に基づくものです。）

参考資料・文献（順不同）
●海外在留邦人数調査統計令和元年要約版（平成30年10月1日現在）https://www.mofa.go.jp/mofaj/toko/page22_000043.html●平成30年海外邦人援護統計（令和元年12月）https://www.anzen.mofa.go.jp/anzen_info/pdf/2018.pdf●鈴木満（編著）：異国でこころを病んだとき/弘文堂（2012）●鈴木満（監訳）：巨大惨禍への精神医学的介入/弘文堂（2013）●鈴木満：日本企業東南アジア駐在員のメンタルヘルス―フィリピン、シンガポール、インドネシアでの調査より/海外邦人医療基金（2012）●鈴木満：日本企業中国駐在員のメンタルヘルス海外生活における急激な環境変化や大規模緊急事態への対応/海外邦人医療基金（2013）

海外生活におけるメンタルヘルスに関する情報

お役立ちコラム

●海外在留邦人の医療・福祉・メンタルヘルス等に取り組む団体（順不同）

JAMSNET	http://jamsnet.org
JAMSNET東京	http://www.jamsnettokyo.org
	※JAMSNETカナダ、ドイツ、アジア、スイスの拠点リンクも掲載
Group with	http://groupwith.info/htdocs/index.php
With Kids	http://withkids-kaigai.com
じょさんしonline	https://josanshi-cafe.com
Hope Connection	http://www.hopeconnection.org.au
JB Line,Inc.	http://www.jbline.org
JSS	http://jss.ca

CHAPTER 6　現地の暮らし

04 海外生活で便利なサービス

　海外在留邦人が増える中、日本語テレビの配信や日本食宅配サービスなど、海外在留邦人向けサービスが年々増えてきているので、出発前にチェックしておこう。

　申し込みは、現地到着後にインターネット上で手続きが可能なものと、主にテレビ配信サービスなどのように、機器の購入や設定などのため出発前に手続きが必要なものとがあるので要注意。

日本のテレビ番組をみる

　動画配信サービスの人気で、日本国内でも世界中の番組が見られる時代。しかし、日本国内で利用できる動画配信サービスは、国外からのアクセスは認められない場合が多い。配信コンテンツが日本国内の視聴に限定されているからだ。赴任先で日本のテレビ番組を視聴したい場合には、改めて海外から視聴可能なサービスに加入する必要がある。

　現在、海外赴任者が利用している日本のテレビ番組視聴サービスは大きく分けて2種類がある（表①）。1つは日本のテレビ番組を中心に放送している衛星放送やケーブルテレビを契約すること。従来の衛星放送のように受信アンテナとレシーバーを設置する。もう1つはインターネットを利用した海外滞在者向け動画配信サービスを

表①日本のテレビ番組を視聴できるサービス

サービス名称	サービス概要
衛星放送・ケーブルテレビ	
JSTV	欧州・中東・北アフリカ・ロシアで唯一の日本語衛星放送局。1日24時間、ニュース・ドラマ・教育・スポーツ・子ども番組等、様々な日本の番組が楽しめる。主なニュースは日本と同時放送。チャンネルは"JSTV1"と"JSTV2"の2チャンネルある。インターネット経由での受信も可能。
テレビジャパン	北米で生活している人々のニーズに合わせ、NHKライブニュース、ドキュメンタリー、ドラマ、映画、バラエティ、音楽番組や子ども番組などを、24時間放送。ケーブル会社や大手電話会社によるIPTV等を通じて視聴できる。
インターネット経由の視聴サービス	
WatchJTV.com	テレパソと呼ばれる機器一式を自宅のインターネット回線とアンテナ線に接続するだけで、日本のテレビ番組が視聴できる。海外の自宅のテレビにAppleTVをつなげば、テレビをつけただけで日本の番組を流すことが可能。自分専用のWEBアドレスからログインできる為、WEBブラウザさえあれば視聴が可能になる。
ガラポンTV	地デジ8局×24時間、全ての番組を2週間分（最大4ヵ月分）録画できる録画機。録画したテレビ番組はiPhone、iPad、Android、PC（Windows、Mac）等からインターネット経由で視聴できる。番組タイトルや説明文、番組内のテキスト情報での検索も可能。
WAVECAST	『海外生活を全力応援したい』世界中で日本のテレビそのままに、ネットに依存しない最強設計。規制に影響しないフルVPN搭載、SSDとクラウドでハイブリッド構成、録画容量無制限。レンタルビデオも楽しめる、国内初のフル地デジ・クラウドレコーダ！

※自身で内容確認の上、自己責任で申込下さい。

利用すること。こちらはパソコン経由であったり、データ配信であったり各社仕組みはさまざまだ。

選ぶ時には番組がどのように発信され、どのように現地で受信しているのか、確認すること。ネット経由のサービスは近年増加する新しい分野で、利用者も多い半面、著作権や著作権隣接の問題が発生し裁判になっているケースも一部生じている。

日本語の本・新聞を読む

海外で販売されている日本語の書籍は、国内よりもかなり高額。そこで便利なのが電子書籍サービス。海外からのアクセスが可能なサービスも出てきているので、出発前にアクセス条件など含めて調べておこう。また一部の書籍通販サイトでは、海外発送も行なっているので合わせて確認を。ただし各国で禁制品として扱う書籍もあるので、その点、注意が必要だ。

また各新聞社も、電子新聞の海外配信などのサービスを行なっている。

日本食宅配サービス

日本食ほか、日本の日用品など、どうしても現地で手に入らない日用品を調達するには宅配サービスが便利。ネット経由で注文し、海外の自宅まで宅配してもらうもので、食品他、お土産にしたい日本の名産品など、サービスはかなり充実してきている。最近では赴任先の輸入規制も把握した上で安全に手配をしてくれる気配りも。

郵便物転送サービス

赴任中でも国内の郵便物は定期的にチェックしたい、という場合、郵便物転送サービスがある。転送先住所を郵便局にあらかじめ届け出ておくと、転送サービス業者が定期的に郵便物を赴任地まで郵送してくれる。一時的に実家などで保管してもらう方も多いが、遠方で引き取りが難しい、あまり負担はかけたくない、という時にも便利だろう。日本国内で転送先の届け出などの手続きが必要なので、出発前に検討を。

硬水と軟水

海外生活が始まるまで、意外と気がつかない日本の生活との違い、その1つが「水」の違いだ。水はカルシウムやマグネシウムの濃度（硬度）の違いによって、硬度の高い硬水と、硬度の低い軟水に分けられる。飲料水として好んで硬水を飲んでいる人もいるが、では生活用水として硬水を使うとどうなるのか…。

日本の生活用水は多少の地域差があるものの基本的に軟水だ。しかし世界中を見渡してみると生活用水として硬水を使っている国は意外に多く、ヨーロッパではほとんどが硬水で、日本の生活用水の2倍あるいは3倍以上の非常に硬度が高い水を使っている地域もある。海外赴任者の中でも、気がついたら髪が傷んでいた、肌があれていたなどの影響がでている人もいる。慣れない硬水が皮膚に影響を及ぼしていたり、硬水の場合は石鹸カスができやすく、それで髪がごわごわになってしまっていたりする。

そこで最近では硬水を軟水に変えるフィルターが販売されている。お風呂場であればフィルターが付いているシャワーヘッドもあるので、購入して持っていけば、自分で取り付けて使う事ができるので大変便利。子どもがまだ小さく、肌が敏感な場合には、用意しておくと安心だろう。

赴任の準備

引越し

住宅

子どもの教育

医療と健康

現地の暮らし

CHAPTER 6 現地の暮らし
05 一時帰国

一時帰国の制度を確認

　一般的に、企業派遣の海外赴任者の場合、社内規程により一時帰国の制度が設けられている。健康診断、業務報告、あるいは休暇を目的として短期間ではあるが日本に帰国することができる。

　制度の詳細は赴任前に必ず確認を。特に頻度・期間は企業によって様々で、例えば1年に1回で2週間程度、あるいは2年に1回で1ヶ月…など違いがある。その中で、日本の家族のこと、住まいのケア、あるいは数年後の本帰国の準備など、日本でしかできない用事を済ませる必要がある。もちろん自費で一時帰国をすることも検討できるが、まずはきちんと一時帰国制度を把握して、いつ・どんな目的で日本に帰るか、整理できるようにしておこう。

一時帰国はテーマを持って

　一時帰国する際は、その時の帰国の目的やテーマについて、必ず家族で話し合い、入念に計画しよう。滞在期間が限られるものの、やるべきこと、やりたいことは沢山ある。

　例えば、健康診断や持病の治療、食品などの必要備品の買い出しは定番。日本にいる親類への挨拶まわりや、お墓まいり、親の様子を見に行くことも重要事項だ。加えて子どもを帯同する場合には、教育相談を受ける、受験の準備をするなど、やっておきたい事柄は多い。

　また、久々の日本だからこそ、温泉旅行をしたり、日本食を楽しんだり、友人と出かけたりしてリフレッシュすることも、充実した海外赴任を続けるためのコツ。一方で、そろそろ帰任が近いという場合は、転校先・進学先探し、住宅探しなど、本帰国の準備が優先されるだろう。

　自分の場合はどんなことを優先するべきか。やりたいことはたくさん挙げられるので、表①も参考に、一時帰国の都度、目的を明確にして計画するようにしよう。

最新の日本にアップデート

　赴任経験者の体験談では、一時帰国中は日本の流行をチェックしたい、最新のニュースを知りたい、と言う声も多い。日本を離れ、異国の生活が続くと、思いのほか日本のことが見えなくなるもの。話題のスポットや気になっている場所に足をのばす、書店で注目されている書籍をチェックする、といった時間を作っておくのも一考だ。

　また、小さな子どもを帯同する場合、一時帰国は子ども自身が日本を体験できる貴重な機会にもなるので、有名な観光地やお祭りなどに連れて行き、日本の文化に触れる機会を設けるようにしよう。

　小旅行気分で楽しむもあり。本帰国に備えて情報収集や準備に勤しむもあり。しかしながら、滞在期間が限られるのも一時帰国。「今回の一時帰国は、何をテーマにするか」を、毎回考えて、計画的に過ごせるようにしよう。

表① 一時帰国やることリスト

健康診断	企業が実施する場合が一般的。赴任中の生活状況を踏まえて、不安に思う点は医師に相談しておこう。歯科治療など、赴任地で保険外診療になるものも、済ませておく。
買い出し	日本食、衣類、医薬品・化粧品、学用品など日本で買っておきたいものは事前にリストアップして効率的に購入する。一時帰国前に通販で購入し、滞在先に発送すると手間が省ける。非居住者免税（下コラム参照）や、検疫等による持ち込み制限は事前に把握しておこう。
家族との連絡	親族・家族に会いに行く。特に介護を必要とする家族がいれば、現在の状況や今後のサービス利用について、兄弟や依頼している業者に確認・相談を。国内連絡先を依頼している場合、不在中に届いた郵便物などを受け取っておこう。
自宅の手入れ	空き家にしている場合は、空気の入れ替えなどのケアを。賃貸している場合は、賃貸状況の確認、家賃収入に対する所得税や固定資産税の納付状況について、代行会社・納税管理人等と確認する。
旅行	久々の日本を楽しむ旅行もオススメ。自分自身がリフレッシュできる時間を作っておこう。また子どもを帯同して海外赴任する場合、一時帰国は子ども自身が日本を知る良い機会なので、有名な観光地を訪問すると良い。
運転免許	一時帰国中に更新する→ P32（車の免許）

表② 教育関連やることリスト（参照 P106）

学校見学情報収集	帰国後の転校・進学先候補を調べておく。春～秋であれば、入学説明会、文化祭などに参加して学校を見学する。行事参加が難しい場合、学校周辺を散策しておくだけでも参考になる。パンフレットなども活用して帰国生のフォロー体制・途中編入制度・受験資格などの情報を集めよう。
体験授業	私立校では学校説明会と合わせて体験授業を実施している場合あり。帰国生教育の方針を知る良いチャンス。公立校の体験入学受け入れ可否は各校で異なる。学校に直接問い合わせを。
集中講習	入試に備え、塾の集中講習を受ける。日本国内や他国の帰国生と一緒に勉強することで、自身の学習進度などを確認するのに良い。

一時帰国で便利なテクニック

Wifi・携帯電話
レンタルのWiFiルーターやプリペイド式のSIMカードが便利。空港で入手可能で、ルーター返却は宅急便でできるサービスもある。

レンタカー・カーシェアリング
国内旅行や親戚周りなど移動が多い一時帰国であればレンタカーやカーシェアリングが便利。外国人旅行客にも人気なのでインターネットで予約しておくと安心。

ホテル・サービスアパートメント
ホテルのほか、中長期の滞在であれば都心部では家電・家具がついたウィークリーマンション・サービスアパートメントなども便利な選択肢。民泊は未だ違法なものもあるので要注意。

ショッピングと非居住者免税
非居住者は外国人観光客同様に、消費税免税で買い物ができる。家電、一般用品などが対象。出国まで開封できないなどの条件がある。制度の詳細・実施店舗は以下Webサイトで確認を。ただし、検疫等の条件で赴任国に持ち帰られないものがあるので、別途、確認しておこう。
観光庁「免税店とは？」 https://www.mlit.go.jp/kankocho/tax-free/about.html

国際郵便

海外への発送を郵便局がサポート
国際郵便

国際郵便の送り方

国際郵便は、"はがきや手紙などの小さなもの"から"30kgまでの大きな荷物"までの発送物を"ビジネスユーザー"から"個人ユーザー"まで、全ての方が簡単に海外に送ることができるサービスです。

この海外発送サービスは輸送方法の違いにより、配達所要日数が短い順に大きく以下の4つに分けられます。
①EMS：国際スピード郵便
②AIR：航空便
③SAL：エコノミー航空便
④SEA：船便

EMS（国際スピード郵便）

EMS（国際スピード郵便）は、ビジネスで緊急を要する書類・荷物から個人の手紙・荷物までを、迅速かつ確実に海外に届けてくれます。世界120以上の国・地域に向けて最速のフライトで航空輸送しています。

全国の郵便局で取り扱っており、料金もお手頃で、右ページ記載の国際郵便マイページサービスを使用して、EMS発送ラベルなどを簡単に作成できます。もちろん、インターネットによる配達状況の確認もできます。

EMS以外の国際郵便

EMS以外にも、AIR（航空便）、SAL（エコノミー航空便）、SEA（船便）があります。それぞれ通常郵便物と小包郵便物の2種類に分けられます。

①通常郵便物

◆**はがき** 日本から世界中に70円（航空便の場合）で送ることができます。
◆**航空書簡** 「折りたたみ式の書状」形

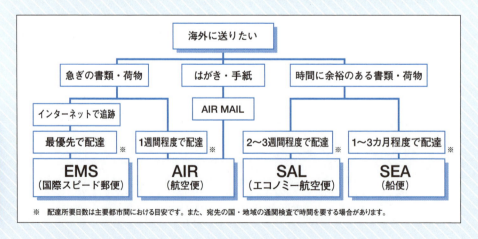

※ 配達所要日数は主要都市間における目安です。また、宛先の国・地域の通関検査で時間を要する場合があります。

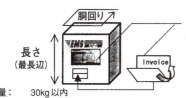

● EMSの送り方

状で、日本から世界中に90円で送ることができます。

◆書状　封書、書類などを送る場合に利用します。

◆グリーティングカード　クリスマスカードなどを送る場合に利用します。

◆印刷物　新聞、定期刊行物、書籍、冊子などを送る場合に利用します。

◆小形包装物　2kgまでの小さくて軽い物を送る場合に利用します。

②小包郵便物

荷物を送る場合に利用します。
　　重量：30kg以内
　　サイズ：長さ(最長辺)1.5m以内
　　　　　　長さ+胴回り=3m以内
　　宛先の国・地域によって異なります。

AIR（航空便）

AIR（航空便）は、EMSよりも配達に日数がかかりますが、1週間程度で配達されます。宛先の国・地域においても優先的に配達されます。

SEA（船便）

SEA（船便）は、船舶輸送するサービスです。宛先の国・地域に到着するまでに1〜3カ月程度必要とし、宛先の国・地域に到着後もEMSやAIRよりも配達に時間を要しますが、1番安い料金設定です。SEAでは、AIRと同様に通常郵便物（はがき、書状、印刷物および小形包装物）と小包郵便物を送ることができます。

SAL（エコノミー航空便）

SAL（エコノミー航空便）は、AIRとSEAの中間のようなサービスです。日本から宛先の国・地域までは航空機の空きスペースを利用した航空輸送を行い、宛先の国内ではSEAと同様に配達に時間を要します。2〜3週間程度で配達されますが、AIRよりも安い料金で利用できます。SALでは、AIRと同様に通常郵便物（印刷物および小形包装物のみ）と小包郵便物を送ることができます。

国際郵便マイページサービス

海外への発送に必要なEMSラベルなどの印刷ができます。パソコン版とスマートフォン版をご用意しています。

パソコン版は、過去に作成した履歴を使って新しいラベルが作成できるなど、繰り

返しご利用する方に便利です。

スマートフォン版は会員登録をしなくても、郵便局の専用プリンタ「ゆうプリタッチ」を使って送り状を印刷でき、手軽にご利用できます。

| 国際郵便マイページ | 検索 |

郵便局への転居手続

日本国内での転居の場合は、郵便局へ転居届を出すことで、旧住所宛の郵便物などを1年間転居先へ転送されますが、転居先が日本国外の場合は、郵便物などの国外転送は行っていません。

重要:通関電子データ送信義務化について

2021年1月1日(金)より、物品を内容品とする国際郵便物を送る場合は、「通関電子データ」を事前に名宛国に送信することが義務化されました。送信が無い郵便物は、名宛国で遅延や返送のおそれがあり、特に米国宛てについては、郵便局で差出しが行えません。

通関電子データは、国際郵便マイページサービスをご利用していただくことで、送信できます。詳しくは、日本郵便のWEBをご覧ください。

| 通関電子データ | 検索 |

重要:航空危険物について

スプレー缶や花火など航空機の安全運航を脅かすおそれのある航空危険物は、国際郵便では送れません。

| 航空危険物　郵便 | 検索 |

各国共通の郵送禁止物品の例

■爆発物・危険物:火薬類(花火、クラッカー、弾薬)、引火性液体(ライター用燃料、ペイント類)、高圧ガス(消火器、アクアラング、除塵スプレー、携帯用濃縮酸素、ヘリウムガス、キャンプ用ガスコンロ、カセットコンロ用ガス、ライター用補充ガス)、可燃性物質(マッチ、ライター)、酸化性物質(漂白剤、過酸化剤、個人用小型酸素発生器)、毒物類(クロロホルム、加熱蒸散殺虫剤)、腐食性物質(水銀、バッテリー)、放射性物質(プルトニウム、ラジウム、ウラン、セシウム)等

■そのほか:麻薬類、生きた動物、わいせつ又は不道徳な物品

また、EMSでは紙幣や有価証券、白金、金宝石などの貴重品に属するものは送ることができません。

【ゆうプリタッチの使用方法】

スマートフォンでラベル情報を入力。メールで二次元コードのURLを受信

郵便局で二次元コードを表示し、ゆうプリタッチでスキャン

ゆうプリタッチでラベルを印字

荷物にラベルを貼り付けて、窓口で差し出し

国際郵便の各種商品・サービスの詳細はこちらをご覧ください。　| 国際郵便　商品・サービス | 検索 |

テレビ視聴

日本の全テレビ番組を海外から視聴。番組ダウンロードOK！
全テレビ番組録画機「ガラポンTV」月額1375円【お試し無料】

ガラポンTVとは？

ガラポンTVは、地デジ8局を18日間分の全番組（最大140日間分）を自動で録画する全テレビ番組録画機です。録画した番組はiOS、Android、Windows、Macで海外から視聴できます。

※ガラポンTVは日本に設置しておく必要があります。設置した場所で受信する地デジ番組全てを自動で録画します。

「全録」&「どこでも視聴」

海外滞在中に、日本の番組表をチェックして録画予約するのは面倒です。ガラポンTVなら番組表に掲載されている全てのテレビ番組が丸ごとすべて自動で録画されます。視聴したい気分の時にスマートフォンやPCで番組を選べば即再生。革命的に便利です。

滞在国で快適に見られることが最重要

ガラポンTVが採用するのはワンセグ画質のため、視聴に必要な帯域は400Kbpsと非常に軽量で、ストリーミング視聴が途切れにくいです。また、番組をスマートフォンにダウンロードすることで、回線の不安定な地域滞在中や、飛行機内の圏外の時にも、ダウンロードしたテレビ番組を確実に途切れることなく快適に視聴することができます。海外から番組のダウンロードができるのはガラポンTVの大きな魅力です。

出国前に無料で試そう

ガラポンTVは初期費用が無料で、2カ月間の無料お試し期間があります。出国前に日本でガラポンTVを設置して問題なく利用できるか試してみましょう。

ガラポンTVのお申込みはコチラ

http://garapon.tv/p2/

※お申込み時に「海外赴任ガイド見た」と伝えればAmazonギフトカード千円分をプレゼント。(3ヵ月以上利用者限定)

#お問合せ先
http://garapon.tv/query
TEL:050-3590-8639
(平日11〜13時、14〜18時)

レンタカー

一時帰国に成田空港からとっても便利な中長期専門格安レンタカー
スマイルレンタカー

【一時帰国で中長期レンタカーを使う】

レンタカーといわれて思いつくのは、数時間から1日、長くても3日ほど使うイメージが強いのではないでしょうか。しかし、中長期レンタカーは1週間から1ヶ月といった長い期間で安く借りることが出来るレンタカーです。

【成田空港から使える】

スマイルレンタカーはそんな中長期レンタカーを海外で活躍されているビジネスマンや、関東への出張者の方に向けて、成田空港でレンタカーサービスを展開しています。日本への一時帰国はもちろん本帰国や関東への出張や旅行の際に空港で借りてずっと使えて空港で返せるレンタカーです。その便利さからリピート率83％と一時帰国者や出張者の方に人気の商品です。

【帰国の際は電車代より安い】

人気の秘密は、何といっても値段の安さ。長期になればその安さを実感でき、一般的な5人乗りならカーナビ・ETC・任意保険料込で1週間29,800円（1日当たりおよそ4,200円）でレンタル。1ケ月でもなんと59,800円（1日当たりおよそ1,900円）と一般的なレンタカーのおよそ半額〜3分の1の料金だからとってもおトク。使う人数が増えたり、日数が長くなればなるほど、その安さを実感できます。

【不便な一時帰国を便利にする】

一時帰国で一番の悩みが、荷物について。レンタカーならどんなに荷物が多くてもトランクに積み込んで移動することが出来ます。空港から直接車を借りることが出来るので、もう満員電車や窮屈な高速バスを使う必要はありません。また、スマイルレンタカーは自宅への引き取りサービスもあるので、

本帰国の時もとっても便利。様々な用途で利用できるので、一度使ったお客様からのご紹介で利用される方も年々増えています。

【世界中どこにいても予約可能】

長いフライトの後に手続きで手間を取られたくない。そんな方も、インターネットで事前にすべてのお手続きが完了するので、当日はレンタカーを受け取るだけでスムーズに出発出来ます。さらに日本との時差などを考えて、メールでのやり取りが基本です。もちろん電話での受付も行っているので、わからないことがあれば事前にメールや電話で気軽に質問が出来ます。

【レンタルまでの流れ】

空港に到着したら、送迎バスで近くの提携駐車場へ移動し、レンタカーを受け取ってレンタル開始です。走行距離の制限がないので、思う存分使えます。

期間中にかかる費用はガソリン代のみ。返却日当日は、同じ駐車場に返却し、レンタル終了。返却後も空港までの送迎付きなのでとっても便利。通常のレンタカーのように時間での区切りがないので返却予定日の営業時間内に返せば延長料金も掛からず安心。

【レンタカーのこだわり】

一時帰国者向けにレンタカーサービスを開始して10年、取り揃えているレンタカーは荷物の多い一時帰国者の皆様に快適に使っていただける荷室が大きめの車をご用意しました。軽自動車から大きなミニバンまで豊富に取り揃えております。到着出発の時刻は、お客様によって様々なので1日目の料金は無料でご案内しています。深夜到着でも早朝出発でもお客様に損はさせません。空港でのレンタカーを知り尽くしたスマイルレンタカーだからこそできるサービスです。日本へ帰国の際は、ぜひ一度スマイルレンタカーをご利用下さい。

通販・宅配サービス

海外勤務者様向け食料品等の海外向け送付サービス
㈱JES

多彩な品揃えと厳格な賞味期限管理、発送までのスピード、輸送困難地域への的確な輸送により、海外勤務者の皆様と、企業人事部ご担当者様双方に安心してご利用いただける送付サービスをお約束いたします。

制度導入をご検討の企業皆様からのお問合せ、ご視察をお待ち申し上げます。作業現場をご視察いただくことにより、企業様の制度作成に関する必要な情報が得られるかと存じます。ご契約の有無に関わらずご計画の初期時点でのご視察をお勧めいたします。

対象地域、人数、大凡の重量枠等をお知らせ下さい。送付サービスに対する見積もりをお作りいたします。

「送付制度の案」、「海外赴任者への通知の例」、等のサンプルをご用意いたしておりますので、必要な場合はご連絡をお願いいたします。

制度の概要が決まりましたら、貴社用のWEBをお作りし、ご注文方法などのお試しを行っていただけます。

食料品・雑貨送付サービス

食料品・雑貨を常時在庫し、こだわりのある特別なお品物は買い物専門員により直ちに調達し、ベテランの作業員により厳重梱包を行いお荷物を発送いたします。お荷物到着までの全リスク負担を負わせていただき、お荷物到着後の請求となります。

その他のサービス

○海外工場への給食支援
海外工場建設に際し、日本人用の給食が必要な場合は経験豊富な調理師を派遣し、食品調達ルートの確立、ローカルコックへの指導等を行わせていただきます。
○築地エキスプレス
魚介類その他の食品を冷凍梱包しお引き渡しいたします。

会社概要
設立:昭和54年12月1日
資本金:5,000万円（全額払い込み済み）
主要取引先:大手商社、大手メーカー、その他、国内企業様

海外への日本食・雑貨の送付をご希望の場合はお気軽にお問い合わせ下さい。

〈連絡先・資料請求先〉 **株式会社 JES**
〒134-0086 東京都江戸川区臨海町 3-6-4
ヒューリック葛西臨海ビル 6F
TEL:03-5679-2113（代）／ FAX:03-5679-2265
URL:https://www.jesc.co.jp／ E-mail:info@jesc.co.jp

カウンセリング／通販・宅配サービス

―海外で暮らす家族と共に―
Group With

■〒184-0014　東京都小金井市貫井南町3-22-27-305　■E-mail:groupwith@nifty.com

異文化に暮らす家族のこころのケアを考え、情報を提供

海外生活を体験した母親による非営利自主活動グループ。海外で育つ子ども達やその家族が異文化に適応し、充実した生活を送ることができるようメンタルヘルスケアを中心としたサポート活動を行っています。
・こころの相談機関リストの作成
　「日本語で受けられる海外メンタルヘルス相談機関（日本語／英語）」
　「帰国生や外国の方々のこころの相談機関（日本語／英語）」
・海外で暮らす障がいを持つ子どものための療育情報、子育て情報の提供
・専門家への取材やセミナーの開催

海外発送サービスのBatons

■URL：https://batons.site/
■E-mail：info@batons.site
■LINE公式アカウント：@batons

日本の商品が「今」欲しい。そんな気持ちに応えます。

一時帰国での最大のミッションといえば、赴任国では入手できないあれやこれやを買うこと。帰国できずこのままでは、コンタクト等のストックが切れちゃう！と心配している皆さんにご使用頂きたいのが海外発送サービスのBatonsです。使い方は簡単。会員登録後Batonsから付与される商品送付先の住所を使ってネットショッピング又は実家等から商品を送付する。商品がBatonsに届き、あとはインボイス作成から注文者の海外住所への発送までを一貫して行います。会員登録から注文までを全てLINEでスピーディに行えるのも魅力の1つです。

海外赴任シニアアドバイザーの 海外赴任経験者よもやま話
海外赴任ガイドのメールマガジン「海外赴任ガイド通信」より

「nolo contendere って知っていますか？」編

米国のジョージア州に赴任していた時のことでした。中々赴任先の会社の業績が上がらずに、連日連夜の状況分析でへとへと。事務所を深夜近くに出て、車で30分ほどの自宅に帰る途中でしたが、凄い睡魔に襲われ、路肩に停めて休むわけにもいかず、ひたすら我慢して走っていたところ、突然後方からパトカーが赤い光を点滅させて近づいてくるではないですか。

何事だろうと思って、指示通りに車を脇に寄せて、警官が近づいてくるのをじっと待っていました（米国の場合、むやみに車の外に出るのは、警官を襲うと間違えられて撃たれる危険があるので、警官が来るのを自分の車で待つのが普通です）。すると、免許証を見せろから始まり、飲酒しているかと尋ねてきました。どうやらこちらの後ろをずっと走ってきて、当方の車が2度フラフラして車線を越えたのを見て、飲酒運転を疑ったようでした。

当然飲んでいませんので、必死に上記状況を説明して、飲酒運転でないことは理解してもらいましたが、それでも「Failure to maintain the lane」という「え、そうなの」というような理由で違反チケットを切られてしまいました。警察にも違反による罰金を徴収するBudgetがあるようで、どうもそのような時に引っかかってしまったようです。

通常では、仕方ないとしてそのまま罰金を払うところですが、業務で遅くなって警察に交通違反チケットを切られるのはくやしい話です。何とか罰金や違反を免除してもらう方法はないものかと現地従業員に相談したところ、指定された裁判所出頭日に出頭して申し立てる必要があると言われ、どうなるか分かりませんが社会見学も兼ねて一度経験してみようと出頭することにしました。

また、従業員から次のアドバイスをもらいました。出頭すると「guilty（有罪）」、「not guilty（無罪）」を選択する必要があり、無罪を主張するためには弁護士の同席が必要で、弁護士なしでは、まず無罪を主張してもwitness（目撃者）が居ないと却下されるとのこと。しかし弁護士までは用意できないので、それでは行く前から結果は見えていると言ったところ、もう一つ方法があると教えられました。それが「nolo contendere（発音はノーローコンテンドリー）」。

これは法律的な方法論で、「罪は認めたくないが、抗争はしない」という方法で、違反に対する罰金は払うが、罪は認めないと主張することで、罰金を払う代わりに違反点数が引かれることを免れる、というものでした。罰金を払うのは少し腹立たしいものを感じましたが、一種の司法取引みたいなものです。違反になると翌年からの車の保険料率も上がり、違反点数によっては講習や運転制限を受ける可能性もあり、良いことあまり予想できません。現状ではベストの選択と割り切って、指定された日に裁判所に出頭しました。

さて、裁判所出頭の当日です。決められた時間に、裁判所に行くと待合室には十数人の人が。そのうちに全員が呼ばれ、裁判室の中に誘導されました。被告一人、裁判官一人のいわゆる1対1で対応するものと思いましたが、確か当日は、16人もの人が裁判官席の前に並んで座らされたという状況でした。

暫くすると判事が入室してきて、想像もしていなかったことが起こりました。オレンジ色の囚人服を着せられ、足と手首に鎖をつけられた囚人が入室してきたのです。そして囚人に対して、我々の面前で判決が言い渡されたのです。「2000ドルの罰金支払いを命じます。払えなければ6ヶ月の労働奉仕を課します。」という判事の言葉が響き、辺りは一瞬にして静まりかえりました。違反するとこうなる、と我々に対する見せしめのようでもありました。

その後、罪状認否が始まり、順番に「Guilty」,「Not Guilty」を言わされていきました。事前に聞いていたように「Not Guilty」といった人には、弁護士の有無、目撃者の有無等の確認があり、いよいよ自分の番に。結果どうなるか分からないが、最初から決めていた通り「Nolo Contendere」と宣言しました。

その時は判事から何も質問がなく、一通りの罪状認否が終わった時でした。私の名前が急に呼ばれ、判事の前に一人立たされました。全く初めの囚人のような気分でした。判事からは「あなたはNolo Contendere」を申告しましたが、過去5年間に他に交通違反をしましたか」と質問され、「していません」といったところ、「Nolo Contendereを認めますので、罰金75ドルを払えば違反ポイントは免除します。」と言われました。また「あなたは市民ですか、VISAを持って働いていますか」という質問が続き、「E-VISAの下で働いています」と答えたところ、「今回の件は、あなたが駐在員であればVISAを管轄するイミグレーション部門に報告されますので、その後の処置について、裁判所は関与しません。」ということになりました。幸いにもその後イミグレーション関係のトラブルはありませんでした。

経験してみようという好奇心と罰金までの違反を課すのは不当ではないかという気持ちが相まって裁判所に出頭しましたが、中々緊張させられる体験でした。欧米では主張すべきは、きちんと主張しなければいけないこと、そして対応方法を知っているか否かで大きく結果が違ってくることを、身をもって経験しました。海外生活では、何事もないのが一番ですが、万一の時の対処法の一つとして「Nolo Contendere」は知っていて損はないと思います。但し、5年以内に一度も違反で捕まっていないという条件が必要であることもお忘れなく。

WEB 海外赴任ガイドのメールマガジン
「海外赴任ガイド通信」

「海外赴任経験者よもやま話」は、「海外赴任ガイド通信」にて不定期連載中です。その他、シニアアドバイザーの海外赴任Q&A、各種セミナー情報なども配信中。受信ご希望の方は、WEB「海外赴任ガイド」にて無料会員登録ください。
https://funinguide.jp/c/mail_magazine

CHAPTER

巻末付録

CHAPTER 7　巻末付録

01　在外公館連絡先

　出発前には必ず、滞在先を管轄する在外公館（日本大使館、総領事館、領事館事務所）の連絡先を確認しよう。ここでは主な在留邦人が多い都市を管轄する在外公館の電話番号を掲載している。その他の在外公館連絡先は外務省のHPを参照しよう。なお電話番号は「青数字:国番号—カッコ内数字:市外局番」で表記している。日本国内から電話をする場合は国番号の前に「国際電話発信番号（例:＋、010など）」をつける。日本に残る家族とも国際電話をかける方法も含め一緒に確認しておこう。

アジア地域

●在インド大使館
　91（11）2687-6564
　在コルカタ総領事館
　91（33）2421-1970
　在チェンナイ総領事館
　91（44）2432-3860
　在ムンバイ総領事館
　91（22）2351-7101
　在ベンガルール領事事務所
　91（80）4064-9999
●在インドネシア大使館
　62（21）3192-4308
●在カンボジア大使館
　855（23）217161
●在シンガポール大使館
　65-62358855
●在タイ大使館
　66（2）696-3000
●在大韓民国大使館
　82（2）2170-5200
　在釜山総領事館
　82（51）465-5101
　●在中華人民共和国大使館
　86（10）8531-9800
　在重慶総領事館
　86（23）6373-3585
　在広州総領事館
　86（20）8334-3009
　在上海総領事館
　86（21）5257-4766
　在瀋陽総領事館
　86（24）2322-7490

　在青島総領事館
　86（532）8090-0001
　在大連領事事務所
　86（411）8370-4077
　在香港総領事館
　852-25221184
●在バングラデシュ大使館
　880（2）9840010
●在フィリピン大使館
　63（2）8551-5710
　在セブ領事事務所
　63（32）231-7321
●在ベトナム大使館
　84（24）3846-3000
　在ホーチミン総領事館
　84（28）3933-3510
●在マレーシア大使館
　60（3）2177-2600
　在コタキナバル領事事務所
　60（88）254169
●在ミャンマー大使館
　95（1）549644
●在モンゴル大使館
　976（11）320777
●在ラオス大使館
　856（21）41-4400

大洋州地域

●在オーストラリア大使館
　61（2）6273-3244
　在シドニー総領事館
　61（2）9250-1000

注1:青数字:国番号。括弧内は市外局番です。注2:日本国内からかける場合は国番号の前に「国際電話発信番号（例:＋、010など）」をつけてください。

在メルボルン総領事館
61（3）9679-4510
●在ニュージーランド大使館
64（4）473-1540
在クライストチャーチ領事事務所
64（3）366-5680
在オークランド総領事館
64（9）303-4106

中東地域

●在アラブ首長国連邦大使館
971（2）4435696
在ドバイ総領事館
971（4）2938888
●在カタール大使館
974-4440-9000
●在サウジアラビア大使館
966（11）488-1100
●在トルコ大使館
90（312）446-0500
在イスタンブール総領事館
90（212）317-4600

欧州地域

●在アイルランド大使館
353（1）202-8300
●在イタリア大使館
39（06）487991
●在ウズベキスタン大使館
998（71）1208060
●在英国大使館
44（20）7465-6500
●在オランダ大使館
31（70）3469544
●在ギリシャ大使館
30（210）6709900
●在スイス大使館
41（31）3002222

在ジュネーブ領事事務所
41（22）7169900
●在スウェーデン大使館
46（8）57935300
●在スペイン大使館
34（91）5907600
在バルセロナ総領事館
34（93）2803433
●在チェコ大使館
420（2）57533546
●在デンマーク大使館
45-33113344
●在ドイツ大使館
49（30）210940
在デュッセルドルフ総領事館
49（211）164820
在ハンブルグ総領事館
49（40）3330170
在フランクフルト総領事館
49（69）2385730
在ミュンヘン総領事館
49（89）4176040
●在ノルウェー大使館
47-22012900
●在ハンガリー大使館
36（1）3983100
●在フィンランド大使館
358（9）6860200
●在フランス大使館
33（1）48886200
●在ベルギー大使館
32（2）5132340
●在ポーランド大使館
48（22）6965000
●在ポルトガル大使館
351（21）3110560
●在ルクセンブルグ大使館
352-4641511

189

注1:**青数字**:国番号。括弧内は市外局番です。注2:日本国内からかける場合は**国番号**の前に「国際電話発信番号（例:＋、010など）」をつけてください。

●在ロシア大使館
7（495）2292550
在サンクトペテルブルク総領事館
7（812）3141434

アフリカ地域

●在エジプト大使館
20（2）25285910
●在ケニア大使館
254（20）2898000
●在南アフリカ共和国大使館
27（12）4521500

北米地域

●在アメリカ合衆国大使館
1（202）2386700
在アトランタ総領事館
1（404）2404300
在サンフランシスコ総領事館
1（415）7806000
在シアトル総領事館
1（206）6829107
在シカゴ総領事館
1（312）2800400
在デトロイト総領事館
1（313）5670120
在ナッシュビル総領事館
1（615）3404300
在ニューヨーク総領事館
1（212）3718222
在ヒューストン総領事館
1（713）6522977
在ポートランド領事事務所
1（503）2211811
在ボストン総領事館
1（617）9739772
在ホノルル総領事館
1（808）5433111

在マイアミ総領事館
1（305）5309090
在ロサンゼルス総領事館
1（213）6176700
●在カナダ大使館
1（613）2418541
在バンクーバー総領事館
1（604）6845868
在カルガリー総領事館
1（403）2940782
在トロント総領事館
1（416）3637038
在モントリオール総領事館
1（514）8663429

中南米地域

●在アルゼンチン大使館
54（11）43188200
●在キューバ大使館
53（7）204-3355
●在チリ大使館
56（2）2232-1807
●在ブラジル大使館
55（61）3442-4200
在サンパウロ総領事館
55（11）3254-0100
在マナウス総領事館
55（92）3232-2000
在リオデジャネイロ総領事館
55（21）3461-9595
●在ペルー大使館
51（1）219-9500
●在メキシコ大使館
52（55）5211-0028
在レオン総領事館
52（477）343-4800

「海外赴任ガイドWEB」なら、もっと探せる、もっと使える!!

さぁ、Webへ。

スマホ・タブレットでQRを読み取り、「海外赴任ガイドWEB」へアクセス!
もっともっと役に立つ、詳しい情報をお届けします。ぜひ、ご利用ください。

※QRコードは株式会社デンソーウェーブの登録商標です。

カラーページから

会社紹介ページから

記事ページから

「海外赴任WEB」は、海外赴任情報量最大級!

→ 「海外赴任ブログ」で、各国の生活情報は読み放題。
→ チェックリスト機能はWEB版に実装。チェック状況の保存も可能です。

株式会社JCM「海外赴任ガイド」編集局

CHAPTER 7

02 キーワード索引

【あ】

空き家のメンテナンス………………………76

アップトランス……………………………71

安全………………………………18、79

一時帰国…………………………………176

一時帰国と帰国後の進路…………………106

医薬品……………………………………65

医療アシスタンスサービス………………34

医療制度の違い…………………………131

医療保険の違い…………………………132

衣類………………………………………65

印鑑証明書………………………………26

インター校（インターナショナルスクール）
………………………………………11、101

インプラント……………………………143

エボラ出血熱……………………………135

エリア……………………………………79

大きな家具………………………………65

オススメの英語学習法……………………36

主な学校の特徴…………………………101

主な感染症と感染経路…………………134

主なテロ事件……………………………17

主な幼稚園の特徴………………………99

【か】

海外安全ホームページ……………………21

海外医療制度……………………………131

海外学習塾………………………………106

海外居住の手続き…………………………26

海外子女教育振興財団…………………100

海外情報の提供・イベントの開催等を
行なっている施設例………………………37

海外生活・勤務ストレスの不適応………170

海外生活で便利なサービス………………174

海外生活メンタルヘルス……………170、173

海外送金…………………………………38

海外長期滞在子女数……………………100

海外で起こる健康問題…………………140

海外で携帯を使う(SIM)…………………25

海外で幼児を育てる………………90、126

海外渡航者にリスクのある感染症………135

海外に持って行きたい市販薬……………164

海外の住宅………………………………78

海外赴任経験者よもやま話………………185

海外赴任中のリスク………………………34

海外赴任前の医療対策…………………128

海外旅行保険に加入する…………………34

介護保険…………………………………27

買取サービス……………………………68

蚊が媒介する感染症……………………134

各地の不動産事情…………………………80

確認と計画………………………………24

家具の有無………………………………79

学用品………………………………65、105

学校を選ぶ………………………………100

各国の電圧・プラグ………………………72

家庭学習…………………………………106

家電………………………………………68

家電製品………………………………65、70

家電4品目………………………………69

192　海外赴任ガイド 2021

感染症の対策 ……………………… 134	根管治療 ……………………………… 143
危機管理サービス ………………… 34	
帰国後の進学先 …………………… 122	**【さ】**
基礎疾患の管理 …………………… 140	在外公館の主な領事行政サービス ………… 167
機内持ち込み手荷物 ……………… 62	在外公館の利用 …………………… 166
救急車の違い ……………………… 132	在外公館連絡先 …………………… 188
教育関連の準備とスケジュール … 97	在外選挙 …………………… 168、169
教育専門機関問い合わせ先 ……… 97	最近話題の感染症 ………………… 135
教科書の取り寄せ ………… 104、105	在留届 ……………… 22、166、167
矯正治療 …………………………… 143	残置荷物 ……………………… 61、68
靴 …………………………………… 65	ジカ熱 ……………………………… 135
車の免許更新 ……………………… 32	自家用車の処分 …………………… 32
クレジットカード ………………… 38	下見・見積もり …………………… 60
経口感染症 ………………………… 134	実重量 ……………………………… 66
携行手荷物 ………………………… 62	自動車売買等による移転登録 ……… 32対向
携帯の準備 …………………… 41対向	自動車保険の中断証明 ………… 32対向
現金両替 …………………………… 39	持病の対策 ………………………… 129
健康診断の受診 …………………… 128	自分で調べる歯と口腔ケア ……… 143
健康保険 …………………………… 27	社会保障協定 ……………………… 26
現地校 ……………………… 101、104	住民税 ……………………………… 28
現地で運転する …………………… 32	受託手荷物 ………………………… 62
高額な医療費 ……………………… 131	出国時期別・配布対象教科書 …… 105
口腔ケアグッズ …………………… 142	趣味のもの ………………………… 65
航空便 ……………………………… 62	障害のある子どもの帯同 ………… 102
硬水と軟水 ………………………… 175	食料品 ……………………………… 65
厚生年金・国民年金 ……………… 27	書籍 ………………………………… 65
公的保険制度・社会保険 ………… 26	所得税 ………………………… 28、29
国外転出届 ………………………… 26	私立在外教育施設 ………………… 101
国際電話と国際郵便 ……………… 24	仕分けアドバイス ………………… 65
国際プリペイドカード …………… 39	新型コロナウイルス(COVID-19)
こつこつ進める仕分け …………… 60	……………………… 21、135、144
固定資産税・都市計画税 ………… 29	新品の家電 ………………………… 70
子どもたちの海外体験談 ………… 107	性行為感染症 ……………………… 135
子どもの海外滞在 ………………… 140	精神科救急事例 …………………… 171
子どもの成長と各種サービス …… 96	選挙権 ……………………………… 26
子どもの発達段階別チェックリスト … 103	全国の病院・クリニック一覧 …… 145
子どもの予防接種 ………………… 141	

【た】

退学連絡と入学書類の準備 …………… 104
帯同に伴う退職 ………………………… 27
台所用品 ………………………………… 65
ダウントランス ………………………… 71
たびレジ ………………………………… 22
ダンボール箱 …………………………… 67
築年数 …………………………………… 79
中国へ渡航するに際して …………… 139
賃貸契約する …………………………… 78
通信教育 ……………………………… 106
定期予防接種 ………………………… 141
デビットカード（国際ブランド）…… 39
テレビ・DVDの規格 ………………… 70
電圧 ……………………………………… 70
転校手続き …………………………… 104
到着後の手続き ……………………… 166
投票方法 ……………………………… 168
動物が媒介する感染症 ……………… 135
ドクター選び ………………………… 133
渡航先の情報収集 …………………… 128
トラウマ関連事例 …………………… 171
トラベラーズワクチンの接種 ……… 141
トランクルーム ………………………… 68
取扱禁止品目 …………………………… 64

【な】

日用品 …………………………………… 65
荷造りの順序 …………………………… 66
日系不動産海外拠点 ……………… 85、88
日本から持ってきてよかったもの … 162
日本語によるメンタルヘルス ……… 172
日本語の本 …………………………… 175
日本食宅配サービス ………………… 175
日本人会 ……………………………… 166

日本人学校 ………………… 101、104
日本の口座 ……………………………… 38
日本のテレビ番組を見る …………… 174
日本の免許を確認 ……………………… 32
日本の留守宅管理 ……………………… 76
荷物の引き取り当日 …………………… 60
荷物搬送から出発まで ………………… 61
荷物料金の算出基準 …………………… 63
荷物を分類する ………………………… 67
納税管理人の届け出 …………………… 28

【は】

パスポートを申請する …………… 30、31
パッキングリストの作成 ……………… 66
離れた家族になにかあったら ………… 57
母たちの海外体験談 ………………… 108
歯ブラシ ……………………………… 142
ビザを取得する ………………………… 30
引越しＱ＆Ａ …………………………… 74
引越し作業チャート …………………… 61
引越し準備を始める …………………… 60
引越荷物保険へ加入しよう …………… 67
引越しの計画 …………………………… 60
物件探しのポイント …………………… 78
物件タイプ ……………………………… 79
船便 ……………………………………… 62
赴任者向けネットバンキングサービス ……… 39
赴任地の幼児教育を知る ……………… 98
赴任前の語学学習 ……………………… 36
不用品 ……………………………… 68、69
プラグの確認 …………………………… 70
フリーアクセスは日本だけ ………… 132
ペットを連れていく …………………… 62
変圧器 …………………………………… 71
邦人事故事例 …………………………… 17
母国語の発達 …………………………… 96

補習授業校 ……………………………… 101

【ま】

マイナンバー ……………………………26
まずパスポートを ………………………30

【や】

野菜不足の対策 …………………………163
家賃 ………………………………………79
有効なパスポートは ……………………30
容積重量 …………………………………66
予防処置 …………………………………142
予防接種と接種記録 ……………………128

【ら】

領事メール ………………………………22
リロケーションサービス ………………77
留守中の連絡先を依頼する ……………24

【わ】

ワクチン接種 ……………………………136
ワクチン接種が受けられる医療施設 ………138

CHAPTER 7

03 掲載企業・団体・サービス索引

【あ】

愛知医科大学病院　感染症科 …………………………………… 161
ANAマイレージクラブ ……………………………………………… 41
㈱アム・ネット ……………………………………………………… 42
アメスマ ……………………………………………………………… 47
アメリカンクリニック東京 ………………………………………… 150
ALSOK ……………………………………………………………… 91
アロエ・海外生活体験のある女性の会 ………………………… 126
安全サポート㈱ ……………………………………………………… 50
イオナック …………………………………………………………… 巻頭
NPO法人　海を越えるケアの手 ………………………………… 51
HLC International Service ………………………………………… 56
㈱エイブル …………………………………………………………… 90
AYクリニック ……………………………………………………… 160
エコランド …………………………………………………………… 73
EDUBAL …………………………………………………………… 124
㈱エヌオーイー ……………………………………………………… 55
遠藤クリニック …………………………………………………… 160
大手町さくらクリニックｉｎ豊洲 ……………………………… 151

【か】

（公財）海外子女教育振興財団 ……………………………… 114、115

外務省 ……………………………………………………………… 巻末

金山ファミリークリニック …………………………………………161

ガラポンTV………………………………………………………………181

関西医科大学総合医療センター ………………………………149

関西帰国生親の会　かけはし ………………………………126

キューピッドクラブ ………………………………………………52、巻頭

京都美山高等学校 ………………………………………………125

Group With ………………………………………………………185

健和会大手町病院 ………………………………………………152

小岩事務所 …………………………………………………………43

国分寺女子ハイツ …………………………………………………126

㈱コムPLUS …………………………………………………………44

【さ】

SAPIX国際教育センター ……………………………………… 116、117

JCM ……………………………………………33、33対向、巻頭、巻末

㈱JES ……………………………………………………………184、巻末

JAMSNET ……………………………………………………………巻末

JALファミリークラブ ………………………40、40対向、56、巻末

学校法人 自由学園 幼児生活団通信グループ ……………125

シンシアインターナショナルグループ ………………………45

スターツコーポレーション株式会社 ……………………………89

スマイルレンタカー ………………………………………182、183

総務省 …………………………………………………………………巻頭

損害保険ジャパン ……………………………………………………巻頭

【た】

㈱ダーウィン ……………………………………………………………92、巻頭

だいどうクリニック………………………………………………………162

ダイヤクリーン ……………………………………………………………93

タカハシクリニック………………………………………………………162

東急住宅リース……………………………………………………………94、巻頭

東京医科大学病院 渡航者医療センター………………………………146

東京インターハイスクール…………………………………120、121、125

東京海上日動 ……………………………… 48、49、158、159、巻頭

東京クリニック……………………………………………………………161

ドクターパスポート（症状翻訳アプリ）………………………………157

獨協医科大学埼玉医療センター附属　越谷クリニック………… 153、162

㈱トッパントラベルサービス …………………………………………55

トフルゼミナール帰国生教育センター…………………………………124

トラベルクリニック新横浜…………………………………………148、巻末

【な】

奈良西部病院 トラベルクリニック……………………………………154

西新橋クリニック…………………………………………………………147

西野内科医院 ……………………………………………………………163

（一社）日本在外企業協会 ……………………………………………56

日本通運 …………………………………………………………………巻頭

日本鞄材 …………………………………………………………………53

日本郵便㈱（国際郵便）…………………………………… 178、179、180

198　海外赴任ガイド 2021

【は】

博多ひのきクリニック	155
Happy Study Support	123
Batons	185
㈱阪急阪神ビジネストラベル	55
ピグマキッズくらぶ	125
ヒューマンリンク㈱	56
藤沢本町ファミリークリニック	156、163
フレンズ　帰国生　母の会	113
ポスティ	54

【ま】

マーガレットリバーズ	巻末
三菱UFJ銀行	巻頭
mint	46
名鉄病院　予防接種センター	163

【わ】

㈱早稲田アカデミー	118、119

海外赴任ガイド2021年版

1987年 2 月10日　初 版 発 行
2020年12月 1 日　第34版発行

編集・監修―――株式会社JCM
　　　　　　　　東京都千代田区神田錦町3丁目13番
　　　　　　　　竹橋安田ビル
編集協力―――株式会社クロスマインド
表紙立体制作―――くまださよこ
表紙撮影―――STUDIO.MORITAKE
発 行 所―――丸善プラネット株式会社
　　　　　　　　〒101-0051
　　　　　　　　東京都千代田区神田神保町2-17
　　　　　　　　電話03-3512-8516
発 売 所―――丸善出版株式会社
　　　　　　　　〒101-0051
　　　　　　　　東京都千代田区神田神保町2-17
　　　　　　　　電話03-3512-3256

ISBN 978-4-86345-468-2
落丁・乱丁はお取替えします。

■ご注意下さい
本書の内容（写真・図版を含む）の一部または全部を、事前に許可なく無断で複写・複製し、または著作
権法に基づかない方法により引用し、印刷物や電子メディアに転載・転用することは、著作者及び出版社
の権利の侵害となります。
All rights reserved.No part of this publication may be reproduced or used in any form or by any means,
graphic, electronic, or mechanical,including photocopying, without written permission of the publisher.

© JCM Co.,Ltd.

「海外赴任ガイドWEB」なら、もっと探せる、もっと使える!!

さぁ、Webへ。

スマホ・タブレットでQRを読み取り、「海外赴任ガイドWEB」へアクセス！
もっともっと役に立つ、詳しい情報をお届けします。ぜひ、ご利用ください。

※QRコードは株式会社デンソーウェーブの登録商標です。

カラーページから

会社紹介ページから

記事ページから

「海外赴任WEB」は、海外赴任情報量最大級！

→ 「海外赴任ブログ」で、各国の生活情報は読み放題。
→ チェックリスト機能はWEB版に実装。チェック状況の保存も可能です。

株式会社JCM「海外赴任ガイド」編集局

海外で活躍される皆様に、日本のくらしを支援します。

JES 海外生活を応援・ジェス

日本食から生活必需品まで世界中に配送。

日本食・雑貨の送付サービス

確実な賞味期限管理、丁寧な梱包、現地事情を勘案した的確な輸送手段による発送、お荷物お届けまで心のこもったサービスをお約束いたします。

送付制度導入をご検討の企業様は
https://www.jesc.co.jp
[人事部様コーナー]
からお入り下さい。

海外工場への給食支援

海外工場の新設には、ベテラン調理師の派遣、業務用食料品の送付を行わせていただきます。

築地エキスプレス

築地市場の生鮮食料品を冷凍梱包し、国内のご指定場所でお引き渡しいたします。

詳しくはこちらから

株式会社 **JES** ジェス

〒134-0086 東京都江戸川区臨海町3-6-4　ヒューリック葛西臨海ビル6F
TEL 03-5679-2113(代)／FAX 03-5679-2265
URL：https://www.jesc.co.jp／E-mail:info@jesc.co.jp

在外選挙の制度と手続について

登録・投票は簡単です

在外選挙登録資格
❶ 満18歳以上で　❷ 日本国籍を持っていて
❸ 海外に3か月以上お住まいの方（出国時登録申請を除く）

必要書類を準備し申請書に記入、大使館、総領事館窓口で登録申請 → 3か月後に大使館などから住所確認の連絡を受ける → 選挙人証の受取

用意する物
・旅券
・申請書
・居住している事を証明できる書類
（在留届を提出済の方は不要です。）

大使館

電話又は葉書

選挙人証

※申請書や選挙人証が海外・国内を往復するため受取までに数か月かかります　※選挙人証受取は郵送又は窓口での受取が選べます

在外投票は次の3つの方法から選択できます

在外公館投票
（直接派）
直接日本大使館・総領事館（領事事務所）に出向いて投票する方法。

郵便等投票
（郵送派）
投票用紙等を事前に請求して、記載の上、登録先の選挙管理委員会へ郵送する方法。

日本国内で投票
（国内派）
一時帰国した方や帰国直前で転入届を提出して3か月未満の方は、日本国内でも投票できます。

同居家族による代理申請もできます。
申請者の上記書類と署名入り在外選挙人名簿登録申請書と申出書※、代理の方の旅券を御用意ください。
※申請書と申出書は領事窓口または総務省のホームページから入手できます。

外務省
1. 平成22年5月に憲法改正国民投票法が施行されました。在外選挙人証をお持ちの方は国民投票にも投票できます。
2. 平成30年6月から出国時登録申請が始まりました。国外転出する際に市区町村の窓口で申請できます。

詳しくは、外務省領事局政策課在外選挙室へ
TEL:03-5501-8153

または

外務省　在外選挙 検索 まで。

赴任した現地で、日本語のわかる医師・機関を紹介します。

JAMSNETとは？

邦人医療支援ネットワークJapanese Medical Support Network(JAMSNET)は、ニューヨーク周辺の医療・福祉・教育系の邦人支援団体やグループ同士の情報交換と相互連携の構築を目的として、2006年1月に発足し、ニューヨーク州にNPOとして登録されました。また、在ニューヨーク日本国総領事館と米国政府及び州公認のNPOで、在ニューヨーク日本国総領事館と米国日本人医師会の支援を受け、発足以来、ニューヨークを中心に活動の場を拡げています。

世界に広がるJAMSNET

2014年に第1回JAMSNET世界会議がニューヨークで開催され、以降、世界中の海外在住邦人の支援やネットワーク作りに広がっています。JAMSNETに寄せられたお問い合わせやご相談はその専門家に送られ適切に回答させていただいており、相談内容によっては他の地域のJAMSNETに問い合わせて回答することがあります。

お問い合わせ

JAMSNET Japanese Medical Support Network
2005年設立　代表：本間俊一
http://jamsnet.org　contact@jamsnet.org

JAMSNET - Tokyo Japanese Medical Support Network - Tokyo
2009年設立　代表：仲本光一
http://jamsnettokyo.org　info@jamsnettokyo.org

JAMSNET - Canada Japanese Medical Support Network - Canada
2013年設立　代表：傅法清
http://jamsnetcanada.org/　info@jamsnetcanada.org

JAMSNET - ドイツ Japanese Medical Support Network - Germany
2014年設立　代表：馬場恒春
http://www.jamsnet.de/　info@jamsnet.de

JAMSNET - Asia Japanese Medical Support Network - Asia
2013年設立　代表：橋口宏
https://www.facebook.com/JamsnetAsia/about
jamsnetasiainfo@gmail.com

JAMSNET - Swiss Japanese Medical Support Network - Swiss
2020年設立　代表：リッチャー美津子
https://jamsnetswiss.org/　info@jamsnetswiss.org

ANA MILEAGE CLUB

✈ ANAマイレージクラブ　海外赴任サービス
AIG損保の
海外長期滞在者向け保険

詳しくは
こちらから

| 海外赴任者・研究者・留学生向け海外旅行保険 | 個人包括賠償責任保険 |

- この保険プランはANAマイレージクラブ「海外赴任サービス」メンバー向けの独自のセットプランになっております。
- 3カ月から(1カ月単位で)最長3年間までの長期滞在に対応しています。
- すでに会社で加入している補償に上乗せし、補完するプランをご用意させていただいております。

ここに注目!! 窓口での支払いのないキャッシュレス・メディカルサービス。
米国を中心に世界55万ヶ所以上の医療機関で窓口の支払いはありません。
個人アンブレラ保険(個人包括賠償責任保険)を高額で安心な補償金額2億円に設定しました。

ここに注目!! 米国において、現地自動車保険に加入するには何かと困難です。
そこでAIGグループのAIG Travel Assistが米国自動車保険への加入のお手伝いをさせていただきます。

この保険の詳細につきましてはパンフレットをご参照下さい。
資料請求・お問い合わせは…

引受保険会社

TEL 03-3281-4512　FAX 03-3281-4513　**AIG損害保険株式会社**

〒104-0028　東京都中央区八重洲2-8-10 松岡八重洲ビル4F
E-mail:mizoguchi@mgrs.co.jp　URL:https://funinguide.jp/c/form/form_aiu
取扱代理店 (株)マーガレットリバーズ

〒163-0814　東京都新宿区西新宿2-8-1
新宿NSビル14F
トラベルサービス首都圏支店

B-152340

海外へ渡航されるなら、
医療相談は専門クリニックへ

健康で充実した海外生活を送るために

- **予防接種**：国内製・海外製ワクチン多数常備、マラリア予防薬・高山病予防薬処方
- **健康診断**：海外派遣前後の健康診断、VISA健康診断・定期健康診断
- **英文書類**：留学用書類、母子手帳英文翻訳（予防接種記録）、処方箋英文翻訳

トラベルクリニック新横浜

国際渡航医学会 CTH™、日本渡航医学会 認定医療職　院長 古賀才博

〒222-0033　横浜市港北区新横浜 2-13-6
　　　　　　第一K・Sビル 3F
TEL：045-470-1011／FAX：045-470-1012
E-mail：secretariat@travelclinics.jp
https://travelclinics.jp

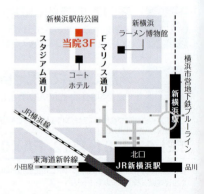

診療時間	月	火	水	木	金	土	日・祝
9:00〜12:00	/	○	○	○	○	/	/
14:00〜18:00	/	○	○※	○	○	△	/

△ 13:00〜16:00　休診日：月曜・日曜・祝日　※ 第3水曜日PM休診